김인회의
경찰을 생각한다

김인회의
경찰을 생각한다

김인회 지음

준평

• 차례 •

추천사 • 6

머리말 • 18

제1장 개혁지체 • 25

검찰개혁 • 27

국가정보원 개혁 • 49

경찰개혁 2관점 • 52

경찰개혁 • 59

개혁지체 • 69

제2장 경찰을 보는 5개의 창 • 73

경찰과 역사 • 77

경찰과 제도 • 128

경찰과 정치 • 155

경찰과 사회 • 164

경찰과 신뢰 • 179

제3장 **경찰개혁 3대 원칙** • 201

경찰권력의 분산과 견제 • 203

지방자치의 완결성 • 212

권력기관 총량 동결 • 216

제4장 **경찰개혁 5대 과제** • 225

자치경찰제 • 227

경찰위원회 • 243

인권 친화적 경찰 • 249

전문성 제고 • 258

윤리적 경찰 • 264

두 가지 쟁점 • 277

제5장 **개혁의 3대 토대** • 295

민족주의 • 299

민주주의 • 303

세계주의 • 307

참고문헌 • 311

수사와 경찰개혁에 관한 깊은 지식과 안목

변호사, 사법개혁 위원, 청와대 사회비서관, 로스쿨 교수 등을 거치면서 수사와 형사재판에 관한 실무와 이론, 제도와 정책을 두루 섭렵한 김인회 교수가 수사와 경찰의 개혁에 관하여 종합적으로 정리한 책을 내놓았다.

수사는 우리 일상생활에 아주 가까이 있는 공권력 활동이다. 수사는 한편으로는 범죄로부터 우리의 안전을 보호해 주는 평화의 기능임과 동시에 한편으로는 누구나 언제든지 조사의 대상으로 삼을 수 있는 두려움의 기능이다. 이처럼 중요하고 막강한 기능임에도 불구하고 수사와 그 행사주체인 경찰의 속내에 관하여는 비교적 소상히 알려져 있지 않은 것 같다.

저자는 오랜 연구와 실무 경험을 통하여 쌓아온 풍부한 지식과 식견에 기초하여 수사와 경찰의 제도와 운용실태 및 다른 권력기관과의 상호관계를 심층적으로 분석하고, 민주사회에 걸맞는 개혁방안을 제시하고 있다. 저자가 이 책에 담고 있는 내용은 수사와 경찰에 대한 평면적인 해설을 넘어서서, 정치·사회·법조 측면에서 우리나라의 현대사를 총정리하였다고 할 정도로 입체적·역사적 고찰에 충실하다.

특히나 이 책은 검찰 개혁작업의 일환으로 고위공직자범죄수사처가 출범하고 수사권·기소권의 분리가 논의되고 있는 지금의 시점에 아주 시의적절한 책이다. 독자들은 이 책을 통하여 수사와 경찰의 개혁에 관하여 한 단계 깊어진 지식과 안목을 얻을 수 있으리라 생각한다.

— 박시환(인하대학교 석좌교수, 전 대법관)

◇◇◇◇

경찰의 중앙집권적 구조와 권력지향적 활동이 문제

현상이 개혁을 따라가지 못하는가 아니면 개혁이 현상을 변모시키지 못하는가? 개혁의 목표를 너무 높게 잡은 것인지, 개혁의 방향이 이상과 달리 설정된 것인지, 개혁추진 세력의 추진방법에 문제가 있는 것이 아닌지를 고민한 적이 있다. 문재인 정부가 권력기관 개혁의 주요 과제와 방향을 공약으로 제시하고 5년간의 국정을 맡게 되었다는 점을 생각하면 권력기관 개혁의 목표와 방향은 국민의 정치적 선택에 의하여 올바로 설정되었다고 본다. 저자가 역사적으로 살핀 것과 마찬가지로 이러한 개혁의 방향과 목표는 군사독재 과정을 거치면서 40년 이상 시민사회와 학자 및 관계자의 토론을 거쳐 사회적 명제로 확정된 내용이다. 세부적인 내용에나 절차에 이견이 있을 수 있고, 추진과정에서 일부 혼란이 있었지만 가시적인 성과가 마무리되어야 할 때가 지나고 있다.

문재인 정부의 권력기관 개혁작업의 목표는 성숙한 민주주의의 전제가 되는 법치주의에 기반을 둔다. 저자는 권력기관의 민주적 개혁이 국민이 주인인 정부를 이루기 위한 4대 전략의 하나임을 강조한다. 장관이 장관의 일을 하고, 검찰총장이 검찰총장의 일을 하는 권력기관의 작동원리를 가동하여 대통령의 권력개입을 자제하고 국민의 의사와 정치적 균형을 반영한 개혁을 완성하는 것은 문재인 정부의 일일 뿐 아니라 우리 사회의 바람이기도 하다.

권력기관 개혁 중 가장 우선적으로 진행되었던 것이 검찰개혁이다. 그러나 많은 갈등 속에서 공수처의 설치와 수사권을 조정하는 선에서 제도의 정비가 끝나고, 내부 조직의 개편과 권위적인 수사행정 실무를 정비하는 정도에서 마무리되는 형국이다. 이 과정에서 검찰총장의 초헌법적인 위상이 다시 한 번 확인되어 공수처와 법무부 장관의 감찰권 및 국회의 탄핵소추권으로 검찰총장의 부당한 검찰권력의 행사를 견제할 수 있는지 여부를 살펴야 할 필요가 대두되었다.

작금의 법조계를 지배하는 보수회귀적인 분위기를 고려하면 개혁된 검찰제도가 개혁 전의 방식으로 운영될 가능성을 배제할 수 없다. 대통령, 법무부 장관, 검찰총장, 공수처장이 암묵적으로 합의하여 비민주적인 방식으로 수사 및 기소에 관한 권력을 행사하는 것을 감시하고 제어할 제도적, 법률적 장치도 분명하지 않다. 검찰총장을 대위하거나 사적인 지위에서 소추를 진행할 수 있도록 하는 권한을 국민에게 부여하거나, 국민적 감찰을 수행할 수 있는 제도나 기구가 마련될 필요가 있다. 검사의 부당한 소추에 의하여 절차적으로 처벌이 확정된 국민을 구제하거나, 형사 피고인과 피해자의 사법액세스를 보장 및 보강하기 위한 제도도 별도로 준비되거나 보강될 필요가 있다. 저자가 앞으로 수고해 주어야 할 분야이다.

검찰개혁과 달리 경찰개혁은 정치적 격랑의 한 고비를 피한 것으로 보인다. 경찰은 그동안 악역을 담당하였던 국정원과 검찰의 정보와 수사기능을 넘겨받고 한 단계 도약된 법집행의 주체로서 새롭게 자리를 잡게 되었다. 저자가 설명하는 바와 같이 경찰은 그간 내부적으로 인력을 보강하고 교육과 연수를 통하여 새로운 시대에 맞는 경찰서비스를 제공하기 위한 준비를 꾸준히 경주하였다. 경찰개혁에 대하여 많은 이견이 나오지 않는 주요한 이유는 경찰이 적극적으로 개혁에 동참하고 변화를 주도하였기 때문이다. 많은 사람들은 바로 이 점에서 아쉬움과 우려를 표하고 있다. 개혁의 대상인 경찰이 개혁의 주체가 되는 순간 경찰의 숙원사업인 수사권 확대와 독립이 개혁의 목표가 되고 국민을 위한 경찰개혁의 주제들이 뒷전으로 밀려버렸다.

법집행자로서의 경찰과 국민의 안전과 생명을 지키는 경찰은 수사의 주체로서의 경찰과 비교할 수 없을 정도의 중요성을 가지고 있다. 최근 미국과 영국 등 주요 국가에서 이루어지고 있는 경찰개혁은 이러한 국가적 요구에 부응하기 위함이다. 저자가 제2장에서 살피고 있는 경찰개혁의 필요성은 경찰이 당면하고 있는 문제점을 권력기관 개편의 차원에서 분석한 결과이다. 경찰의 중앙집권적인 구조와 권력 지향적인 활동을 핵심적인 문제의 대상으로 지적한 것은 경찰국가를 겪은 우리의 경험에 기인한다. 자치경찰제도를 확대하고 주민생활에 필요한 종합적인 사회서비스를 제공하는 방식으로 제도를 전환함으로써 경찰기능을 탈권력화시키는 한편, 주민 친화적으로 경찰행정력을 운용하도록 하는 방향의 제시는 영국이나 전미국시장회의의 개혁방향과 맥을 같이 한다. 경찰개혁위원회의 권고사항은 경찰을 이해하고 아끼는 학계와 시민활동가 등의 전반적인 의견이 반영된 노작이다. 저자가 이를 알기 쉽게 요약하여 설명한 이유가 그것이다. 저자는 경찰을 행정기관으로 분류하고 경찰직무 담당자를 권력의 원천인 국민에게 경찰서비스를 제공하는 공직자로서의 실질을 강조하는 한편, 수사 행정과 관련하여서도 적법 행정을 구현하기 위한 방안으로 수사절차법의 제정을 제안하고 있다. 매우 필요한 지적이다.

저자의 초고를 미리 읽는 즐거움은 매우 크다. 저자의 생각이 인쇄물에 고정되기 전에 살펴볼 수 있기 때문이다. 그동안 저자가 저술한 모든 저서를 꼼꼼하게 읽었다. 저자는 많은 독서를 통하여 생각을 정리하고 저자의 시대에 주어진 지식인의 사명을 저서를 통하여 실현하고자 노력하고 있다. 매우 귀한 일이다. 저자의 다음 저서가 기다려진다.

—정미화(변호사, 경제정의실천시민연합(경실련) 공동대표)

경찰의 과거와 현재, 경찰개혁의 원칙과 과제를 씨줄과 날줄로 엮어

이 책은 사법개혁이라는 묵직한 주제에 천착해 온 김인회 교수의 개혁 시리즈 완성판이다.

형사사법은 사법경찰, 검찰, 법원이라는 국가 조직을 통하여 관철되고, 수많은 개별 사건에서 국민과 맞닿는다. 그렇기에 형사사법체계에 대한 거대한 설계가 가능하고, 구체적 사건처리의 현실을 이해하는 전문가만이 제대로 된 경찰개혁 방향을 제시할 수 있다.

변호사, 교수, 사법개혁위원회, 사법제도개혁추진위원회 등의 경험을 가진 저자는 경찰의 과거와 현재, 경찰개혁의 원칙과 과제를 씨줄과 날줄로 엮어 바람직한 미래를 제시하는 고수高手의 솜씨를 보여준다.

국가의 골간骨幹을 이루는 사법개혁마저 정치적 공방의 대상이 되는 이 시대에, 냉정한 진단을 통하여 현실적인 대안을 제시하는 이 책은 어둠 속에서 나아갈 길을 밝혀주는 등대와 같다.

— 홍기태(사법정책연구원 원장)

<<><>

권력기관의 분산과 견제를 통한 국민의 인권보호

저자는 검찰개혁에 관한 저서 등 다수의 글을 발표한 바가 있는데, 이번에는 경찰개혁을 바라보는 관점과 함께 구체적 개혁방안을 제시하고 있다. 저자는 현 정부에서 약속한 자치경찰의 후퇴를 지적하면서 경찰의 권한 집중에 대한 개혁 차원에서 국가수사본부와 정보경찰의 문제점과 대안을 제시하고 있다. 저자의 견해에 대부분 동의한다. 검사가 직접 수사할 수 있는 6대 범죄에 대한 수사권을 폐지하면서 이를 경찰에 넘기지 않고 중대범죄수사청 등을 신설하려는 일부의 주장도 경찰의 과도한 권한 집중으로 인한 국민의 인권침해 우려 때문일 것이다. 경찰의 권한 집중에 대한 저자의 우려는 충분히 공감하면서 영장에 대한 통제권은 여전히 검사가 가지고 있다는 점에서 경찰 파쇼로 나아가지는 않을 것이란 희망도 가져본다. 권력기관의 분산과 견제를 통한 국민의 인권보호에 관심 있는 많은 분들의 일독을 권한다.

― 정한중(한국외국어대학교 법학전문대학원장)

◇◇◇◇

권력기관 개혁의 구성 요소, 경찰개혁

김인회 교수의 권력기관 개혁 시리즈가 검찰, 법원에 이어 드디어 경찰에 도달했다. 그 열정이 존경스럽다. 문재인 정부는 취임 초부터 검찰개혁을 강조해왔다. 고위공직자범죄수사처의 신설, 검경수사권 조정을 골자로 한 법안이 국회를 통과하면서 검찰개혁은 한 고비를 넘었다고 평가된다. 그러나 그 과정에서 검찰개혁 못지않게 중요한 경찰개혁은 지지부진한 상황이다. 김인회 교수는 이 저서를 통하여 권력기관 개혁이라는 큰 틀에서 검찰개혁과 경찰개혁 국정원개혁을 보아야한다는 시각을 제시하였다. 김인회 교수가 지적하고 있는 것처럼 경찰개혁은 국민적 관심을 받지 못하였고, 아직 경찰이 개혁되었다고 보기도 어렵다. 이 저서는 경찰개혁의 당위성, 방법에 대해서 길을 제시하고 있다. 김인회 교수의 검찰개혁과 법원개혁에 대한 저서는 권력기관 개혁의 이정표가 되어왔고 이번에도 그 역할을 할 것임을 믿어 의심치 않는다.

― 김남준(변호사, 전 법무검찰개혁위원회 위원장)

개혁은 상대방에 대한 인정과 존중, 관용과 자제, 타협을 필요로 한다

　최근 정부는 권력기관의 개혁을 국가의 주요 과제로 보고 검찰과 국정원의 개혁에 이어 경찰개혁을 추진해왔다. 이러한 개혁은 권력 내지 권한의 집중을 막아 인권과 자유를 신장하는 데 초점을 두고 해당 기관의 권한을 축소하고 재편하는 과정을 통해 이루어졌다. 그 과정에서 검찰의 수사권, 국정원의 정보수집 및 대공수사권이 경찰로 편입되는 결과를 가져왔고 이는 또다시 경찰 권한을 분산해야 하는 개혁의 필요성을 대두시켰다. 저자는 이 책에서 경찰개혁의 현황과 바람직한 청사진을 제시하고 있다.

　이 책에서 저자는 이러한 경찰의 개혁을 검찰 등 여타 기관 개혁의 부수적인 것이거나 그와 대비하여 권한을 배분하는 문제가 아닌 경찰 자체의 개혁 문제로 인식할 것을 강조하면서 우리나라 경찰의 연혁을 자세히 살펴보고, 국민의 인권과 자유 신장의 측면에서 경찰의 현황을 확인한 다음, 개혁 주제로 논의되는 것들을 하나하나 점검하고 있다.

　이 책은 추상적이거나 사변적인 책이 아니다. 실무와 이론을 겸비하고, 오랫동안 사법기관 개혁에 대한 관심과 깊이 있는 성찰을 한 학자답게 논리가 깊으면서도 글이 간명하고 군살이 없다. 10여 년 이상 우리나라 사법개혁 과정에 직간접적으로 참여한 경험과 형사법 교수로서의 학문적 경륜을 바탕으로 균형 잡힌 서술을 하고 있다. 이미 저술한 검찰 개혁, 사법(법원) 개혁을 논한 저서에 이어 이 책을 펴냄으로써 저자가 오랫동안 고민해오던 권력기관 개혁의 마침표를 찍는 느낌이다.

　개혁은 상대방에 대한 인정과 존중, 관용과 자제, 타협을 필요로 하며 그곳에서 민주주의가 완성된다는 저자의 말에 깊이 공감한다. 개혁은 유연함과 실현을 위한 속도 조절도 필요할 것이다. 개인적으로 저자는 대학 동기이기도 하지만, 2000년대 초반 참여정부의 사법개혁 과정에서 개혁추진단의 일원으로, 검사로서의 나와 의견이 반드시 일치하지 않았다. 그럼에도 문제에 신중하고 진지하게 접근하려는 모습은 일관되었고, 수년전 '검찰을 생각한다'라는 저자의 책에 관해 인천지검 독서모임 검사들과 진지하게 토론하던 모습이 지금도 눈에 선하다. 검사의 틀을 채 벗지 못한 나에게 추천사를 부탁하는 것 자체가 저자의 균형감과 유연함을 보여주는 것이라 생각하며, 저자가 스스로 실천하며 생각을 정리한 개혁 논의의 진수인 이 책을 일독해 보실 것을 독자들에게 권하고 싶다.

경찰의 개혁이 깊은 통찰에서 나온 저자의 논지와 같이 온전하게 이루어져 국민들의 마음을 시원하게 해주길 바라며, 이 책이 그러한 바람에 일조할 것을 믿어 의심치 아니한다.

— 이홍락(법무법인 로고스 대표변호사, 전 인천지검 제1차장검사)

◇◇◇◇

중앙집중적 경찰 탈피, 권한분산적 자치경찰제로

『김인회의 경찰을 생각한다』는 사법 · 권력기관 개혁에 대한 김인회 교수님의 3부작을 완성하는 책입니다. 10년에 걸친 긴 호흡으로 사법 · 권력기관 개혁의 방향을 제시하는 김 교수님의 끈기와 열정, 혜안에 다시 한번 감탄합니다. 이 책은 주로 경찰개혁을 다루지만 이와 함께 유기적으로 이뤄져야 할 검찰, 정보기관, 법원 등 사법·권력기관 개혁에 대한 분석도 잊지 않고 있습니다. 역사적 경험, 정치·사회의 현실, 윤리적 타당성 등을 종으로, 횡으로 엮어 경찰개혁의 원칙과 현황, 구체적 방안을 현실성 있게 제시하고 있습니다. 중앙집중적 경찰조직을 과감히 탈피하여 권한분산적인 진정한 자치경찰제로 나아가야 경찰권을 견제할 수 있다는 의견에 깊이 동감합니다.

— 성창익(변호사, 민변 사법센터 소장)

◇◇◇◇

중립성, 공정성, 전문성 확보와 인권 보호를 중요시하는 경찰개혁

본서 『김인회의 경찰을 생각한다』는 국가와 권력기관, 경찰에 대한 폭넓고 통시적인 이해를 바탕으로 경찰개혁이라는 프리즘을 통해 경찰의 과거와 현재를 평가하는 동시에 미래의 지향점에 대한 고견을 설파하고 있다.

경찰의 실체를 분석하는 도구로서 5개의 창을 제시하면서 개혁의 3대 원칙과 5대 과제를 구체적으로 확정·설명하고 있어 글의 논지가 명확하게 다가오고, 또한 그 핵심적인 내용을 그림으로 도식화하여 제시함으로써 독자의 이해를 친절하게 돕고 있다는 점도 돋보인다.

본서의 서문에서도 언급하고 있는 것처럼 추천인이 기획했던 2016년 제6회 경찰대학 국제학술세미나에서 국민 신뢰와 경찰개혁을 주제로 한

발표를 저자 김인회 교수님이 흔쾌히 수락해주셨던 일이 있었고, 이후 이를 바탕으로 경찰대학 발간의 "경찰학연구"에 수록되었던 연구논문 「경찰의 신뢰 제고 방안 연구」가 본서의 내용과 연결된다는 점에서 출판에 대한 또 다른 각별함을 느낀다.

주지하다시피 형사절차상 수사권과 기소권의 분리는 분권과 견제의 민주주의 원리에 입각한 세계 보편적 입법모델이다. 이에 비하면 2020년의 수사구조 개혁입법은 미완의 1단계 점진적 개혁에 해당한다. 기소독점에 더하여 영미법계나 대륙법계를 불문하고 선진외국에서는 어디에서도 찾아볼 수 없는 공소관prosecutor의 직접수사를 폭넓게 인정하고 있을 뿐만 아니라 영장청구권마저 독점하여 다른 수사기관을 제어할 수 있는 우월적 지위를 여전히 보장받고 있기 때문이다. 검찰과 달리 기소권과 영장청구권에 의해 견제받는 한정적 수준의 경찰 수사권이지만, 수사에 관한 권한과 책임을 새롭게 부여받은 경찰에 대하여 적정한 통제가 작동하는지 점검하는 것은 긴요하다.

생각건대 대한민국이 일구어온 세계 일류의 안정된 치안을 기반으로 삼아 이제 국민에 의한 민주적 통제하에서 경찰권 행사의 중립성과 공정성, 전문성의 확보와 인권의 보호라고 하는 개혁의 가치들을 가장 중요시하는 경찰로 거듭나야 한다고 본다. 이러한 경찰개혁의 시대적 가치를 실현하여 명실공히 "국민의 경찰"로 자리매김해 나가야 할 것인 바, 이를 위해 경찰로서 꼭 읽어야 할 정책참고서로 본서를 추천한다. 또한 저자의 『검찰을 생각한다』(2011), 『사법개혁을 생각한다』(2018)와 더불어 우리나라의 형사사법 개혁과 권력기관 개혁을 전체적으로 조망하는 데 도움을 주는 좋은 책으로도 독자분들에게 추천드린다.

아울러 수사구조 개혁과 경찰개혁이라는 소임을 수행해왔던 1인으로서 강조하고 싶은 것이 있다. 본인이 소속된 경찰대학이 객관적인 외부 전문가를 중심으로 구성되었던 경찰개혁위원회(2017)의 숙의를 거친 심의 · 권고를 바탕으로 학생정원의 조정과 편입학 제도의 신설, 다양한 입직경로별 교육과정의 확대 및 융합, 개방직 총장제도의 도입과 교수의 대학행정 참여 확대 등 적극적인 개혁을 추진하고 있다는 점이다. 또한 기성의 인적 · 물적 설비 등을 바탕으로 치안대학원의 설립과 연구기능의 충실화를 통해 실천적 연구를 중심으로 한 치안의 전문화와 첨단화, 국제화를 지향하고 있으며, 국가치안 부문의 다양한 인재 양성과 연구플랫폼 기능을 수행하는 종합적인 교육연구기관으로서 국민의 안전에 이바지하도록 최선의 노력을 경주하고 있음을 부언한다.

— 이동희(경찰대학 치안대학원장)

권력기관 개혁이 종착점을 향해 가고 있다. 문재인 정부는 권력기관 개혁을 가장 중요한 정치적 과제로 규정했다. 권력기관 개혁은 검찰, 경찰, 국가정보원 개혁을 말한다.

문재인 정부의 국정과제 중 1번이 "국민이 주인인 정부"다. 국민이 주인인 정부는 4대 전략과 15개 과제로 나뉘는데 권력기관의 민주적 개혁이 4대 전략 중의 하나다. 권력기관의 민주적 개혁은 다시 3개 과제로 나뉜다. ① 국민의, 국민을 위한 권력기관 개혁, ② 민생치안 역량 강화 및 사회적 약자 보호, ③ 국과세형평 제고 및 납세자 친화적 세무행정 구축이 그것이다. 권력기관의 민주적 개혁에 국세청이 포함되어 있으나 검찰, 경찰, 국정원 개혁이 핵심이라는 점은 분명하다. 이들 기관이 국민의 자유와 인권에 직접적인 영향을 미치기 때문이다.

국정과제에서 밝힌 대로 문재인 정부는 권력기관 개혁에 매진해 왔다. 특히 검찰개혁에 집중했다. 촛불혁명 과정에서 검찰개혁의 목소리가 높았기 때문이다. 검찰개혁 과정에서 개혁의 목소리는 더 높아졌다. 정부도 모든 힘을 검찰개혁에 집중했다. 정부의 검찰개혁 의지는 평가되어야 할 것이다. 다만 검찰개혁을 지혜롭게, 유능하게 추진했는가 하는 점은 다른 문제다.

검찰개혁은 검경수사권 조정, 고위공직자범죄수사처 출범으로 일단락된 듯 보인다. 법무부의 탈검찰화는 정권 초기에 달성했다. 검찰개혁 3대 과제를 제외한 다른 과제들, 형사공공변호인제도 도입, 인권 친화적 수사절차 개혁 등은 제대로 이루어지지 않아 아쉬움을 남기지만 전체적으로 일제 강점기 이후 한국에 정착된 검찰중심의 형사사법체제는 크게 개혁되었다.

그런데 검찰개혁에 비하여 경찰개혁은 충분하지 않다. 경찰개혁의 핵심인 자치경찰제는 가장 약한 형태의 자치경찰제 도입에 그쳤다. 노무현 대통령의 참여정부 안에 비해서도 후퇴한 안이다. 경찰위원회의 지위와 위상, 역할도 강화되지 못했다. 국가수사본부 창설, 즉 수사경찰과 행정경찰의 분리는 충분한 분산과 견제라고 보기 어렵다. 또한 국정원의 대공수사권이 경찰로 이전되어 경찰의 수사권한은 더욱 커졌다. 검찰개혁과 비교해 보면 불충분한 개혁이다. 경찰개혁을 이제 시작했다는 것에 만족해야 하는 수준이다.

경찰개혁은 크게 관심을 받지 못했고 치밀하게 추진되지 못했다. 검찰개혁에 밀려 경찰개혁은 조용히 진행되었다. 검찰개혁이 워낙 중요한 문제였다는 점이 가장 큰 이유다. 검찰개혁에 밀린 것이다. 경찰의 개혁 노력이 인정받았다는 점이 두 번째 이유일 것이다. 경찰은 문재인 정부 출범 직후 '경찰개혁위원회'를 구성하여 적극적으로 개혁을 추진했다. 개혁에 소극적이었던 검찰과 다른 행보였다. 경찰의 적극적인 개혁 노력이 정치권과 시민의 신뢰를 얻었다고 할 수 있다.

하지만 이것만으로는 불충분한 경찰개혁을 설명할 수 없다. 근본 이유는 따로 있다. 경찰개혁이 왜 필요한지, 경찰개혁이 검찰개혁에 딸린 하나의 부속품인지 아니면 독자적인 개혁과제인지, 경찰개혁의 원칙과 과제가 무엇인지에 대한 공감대가 약했던 것이 가장 큰 이유라고 본다. 여기에서는 필자도 자유롭지 못하다. 필자는 검찰개혁과 경찰개혁이 동시에 혹은 순차적으로 추진될 것이라고 기대했다. 경찰개혁의 원칙과 과제들은 그동안 충분히 논의된 것으로 판단했다. 하지만 실제 개혁은 그렇게 진행되지 않았다. 경찰개혁은 검찰개혁만큼 충분히 준비되고 연구되고 추진되지 못했다. 경찰이 독자적인 개혁과제를 안고 있다는 사실이 널리 공유되지 못했다. 몇 번의 기고를 통해 검찰개혁과 함께 경찰개혁을 주장했으나 반향은 없었다.

이 책은 경찰개혁에 대한 이야기다. 경찰개혁이 왜 필요한지, 그리고 그 원칙과 과제가 무엇인지 탐구하는 책이다. 나아가 경찰개혁이 왜 충분히 진행되지 못했는지를 성찰하는 책이기도 하다.

경찰개혁은 경찰국가를 경험했던 한국에서는 매우 중요한 일이다. 경찰이 개혁과 혁신에 노력하고 있다는 것은 틀림없는 사실이다. 경찰관들의 개인적인 수준도 높아졌다. 시민들의 자유와 인권을 세밀하고 능숙하게 지키려는 노력, 전문성과 윤리 수준도 높아졌다. 제도적 개혁도 세법 이루어졌다. 하지만 국가권력기관의 총체적 개혁이 시도되는 지금 경찰국가의 틀을 넘어 민주경찰을 정착시키는 큰 틀의 개혁은 이루어지지 못했다. 큰 틀의 경찰개혁을 하기 위해서는 무엇이 근본적인 경찰개혁인가에 대한 강한 공감대가 필요하다.

이 글은 다음의 순서에 따라 서술되어 있다.

제1장에서는 현재의 단계를 살펴본다. 현재는 경찰개혁 지체 단계라고 할 수 있다. 검찰개혁, 국정원개혁과 비교해보면 경찰개혁은 불균형 상태이고 개혁지체 상태다. 큰 틀의 전면적인 개혁은 이루어지지 않았다.

제2장은 경찰개혁의 필요성을 정리한다. 역사와 제도, 정치와 사회, 신뢰라는 5개의 창으로 경찰을 분석하면서 경찰개혁의 필요성을 살펴본다. 개혁의 필요성을 절감할 때, 개혁에 사무칠 때, 개혁을 하지 않으면 안 된다고 생각할 때 겨우 개혁을 시작할 수 있다. 개혁의 필요성은 현실을 정확하게 알 때 생긴다. 현실을 알려면 경찰의 역사와 제도, 경찰을 둘러싼 정치와 사회를 알아야 한다. 경찰에 대한 시민들의 신뢰 수준도 알아야 한다. 제2장의 내용은 2016년 경찰대학의 "경찰학연구"에 발표한 「경찰의 신뢰 제고 방안 연구 – 경찰의 신뢰 결정 요소 분석을 중심으로」에 뿌리를 두고 있다. 물론 내용은 현재의 사정을 반영하여 대폭 보강했다.

제3장은 경찰개혁 3대 원칙을 정리한다. 경찰개혁 3대 원칙은 언제 어디서나 통용되는 추상적인 원칙이 아니다. 바로 지금 여기의 경찰개혁 원칙이다. 검찰개혁과 국정원개혁으로 경찰에 권력이 집중되고 있다. 권력이 집중된 경찰을 개혁하는 지금 여기의 개혁 원칙이 필요하다. 경찰 권력 확대가 시민의 자유와 인권, 안전과 평화를 위협한다는 명제는 여전히 유효하다. 3대 원칙은 경찰권력의 분산과 견제, 지방자치의 완결성, 권력기관 총량 동결이다.

제4장은 구체적인 경찰개혁 과제를 살펴본다. 개혁과제는 제도개혁 4가지, 윤리개혁 1가지다. 제도개혁은 자치경찰제 도입, 경찰위원회 강화, 인권 친화적 수사절차 개혁, 전문성 제고다. 윤리개혁은 윤리의식 제고다. 윤리개혁을 말하는 것은 제도개혁을 뒷받침하고 제도개혁을 안착시

키기 위함이다. 이 장에서는 또한 경찰개혁 과정에서 나온 몇 가지 쟁점에 대해서도 살펴본다. 국가수사본부, 정보경찰의 문제다. 이들 문제는 작은 문제는 아니지만 5대 개혁과제에 딸린 과제들이다.

제5장은 개혁지체 현상을 넘어 개혁을 추진하기 위한 개혁의 토대를 살펴본다. 지금까지의 경찰개혁이 잘못된 것은 아니다. 많은 노력이 있었고 성과도 적지 않다. 이제는 그 성과를 바탕으로 큰 틀의 개혁을 이야기하고 추진해야 한다. 개혁의 토대는 3가지다. 민족주의, 민주주의, 세계주의가 그것이다.

이 책은 필자의 "형사사법기관개혁" 『생각』 시리즈의 마무리에 해당한다. 필자는 2011년 『문재인, 김인회의 검찰을 생각한다』(오월의 봄)로 검찰개혁의 필요성과 과제를 정리했다. 2018년 『김인회의 사법개혁을 생각한다』(뿌리와 이파리)로 법원개혁의 필요성과 과제를 정리했다. 이제 2021년 이 책 『김인회의 경찰을 생각한다』로 경찰개혁의 필요성과 과제를 정리한다. 3부작이다. 모두 10년 걸렸다. 애초에 10년을 계획한 것은 아니었다. 검찰이 개혁되면 법원과 검찰도 자연스럽게 개혁 될 것으로 기대했다. 하지만 현실은 다르게 진행되었다. 지금의 혼란은 개혁의 여진이면서 불충분한 개혁에 따른 결과이기도 하다.

검찰개혁은 진행 중이지만 『문재인, 김인회의 검찰을 생각한다』의 문제의식은 여전히 유효하다. 법원개혁은 사법농단사태를 겪었지만 깔끔하게 정리되지 않았다.

고마움을 표해야 하는 분들이 있다. 초고를 보고 추천사를 주신 분들, 교정을 보신 분들이다. 박시환 전대법관님, 정미화 변호사님, 홍기태 원장님, 정한중 원장님, 김남준 변호사님, 이흥락 변호사님, 성창익 변호사님, 이동희 교수님께서 추천사를 주셨다. 단순한 추천사가 아니라 이 책의 내용을 보완하는 소중한 추천사다. 교정을 본 한성환 선생께도 감사를 표한다.

10년 동안 비슷한 주제를 고민하게 된 동력은 『문재인, 김인회의 검찰을 생각한다』였다. 검찰개혁을 진지하게 고민했던 경험이 지금까지의 활동으로 이어지고 있다. 이런 의미에서 당시 같이 검찰개혁을 고민했던 문재인 대통령님께 감사함을 표하지 않을 수 없다.

이 글의 생각 모두가 필자의 것만은 아니다. 수많은 연구자와 실무가, 정치가의 생각들이 함께 담겨 있다. 경찰의 연구 성과도 많이 담겨져 있다. 경찰에 애정이 있는 이들, 비판을 하는 이들의 생각도 담고 있다. 많은 참고가 되었다. 가능한 한 정확하게 인용하려고 했지만 인용처를 밝히지 못한 부분이 있을 수 있다. 진심으로 양해를 구한다.

이 책으로 더 많은 사람들이 더 많이 경찰개혁을 이야기하기를 바란다. 경찰도 더 많이 개혁하기를 희망한다. 경찰을 넘어 검찰과 법원의 개혁도 함께 풍성하게 이야기하기를 기대한다. 검찰개혁, 경찰개혁, 법원개혁, 국정원개혁은 모두 하나로 연결되어 있다. 연결고리는 시민의 자유와 인권, 안전과 평화다.

2021. 3.

김인회

김 인 회 의

경   찰   을

생 각 한 다

제1장

개혁지체

1

◆

검찰개혁

검경수사권 조정

  문재인 정부의 검찰개혁 성과 중 첫 번째는 검경수사권 조정이다. 경찰에게 수사권과 수사종결권이 온전히 부여되었다. 비록 모든 범죄에 대한 수사권이 경찰에게 부여된 것은 아니지만 경찰에게 독자적인 수사권이 부여된 것은 큰 성과다.

  검경수사권 조정의 첫 번째 의의는 검찰과 경찰의 상호협력 관계 수립이라는 점이다. 과거 검찰과 경찰은 상명하복 관계였다. 검찰의 일방적인 지휘에 경찰이 지배되고 있었다. 이 때문에 검찰과 경찰이라는 막강한 국가권력이 일체가 되어 국민의 자유와 인권을 위협했다. 조직 차원에서는 불평등에서 나오는 불합리가 있었다. 그 관계가 상호평등, 대등한 관계로 바뀐 것이다.

  상호협력관계는 권력의 분산과 견제를 포함한다. 과거 상명하복의 관계에서는 권력은 분산되지 않았고 분산되지 않았으므로 견제받지 못했다. 상호협력 관계로 바뀜에 따라 수사권과 기소권은 분산되었고 서로 견제하게 되었다.

표1 | 검찰과 경찰의 상호협력 관계

형사소송법 개정 전	형사소송법 개정 후
제196조 ① 수사관, 경무관, 총경, 경정, 경감, 경위는 사법경찰관으로서 모든 수사에 관하여 검사의 지휘를 받는다. ② 사법경찰관은 범죄의 혐의가 있다고 인식하는 때에는 범인, 범죄사실과 증거에 관하여 수사를 개시·진행하여야 한다. ③ 사법경찰관리는 검사의 지휘가 있는 때에는 이에 따라야 한다. 검사의 지휘에 관한 구체적 사항은 대통령령으로 정한다.	제196조 ① 검사와 사법경찰관은 수사, 공소제기 및 공소유지에 관하여 서로 협력하여야 한다. 제197조 ① 경무관, 총경, 경정, 경감, 경위는 사법경찰관으로서 범죄의 혐의가 있다고 사료하는 때에는 범인, 범죄사실과 증거를 수사한다.

수사권, 기소권 분리 출발점

검경수사권 조정의 두 번째 의의는 수사권과 기소권 분리의 출발점이라는 것이다. 형사절차를 지배하는 검찰의 힘은 수사권과 기소권을 모두 가지고 있다는 사실에서 시작된다. 수사권과 기소권을 모두 가지고 있으므로 수사는 기소권에 의하여 견제받지 않았다. 기소를 할 수 있을 정도로 합법적이고 인권 친화적이고 충분한 수사가 이루어졌는가를 감시하고 견제할 수 없었다. 수사권과 기소권을 함께 가지고 있으면 무리한 수사, 불법적인 수사, 인권침해적 수사가 이루어질 가능성이 크다. 기소 단계에서 무리한 수사를 통제할 수 없기 때문이다. 자신이 수사한 사건을 냉정하게 세3자의 입장에서 견제하기를 바라는 것은 어렵다. 기소권과 수사권 독점은 검찰 자의적인 수사 중단, 불기소를 초래하기도 한다.

수사권과 기소권이 분리됨으로써 무리한 수사, 불법적인 수사, 인권 침해적 수사는 기소권으로 견제받게 된다. 기소권은 수사의 정도에 따라 견제받는다. 기소권자가 반드시 기소를 하겠다고 마음먹더라도 수사를 다른 기관이 하므로 마음대로 할 수 없다. 자의적인 불기소도 막을 수 있다.

이번 검경수사권 조정은 한계가 있다. 수사권과 기소권의 분리가 아니라 검경수사권 분점이기 때문이다. 수사권과 기소권 분리는 단번에 할 수 없다. 단계적으로 할 수 밖에 없다. 전격적으로 추진하기에는 한국의 검찰과 경찰의 규모가 너무 크다. 치안의 공백 등 부작용이 있을 수 있다. 검찰과 경찰이 수사권을 분점하면서 개혁을 시작하는 것이 바람직하다. 검찰과 경찰의 수사권 분점은 다음과 같다.

표2 | 검찰과 경찰의 수사권 분점

검찰	경찰
검찰청법 제4조 제1항 제1호 가. 부패범죄, 경제범죄, 공직자범죄, 선거범죄, 방위사업범죄, 대형참사 등 대통령령으로 정하는 중요 범죄 나. 경찰공무원이 범한 범죄 다. 가목·나목의 범죄 및 사법경찰관이 송치한 범죄와 관련하여 인지한 각 해당 범죄와 직접 관련성이 있는 범죄	기타 범죄

검경수사권 조정이 검경수사권 분점인 이상 한계가 있다. 완전한 수사권과 기소권의 분리는 아니다. 이 한계는 향후 수사권과 기소권이 분리되면 해결될 것이다. 한편 일부에서는 당장 수사권과 기소권의 분리를

주장한다. 필자도 2017년 『문제는 검찰이다』에서 근본적인 개혁을 위해서는 수사권과 기소권을 분리해야 한다고 주장했다. 원칙적으로 타당한 주장이다.

영국과 미국을 모델로 한다면 수사권과 기소권 분리는 타당한 방향이다. 영국의 검찰은 경찰에 의해 소추가 이루어져 재판의 대상이 되는 사건을 재평가하거나 공판정에서 수사결과를 재평가한다. 만약 검사가 직접 수사지휘를 하게 되면 오히려 방해가 되거나 경찰은 책임감을 가지고 수사를 하지 못한다는 등의 주장이 있었고 이에 검사는 재판진행을 위한 증거수집에 관하여 경찰에 조언을 하며 경찰이 증거를 수집하는 과정을 직접 지휘하지는 않는 시스템이 정립되었다(김태명, 2020). 미국 검찰은 경찰로부터 사건 송치를 받아 사건을 검토한 후 보충수사가 필요하다고 생각되면 경찰에 수사를 의뢰하는 것이 일반적이다. 검찰은 수사관investigator을 활용하여 보충수사를 할 수 있다(김태명, 2020).

수사권과 기소권 분리가 올바른 방향이기는 하지만 개혁의 현장에서 오랜 논쟁 끝에 내린 결론은 검경수사권 조정이었고 수사권 분점이었다. 검찰개혁을 강하게 주장해 온 정부의 입장이 검경수사권 조정이었던 이상 이를 존중해야 한다. 현실을 가장 정확하게 알기 때문이다.

검경수사권 조정, 분점도 어렵게 이루어진 개혁이다. 반대도 심했지만 지금 정치 수준에서 여야의 합의, 국민의 합의 수준에 비추어본다면 최상의 결과라고 할 수 있다. 어렵게 이루어진 개혁을 현장에 정착시키기도 전에 법 개정을 이야기하는 것은 온당하지 못하다. 제도 시행 경과를 보고 제도가 현장에 충분히 안착한 이후에 법 개정을 논하는 것이 타당하다.

검경 상호 견제

검경수사권 조정의 세 번째 의의는 검찰과 경찰 사이의 견제 장치가 구체적으로 확보되었다는 점이다. 위에서 본 대로 수사권과 기소권의 분리 자체가 상호 견제의 출발점이다. 상호 견제는 당연하지만 경찰에 대한 견제는 더 필요하다. 과거와 달리 경찰이 수사권을 독립하여 행사하기 때문이다. 형사소송법은 경찰에 대한 검사의 견제장치를 신설했다. 송치사건에 대한 보완수사 요구, 사건기록 등본 송부 요구, 시정조치 요구, 사법경찰관에 대한 직무배제 및 징계청구, 사법경찰관의 불기소사건 서류 및 증거물 송부, 불기소사건 고소인 등의 이의, 검사의 재수사 요청 등의 규정이 그것이다. 이를 통하여 경찰의 수사에 대한 촘촘한 견제가 강화될 것으로 보인다. 이들 규정은 수사과정을 합법적이고 인권 친화적으로 바꾸는 역할을 할 것이다.

다만 검찰의 경찰에 대한 견제수단이 과거 검찰의 수사지휘권과 같은 역할을 하는 일은 없도록 주의해야 한다. 검찰과 경찰의 관계는 원칙적으로 상호평등 협력관계다. 견제에만 너무 충실하여 상호협력의 자세를 놓쳐서는 안된다. 국가기관은 모두 시민의 자유와 인권을 지키기 위해 존재한다. 상호협력이 기본 관계다. 견제와 균형은 상호 결탁과 권한 남용을 견제하기 위해서 필요하다.

국가기관이 상호협력하지 않으면 그 피해는 시민들에게 돌아간다. 코로나19 사태에서 보듯이 보건복지부와 질병관리청, 정부 각 부처가 협력하지 않고 갈등만 한다면 시민의 생명은 지킬 수 없다. 검찰과 경찰이 갈등만 벌이고 협력하지 않는다면 처벌해야 할 범죄는 처벌하지 못하고 처벌하지 않아도 될 범죄는 처벌하는 이상한 사태가 벌어진다. 검찰과 경찰 등 형사사법기관이 갈등으로 제 기능을 상실하면 공동체의 정의는 실종된다. 당장 치안이 위태로워진다.

고위공직자범죄수사처 출범

'고위공직자범죄수사처(공수처)'의 출범은 검찰개혁의 두 번째 성과다. 공수처의 출범으로 검찰개혁이 거의 완성된 것처럼 인식되기도 한다. 검찰이 형사사법 절차를 전횡하고 인권침해적 수사를 계속하고 자기 식구 봐주기를 반복하면서 검찰개혁의 목소리가 높아졌다. 검사들을 직접 견제하는 수단에 대한 공감대가 높아졌다. 이에 대한 답이 검사들을 수사하고 기소할 수 있는 공수처. 공수처는 검찰개혁의 대표주자가 되었다.

하지만 공수처의 본래 기능을 잊어서는 안된다. 공수처는 정경유착, 부정부패, 권력형 비리를 수사하는 기관이다. 대규모의 부정부패, 권력형 비리는 고위공직자가 연루된 경우가 많다. 김영삼 대통령과 김대중 대통령의 친인척 비리는 부패문제에 대한 특별한 대책을 요구했다. 군부 독재 시절의 부정부패는 말할 것도 없다.

권력형 비리는 엘리트부패 카르텔이 저지르는 범죄로서 사회의 부를 조직적, 체계적으로 약탈한다. 사회의 정의와 공정을 무너뜨린다. 건전한 상식을 가진 도덕적 삶을 사는 서민들에게 말할 수 없을 정도의 피해를 입힌다. 주로 정치권력, 자본권력, 관료권력, 법조권력, 언론권력으로 구성된 엘리트부패 카르텔은 기존 방식으로 대처하기 어렵다. 세계 많은 나라들이 엘리트부패 카르텔의 부패에 대해서 특단의 조치를 강구하는 것은 이런 이유 때문이다. 한국은 1996년 참여연대가 부패방지법을 입법

청원하면서 공수처 설치 논의가 본격화되었다. 25년 논의의 결과, 드디어 공수처가 출범하게 되었다.

권력형 비리 전문 반부패 수사기관

공수처는 대검찰청 중앙수사부와 특별검사를 대체한다. 대검찰청 중앙수사부는 정치권력의 개입 때문에 엘리트부패 카르텔의 부패범죄를 제대로 수사하고 처벌하지 못했다. 몸통은 건드리지 못하고 깃털만 처벌하는 사태가 반복되었다. 이를 극복하기 위하여 특별검사제가 도입되었다. 특검도 기대에 미치지 못했다. 개별 입법으로 설치되므로 정치적 판단에 의하여 출발이 좌우되었고 상설, 전문기구가 아니었으므로 안정적인 수사를 하지 못했다. 이런 문제점을 극복하기 위하여 구상된 것이 바로 공수처였다. 공수처는 2004년 참여정부의 "공직부패수사처" 법률안으로 입법에 가장 가까이 다가갔으나 국회의 문턱을 넘지 못했다. 엘리트부패 카르텔의 반대가 심했고 권한의 분산을 우려한 검찰의 반대도 컸다. 이후 공수처는 의원입법으로 시도되었다.

검찰 견제의 가능성과 한계

공수처는 또한 검찰을 견제한다. 검찰 견제는 공수처가 검찰개혁의 주요 과제가 된 이유다. 검사들의 비리나 권한 남용에 대한 수사와 기소를 담당하기 때문이다. 하지만 이것은 공수처 기능의 일부분일 뿐이다. 이

것은 공수처 수사 대상에서 확인할 수 있다.

표 3 | 공수처의 수사 대상과 대상 범죄

수사 대상	대상 범죄
1. "고위공직자"란 다음 각 목의 어느 하나의 직(職)에 재직 중인 사람 또는 그 직에서 퇴직한 사람을 말한다. 다만, 장성급 장교는 현역을 면한 이후도 포함된다. 가. 대통령 나. 국회의장 및 국회의원 다. 대법원장 및 대법관 라. 헌법재판소장 및 헌법재판관 마. 국무총리와 국무총리비서실 소속의 정무직공무원 바. 중앙선거관리위원회의 정무직공무원 사. 「공공감사에 관한 법률」 제2조제2호에 따른 중앙행정기관의 정무직공무원 아. 대통령비서실·국가안보실·대통령경호처·국가정보원 소속의 3급 이상 공무원 자. 국회사무처, 국회도서관, 국회예산정책처, 국회입법조사처의 정무직공무원 차. 대법원장비서실, 사법정책연구원, 법원공무원교육원, 헌법재판소사무처의 정무직공무원 카. 검찰총장 타. 특별시장·광역시장·특별자치시장·도지사·특별자치도지사 및 교육감 파. 판사 및 검사 하. 경무관 이상 경찰공무원 거. 장성급 장교 너. 금융감독원 원장·부원장·감사 더. 감사원·국세청·공정거래위원회·금융위원회 소속의 3급 이상 공무원 2. "가족"이란 배우자, 직계존비속을 말한다. 다만, 대통령의 경우에는 배우자와 4촌 이내의 친족을 말한다.	"고위공직자범죄"란 고위공직자로 재직 중에 본인 또는 본인의 가족이 범한 다음 각 목의 어느 하나에 해당하는 죄를 말한다. 다만, 가족의 경우에는 고위공직자의 직무와 관련하여 범한 죄에 한정한다. 가. 「형법」 제122조부터 제133조까지의 죄(다른 법률에 따라 가중처벌되는 경우를 포함한다) : 직무유기, 직권남용, 불법체포, 불법감금, 폭행, 가혹행위, 피의사실공표, 공무상비밀누설, 선거방해, 수뢰, 사전수뢰, 제삼자뇌물제공, 수뢰후부정처사, 알선수뢰, 뇌물공여 나. 직무와 관련되는 「형법」 제141조, 제225조, 제227조, 제227조의2, 제229조(제225조, 제227조 및 제227조의2의 행사죄에 한정한다), 제355조부터 제357조까지 및 제359조의 죄(다른 법률에 따라 가중처벌되는 경우를 포함한다) : 공용서류 등의 무효, 공용물의 파괴, 공무서등의 위조·변조, 허위공문서작성, 공전자기록위작·변작, 동행사죄, 횡령, 배임, 업무상횡령, 업무상배임, 배임수증재 다. 「특정범죄 가중처벌 등에 관한 법률」 제3조의 죄 : 알선수재 라. 「변호사법」 제111조의 죄 마. 「정치자금법」 제45조의 죄 : 정치자금부정수수 바. 「국가정보원법」 제21조 및 제22조의 죄 : 정치관여죄, 직권남용죄 사. 「국회에서의 증언·감정 등에 관한 법률」 제14조제1항의 죄 : 위증죄 아. 가목부터 마목까지의 죄에 해당하는 범죄행위로 인한 「범죄수익은닉의 규제 및 처벌 등에 관한 법률」 제2조제4호의 범죄수익등과 관련된 같은 법 제3조 및 제4조의 죄

공수처가 판사와 검사의 직권남용과 부패에 대해 특별한 관심을 두고 있는 것은 사실이다. 법률에 의하면 대법원장 및 대법관, 검찰총장, 판사 및 검사, 경무관 이상 경찰공무원에 대해서는 수사와 함께 공소제기, 공소유지를 한다. 수사기관, 재판기관의 자기 식구 봐주기를 방지하기 위함이다. 하지만 이것은 공수처 업무의 일부에 지나지 않는다. 이 규정으로 판사와 검사, 경찰관의 범죄가 누락되는 일은 없어질 것으로 기대하지만 이 규정이 공수처의 성격을 결정지을 수는 없다.

법무부의 탈검찰화

법무부의 탈검찰화는 검찰개혁의 세 번째 성과다. 법무부와 검찰은 그동안 너무 가까웠다. 법무부 장관은 대부분 검사 출신이었다. 법무부 고위 간부들은 현직 검사였다. 검찰을 민주적으로 통제하고 견제해야 할 법무부가 검사중심으로 구성됨으로써 검찰 견제는 사실상 불가능했다. 청와대 민정수석 역시 대부분 검사들이 담당해 왔다. 이를 통해 검찰의 정치적 영향력은 증가했다.

문재인 정부는 법무부 장관으로 검사가 아닌 인물을 발탁했다. 박상기, 조국, 추미애, 박범계로 이어지는 법무부 장관은 모두 검사가 아니었다. 『법무부와 그 소속기관 직제』를 개정해 대부분의 간부직을 비검사에게도 개방했다. 지금까지 검찰국장을 제외하고는 법무부 간부 대부분을 비검사로 임명했다. 법무부 차관도 판사출신 법조인을 임명했다. 법무부 장관이 검사가 아닐 때 법무부와 검찰청의 관계가 매끄럽지 않을 수 있어 차관은 검사로 임명해 온 과거 관행마저 넘어섰다. 차관에 판사출신을 임명한 것이 바람직한지는 따로 평가해 보아야 한다.

청와대 민정수석은 법무부 장관만큼 중요한 자리다. 검찰개혁을 추진하는데 민정수석은 리더십 중의 하나다. 정부는 민정수석으로 조국, 김조원, 김종호 등 비검사출신을 임명했다. 2020년 12월 검사 출신 신현수 변호사를 민정수석으로 임명했지만 다시 비검사 출신 김진국 변호사를 민정수석으로 임명했다. 김조원, 김종호는 감사원 출신이어서 검찰개혁을 추진하는 데 어려움이 있었을 것으로 보인다.

법무부 탈검찰화는 국가 법무행정의 정상화를 의미한다. 법무행정은 검찰행정만이 아니다. 인권 친화적이고 전문성에 기반한 법무행정, 교정행정, 출입국행정, 인권행정 등이 필요하다. 이를 위해서는 검찰 출신이 아닌 전문가가 필요하다. 하지만 검사가 아닌 전문가의 수는 적고 설혹 간부직을 담당하더라도 경험이 충분하지 못한 것이 현실이었다. 이를 신속히 보충하는 것이 필요하다. 2020년 12월 서울동부구치소에서 코로나19 확진자가 쏟아져 나온 사태는 아직 법무부가 충분한 전문성을 갖고 있지 못하다는 것을 보여주는 사례가 아닐까 생각된다. 법무부의 전문성 제고는 시간이 걸리는 일이다.

법무부의 검찰 통제

법무부의 탈검찰화가 우리 역사에서 강조된 이유는 검찰 통제가 필요하기 때문이다. 수사와 기소를 담당하는 검찰은 법률상 견제가 어렵다. 수사와 재판 자체는 정치권력으로부터 벗어나야 한다. 수사와 재판은 정치의 영역이 아니라 법률의 영역이다. 특정 사건에 법률을 적용하여 정의를 찾아가는 과정이므로 정치에 의하여 왜곡되면 안 된다. 엄격한 법치주의가 적용되어야 정의가 수립된다. 특정인에 대한 가혹한 처벌이나 봐주기는 공동체의 정의를 해친다. 자의적인 법집행을 막는 것, 법 앞의 평등을 실현하는 것이 가장 중요하다. 법 앞의 평등을 실현하기 위해서는 수사와 재판이 권력에서 자유로워야 한다.

그렇지만 수사와 재판을 담당하는 기관이 권한을 남용해서도 안 된다. 수사와 기소를 담당하는 검찰의 권한 남용은 피해자에게 치명적인 결과를 낳는다. 검찰의 권한은 수사와 기소의 자유를 보장함과 동시에 민주적으로 통제되어야 한다. 검찰권한을 합법적이고 민주적으로 통제할 수 있는 곳은 법무부다.

지금까지 우리는 검찰의 권한 남용과 이에 대한 통제의 부재를 목격해 왔다. 법무부와 검찰이 상호협력해야 하는 것은 사실이지만 상호협력만큼 견제는 이루어지지 못했다. 이러한 현상의 인적 토대는 법무부 간부들이 대부분 검찰 출신이었다는 것이고 정치적 토대는 정치권력에 의한 검찰 장악이었다.

수사와 재판에 독립성을 보장한다고 해서 수사와 재판이 모든 비판에서 자유로운 것은 아니다. 정치권, 학계, 전문가의 비판에는 항상 열려 있어야 한다. 외부의 비판에 귀를 닫는 것은 위험하다. 다만 외부의 간섭이 지나쳐 수사와 재판의 중립성과 독립성, 수사관과 법관의 신분을 위협할 정도가 되어서는 안 된다.

수사 · 재판과 다른 행정

수사와 재판과는 달리 수사와 재판을 하는 국가기관인 검찰청과 법원은 민주적으로 통제를 받아야 한다. 국가기관이므로 감사의 대상인 것은 당연하다. 수사와 재판의 중립 · 독립과 검찰청이라는 조직의 독립, 법원 행정의 독립은 다르다. 검찰청의 지위와 역할, 조직 구성, 운용은 전적으로 행정의 영역이다. 다만 검찰의 경우 행정이 수사와 긴밀하게 결합되어 있기 때문에 법무부 장관으로부터 상대적으로 독립되어 있는 검찰총장이 검찰행정을 담당한다. 이러한 관계를 유지할 것인가 아니면 변경할 것인가 하는 점 역시 입법부와 행정부가 법률을 통하여 결정한다. 검찰행정은 사건을 수사하고 기소하는 전문가인 검사들의 영역이 아니다. 법원 역시 같다. 판사는 재판의 전문가이지 행정의 전문가가 아니다. 대부분의 국가는 법관을 대통령, 의회가 임명한다. 대법원장이 법관을 임명하는 한국은 매우 특수한 경우다. 사법부의 독립을 그만큼 중요하게 생각하는 것이지만 법원행정이 법관을 위한 행정, 폐쇄적 행정이 될 가능성도 크다. 사법농단의 뿌리는 여기에 있다. 이에 대해서는 전작인 『문재인, 김인회의 검찰을 생각한다』, 『김인회의 사법개혁을 생각한다』에서 자세히 밝혀놓았다.

견제와 함께 존중 필요

법무부에 의한 검찰의 통제는 잘못하면 갈등을 낳을 수 있다. 상호 존중과 자제가 없다면 견제는 간섭과 침해가 된다. 간섭과 침해가 반복되면 갈등과 충돌은 피할 수 없다. 여기에 감정이 개입되면 문제는 걷잡을 수 없이 커진다.

법무부의 검찰통제는 민주적 통제와 정치적 중립 사이의 중도가 무엇인가를 숙고하게 만든다. 문재인 정부의 검찰개혁은 검찰에 대한 민주적 통제가 기관의 자율성을 침해하고 수사와 기소의 독립성을 위태롭게 하는 것은 아닌지, 그 반대로 수사와 기소의 독립성이 검찰에 대한 민주적 통제를 배척하는 도구로 사용되는 것은 아닌지 의문을 던졌다.

이 문제는 수사의 독립과 견제에 대한 이론만으로는 해결하기 어렵다. 상호 관용과 자제의 덕목이 필요하다. 민주주의는 제도만으로 보장되지 않는다. 법률로 아무리 견제와 균형 시스템을 마련해도, 권력기관을 감시하는 기구를 만들고 또 만들어도 민주주의는 자동적으로 보장되지 않는다. 비슷한 헌법과 법률, 비슷한 제도, 비슷한 조직을 가진 국가들의 민주주의 수준은 천차만별이다. 국가의 수준 차이는 상호 관용과 자제의 규범 차이에서 비롯된다.

상대방을 없애버려야 할 적이 아니라 애국심을 가진 국가경영의 경쟁자, 협조자로 인정하는 것, 이것이 관용이다. 민주주의에서는 언제든지 다수가 소수로, 소수가 다수로 변할 수 있다. 선거 결과는 예측하기 어렵다. 국민들의 선택은 변하기 마련이다. 집권 여당이 바뀌더라도 민주주의는 지켜져야 한다. 민주주의 시스템은 존중되어야 한다. 이를 위해서는 다수와 소수, 여당과 야당이 서로의 존재를 인정하고 존중해야 한다. 아무리 여당이라고 하더라도 자신의 뜻을 100% 관철할 수 없다. 야당이 있고 야당을 지지하는 국민이 엄연히 있기 때문이다. 여당에게는 국정을 안정시킬 책임이 있다. 정권은 출범할 때 정당해야 할 뿐 아니라 통치할 때에도 정당해야 한다. 상대방을 인정하지 않으면 대화와 타협은 없다. 대화와 타협이 없으면 민주주의는 없고 통치의 정당성도 없다. 여당과 야당 사이에도 관용이 필요한데 같은 정부 내 기관들 사이는 말해 무엇하겠는가?

관용과 함께하는 자제

자제는 권한을 극단적으로 행사하지 않는 것이다. 국가기관의 권한은 헌법과 법률이 정하지만 그 경계는 모호하다. 독립과 견제의 경계선은 애매하다. 대부분 중첩된다. 권한의 중첩은 잘못 운영되면 국정의 마비를 초래한다. 사면권은 대통령의 권한이지만 이를 극단적으로 행사하면 사법부는 제 기능을 할 수 없다. 대법관 임명 동의권은 국회의 권한이지만 이를 극단적으로 행사하면 대통령의 임명권은 유명무실해진다. 대통령, 장관, 검찰총장, 판사에 대한 탄핵발의는 국회 권한이지만 이를 남용하면 국정은 마비된다. 불법만 아니면 된다는 주장은 과도한 권한 행사로 인한 국가기관의 충돌을 낳을 가능성이 높다.

법무부 장관과 검찰총장의 권한도 중복된다. 검찰행정은 국가 법무행정의 일부다. 그렇지만 수사와 기소의 중립성을 보장하도록 검찰청이 설립되었다. 검찰행정을 두고 법무부와 검찰청의 권한은 중복되어 있다. 법무부가 자신의 권한을 합법적이지만 극단으로 행사하고 검찰 역시 합법적인 권한을 극단으로 행사하면 충돌이 발생한다. 국가의 법무행정, 검찰행정은 마비된다. 검찰의 수사 중립성은 위기에 처한다. 국민은 혼란과 불안에 빠진다. 현실에서 법무행정, 검찰행정이 부드럽게 이루어지는 것은 서로 자제하고 협조하기 때문이다. 같은 대통령이 임명한 것도 하나의 이유지만 국가경영을 공동으로 한다는 인식이 있기 때문이다. 자제는 관용과 함께 현대 민주주의의 필수요소이며 국가기관 운영의 근본 덕목이다.

관용과 자제, 대화와 협력이 점점 사라지고 있는 것은 사실이다. 한국만이 아니라 미국을 포함한 세계적 경향이다. 관용과 자제를 위태롭게 하는 근본 원인은 양극화다. 경제적 양극화로 중산층이 취약해지고 정치적 양극화로 중간층이 사라지고 있다. 양극화로 지지자들만 바라보는 정치와 정책이 기승을 부린다. 상대방 무시와 극단적 권한 행사로 갈등은 폭발한다(스티븐 레비츠키 · 대니얼 지블렛, 2018).

관용과 자제를 위협하는 이유는 단순하다. 상대가 먼저 나를 무시했다는 것이다. 그러나 상대의 불관용과 권한 남용이 나의 불관용과 권한 남용을 정당화시키지 못한다. 모든 해결의 열쇠는 자신에게 있다. 분노도 정의를 정당화시켜주지 못한다. 제도 이외에 윤리가 중요한 것은 이 때문이다.

형사공공변호인제도 미실현

문재인 정부의 중요 공약 중의 하나였던 형사공공변호인제도는 아직 도입되지 못했다. 형사공공변호인제도는 수사단계에서 시민의 자유와 인권을 한 단계 높게 보장하는 핵심적인 제도다. 검경수사권 조정이 이루어져 형사공공변호인제도는 더욱 중요해졌다. 경찰의 수사권이 확대되면서 국가기관 전체의 수사권이 확대되었기 때문이다. 그만큼 시민들의 자유와 인권은 잠재적으로 위험해졌다. 확대되는 수사권을 견제하는 방안이 형사공공변호인제도다.

형사공공변호인제도는 수사받는 피의자가 원할 경우 언제든지 국가가 고용한 변호인이 수사과정에 참여하여 피의자를 변호하는 제도다. 현재 수사와 재판을 받는 피의자·피고인의 인권보호를 위한 변호인제도로는 국선변호가 있다. 국선변호는 원칙적으로 재판에만 적용된다.

국선변호는 인권이 발전함에 따라 확대되고 있다. 형사소송법은 피의자 중에서 구속되거나 구속영장이 청구된 경우 국선변호를 보장한다. 2008년부터 시행되었다. 인권의 측면에서 보면 큰 진전이다. 이 제도를 더 확대할 필요가 있다. 수사를 받는 피의자도 재판받는 피고인만큼 위험에 놓여 있다. 사실관계를 수사과정에서 확인하기 때문이다. 변호인의 도움을 받을 권리는 보편적인 권리이므로 모든 피의자에게 확대할 필요가 있다.

국선변호를 양적으로 확충해서 피의자까지 변호를 제공하고, 국선변호의 질을 높이려면 국선변호만을 제공하는 독립적이고 상설적이며 전문적인 기관이 필요하다. 이 요구를 충족시키는 것이 형사공공변호인제도다. 이를 공적변호인제도라고도 불렀다. 미국의 퍼블릭 디펜더 시스템 Public Defender System 을 모델로 제안된 것이다. 그 중요성은 2004년 사법개혁위원회에서 인정되었다. 당시 사법개혁위원회는 장기적 연구 과제로 공적변호사제도 또는 계약제 법률구조 전담 변호사제도의 도입을 건의했다. 사법제도개혁추진위원회는 국선변호의 질을 향상시키기 위한 방안으로 국가가 변호사를 공무원으로 채용해서 국선변호를 하게 하는 공적변호인제도의 도입을 검토할 필요가 있다는 입장을 밝혔다. 형사공공변호인제도는 이미 충분한 논의와 검토가 이루어진 제도다.

수사에 대한 핵심적 통제 방안

　형사공공변호인제도는 확대되는 수사권한에 대한 핵심적인 통제 방안이다. 특히 검경수사권 조정으로 경찰에게 수사권이 인정됨에 따라 필요성은 더 높아졌다. 검찰과 경찰은 과거 정치권력을 위해 시민을 탄압한 역사가 있고 최근까지도 그 관성에서 완전히 벗어나지 못했다.

　위법수사를 통제하는 방안 중 가장 확실한 방법은 실시간 통제다. 위법수사 통제는 사전적으로도 사후적으로도 할 수 있다. 사전적 통제는 법률, 시행령, 수사준칙 등을 마련하고 수사과정을 정형화해서 인권침해가 발생하지 않도록 미리 준비하는 것이다. 사후적 통제는 인권침해가 발생한 후 취하는 조치들이다. 철저한 원인 규명과 책임자 문책, 피해자에 대한 사과와 배상, 수사와 재판을 통한 처벌 등이 있다. 좋은 방안들이지만 실시간 통제를 대신할 수는 없다. 실시간 통제는 수사과정에 외부의 감시자가 직접 참여해 위법수사를 감시하는 것이다. 실시간 통제를 하려면 변호인이 반드시 필요하다. 수사받는 사람은 모두 위축된다. 평생에 한두 번 경찰서나 검찰청에 가는 사람들에게 위법수사에 저항할 것을 기대하는 것은 불가능하다. 전문가가 필요하다. 피의자 옆에 변호인이 있다면 위법수사는 시도조차 못할 것이다.

형사공공변호인제도의 3원칙

　형사공공변호인제도는 세 가지 원칙에 기초해야 한다(김인회, 2017).
　첫째, 국가 고용이다. 국가가 변호사를 고용해 국선변호를 제공하는 것이다. 상근 변호사가 국선변호를 전담하므로 높은 품질의 변호가 가능하고 재정적 부담도 적다.

둘째, 현장성이다. 경찰서, 검찰청 등 수사기관 바로 옆에 변호사들이 근무하는 사무실을 두고 24시간 피의자가 원하면 즉시 형사변호를 제공하는 것이다. 수사기관에는 전국의 모든 경찰서와 검찰청이 포함된다. 물론 실제 시행은 단계적으로 해야 할 것이다.

셋째, 독립성이다. 형사변호의 특성상 법원과 마찰이 불가피하다. 법원의 관리·감독을 받아서는 곤란하다. 법원이 변호인의 지위를 박탈할 수 있다면 변호인의 역할은 심각하게 훼손된다. 검찰이나 법무부는 말할 것도 없다. 법조를 중심으로 한 독립성이 필요하다.

형사공공변호인제도는 일찍 제안되었고 일찍 추진되었다. 하지만 성과는 아직 없다. 검찰개혁 과제 중의 하나임에도 불구하고 검찰개혁 과제라고 인식되지 못한 것이 가장 큰 원인이라고 본다. 인식이 바뀌면 제도의 추진에 힘이 붙을 것이다.

그림 1 | 형사공공변호인제도 3원칙

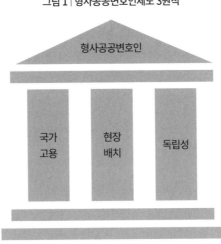

재정신청 확대

　수사권과 기소권 분리, 공수처 출범, 법무부의 탈검찰화, 형사공공변호인제도 이외에도 검찰개혁 과제는 있다. 재정신청 확대와 검찰권의 자치분권이 이에 해당한다. 앞의 4대 과제에 비해서 중요도는 떨어지지만 검찰개혁 과제임은 틀림없다.

　재정신청제도는 검사가 사건을 불기소했을 때 고소인과 고발인이 해당 사건 불기소의 부당여부를 법원에서 다투는 제도다. 만일 불기소가 부당하다면 법원이 기소를 강제한다. 검사는 수사를 한 다음 피의자를 재판에 회부할 수도 있고 회부하지 않을 수도 있다. 이를 기소편의주의라고 한다. 검사는 또한 기소권을 독점하고 있는데 이를 기소독점주의라고 한다. 기소독점주의와 기소편의주의가 결합하면 검사는 자의적으로 불기소를 해서 사건을 종결시킬 수 있게 된다. 여기에서 검사의 불기소 권한을 통제할 필요성이 생긴다.

　검사의 자의적인 불기소는 첫째, 피해자의 입장을 무시한다. 형사재판은 공적인 절차다. 공적 절차라는 말은 공동체가 피해자의 피해가 중대한 것임을 공개적으로 인정하고 선언하는 과정이라는 의미다. 피해자의 감정이 수사와 재판을 지배해서는 안 되지만 피해자의 피해에 공동체가 둔감해서도 안 된다.

　둘째, 정의라는 형사절차의 근본 철학을 무시한다. 죄를 지었으면 벌을 받는 게 정의다. 피해자가 고통을 받고 있는데도 가해자가 처벌받지 않는 것은 정의가 아니다. 피해자가 없거나 피해자가 나서지 않는 사건에서는 사회적 차원에서 정의를 세우는 것이 필요하다.

　셋째, 특히 정치적 사건, 권력형 비리 사건, 화이트칼라 범죄, 금융범죄,

증권범죄, 기업범죄 등은 엄격하게 처벌해야 한다. 이런 사건들을 제대로 처벌하지 못하면 법 앞의 평등, 정의가 심각하게 훼손된다.

재정신청제도 개혁 방안

재정신청제도의 개혁 방안은 다음과 같다(김인회, 2017).

첫째, 고발인에게 재정신청권이 확대되어야 한다. 피해자인 고소인이 사건에 가장 큰 이해관계가 있는 것은 사실이지만 중대한 사건, 정경유착 사건, 권력형 비리 사건, 화이트칼라 범죄, 금융범죄, 증권범죄, 기업범죄 등은 피해자가 없는 경우가 더 많다. 고발인에게 재정신청권이 부여되어야 이들 사건에서 자의적인 불기소를 통제할 수 있다.

둘째, 공소유지 변호사제도를 부활해야 한다. 법원이 재정신청을 받아들이면 기소가 되고 재판이 시작된다. 그런데 재판 진행, 즉 공소유지는 검사가 담당하게 되어 있다. 여기에서 허술한 재판 진행이 발생할 가능성이 생긴다. 이미 다른 검사가 처벌할 필요가 없다고 불기소한 사건을 열심히 공소유지할 검사는 드물다. 불성실하게 재판을 진행하고 심지어 가벼운 형이나 무죄를 구형하는 경우도 있다. 공소유지를 담당하는 사람은 검사가 아닌 법원이 임명하는 변호사여야 한다. 1954년 제정 형사소송법은 공소유지 변호사제도를 두어 재정신청 사건의 재판 진행을 담당시켰다.

셋째, 관할 법원을 지방법원 합의부로 변경해야 한다. 재정신청 사건을 하려면 검찰 항고를 거쳐야 한다. 검찰 항고는 불기소의 부당성을 검찰에 다시 묻는 제도다. 검찰 항고는 고등검찰청이 담당한다. 고등검찰청에서 항고를 받아들이지 않고 불기소를 유지한다면 재정신청 절차가 시작된다. 검찰의 결정을 존중해서 고등검찰청에 재정신청을 하도록 법률이 규정하고 있다. 그러나 고등검찰청의 결정이라고 해서 고등법원이 심리해야 하는 것은 아니다. 검찰의 수사는 모두 지방법원에서 재판하기 시작한다. 대검에서 수사를 했더라도 기소되면 지방법원에서 심리를 시작한다.

넷째, 관할 법원의 증거조사권을 명문화해야 한다. 재정신청 사건의 가장 큰 문제는 수사 부실이다. 수사가 부실하므로 기소 여부를 결정하기도 어렵고 기소를 결정하더라도 재판이 부실해진다. 이 문제를 해결하기 위해서는 관할 법원이 증거 조사를 해서 피고 사건에 대한 실체 관계를 확인할 필요가 있다. 증거조사권을 신설하면 관할 법원이 의지를 가지고 사건의 실체를 파악할 수 있으므로 재정신청 사건의 심리가 충실해질 수 있다.

그림 2 | 재정신청제도 개혁방안

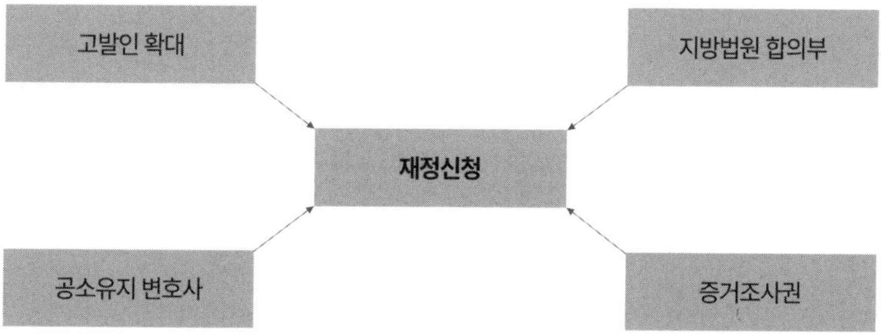

검찰의 자치분권은 장기 과제

검찰권의 자치분권은 장기 과제다. 자치분권 시대에 들어섰지만 자치경찰도 제대로 도입하지 못했다. 이런 상태에서 검찰권의 자치분권은 당장 실행할 수 있는 과제가 아니다. 특히 검사장 직선제는 매력적인 주장이지만 전제조건이 충족되어야 한다.

검사장 직선제 등 검찰권의 자치분권을 위해서는 첫째, 검찰이 법원과 함께 지방분권이 되어야 한다. 둘째, 투표의 단위를 정확히 특정해야 한다. 셋째, 검찰자치는 행정자치, 교육자치, 경찰자치를 완수한 후에 추진해야 한다. 넷째, 검사장 직선제는 검찰개혁의 핵심 과제, 즉 검찰권의 분권과 견제 시스템이 완성된 후에 추진하는 것이 바람직하다(김인회, 2017). 이와 같은 한계가 있지만 자치분권 시대에 검찰의 자치분권을 위한 연구는 필요하다.

2

◆

국가정보원 개혁

국가정보원 개혁은 2020년 12월 『국가정보원법』을 전부 개정함으로써 이루어졌다. 개혁의 주요 내용은 다음과 같다. 개혁의 수준과 내용은 국정원의 지위와 위상을 바꿀 정도로 적지 않다.

첫째, 국정원의 정치적 중립성을 강화했다. 국정원 운영에 있어 정치적 중립성을 유지하며, 법이 정하는 범위 내에서 정보를 수집하고, 수집된 정보를 직무 외 용도로 사용하지 아니하도록 운영 원칙을 정했다.

둘째, 국정원의 업무를 한정, 축소했다. 국정원의 직무 범위를 국외 및 북한에 관한 정보, 방첩, 대테러, 국제범죄조직에 관한 정보, 사이버안보와 위성자산 정보 등의 수집·작성·배포, 보안업무, 사이버공격 및 위협에 대한 예방 및 대응, 정보 및 보안업무의 기획·조정, 직무수행에 관련된 대응조치 등으로 명확히 했다. 특히 국내정보 수집의 근거가 되었던 '국내보안정보', '대공', '대정부전복' 등 불명확한 개념을 삭제했다.

이에 따라 국정원의 국내정보 수집은 금지되었다. 국정원은 국내정보 수집을 이유로 정치인들과 시민을 광범위하게 사찰해 왔다. 수집한 정보를 바탕으로 정치와 시민단체의 활동에도 개입했다. 심지어 선거에도 개입했다. 정보기관의 국내정치 및 사회에 대한 개입은 중앙정보부 설립 이래 계속되어온 대표적인 불법행위였다. 국정원의 정치 개입으로 국민의 의사는 왜곡되었고 민주주의는 위기에 처했다. 사찰의 대상이 되는 정치인과 시민들의 인권도 침해되었다. 이 문제를 해결하기 위하여 국내정보 수집을 금지했다.

대공수사권과 국정원 직원에 대한 수사권 역시 폐지되었다. 국정원은 수사를 하면서 사건을 조작하는 등 시민의 인권을 침해한 역사가 있다. 대표적인 사례는 2012년 유우성 서울시 공무원 간첩조작 사건이다. 국정원은 유우성씨를 간첩으로 조작하기 위하여 중화인민공화국의 출입경 기록을 조작했다. 수사와 기소가 분리되어야 하듯이 정보와 수사는 분리되어야 한다. 국정원의 대공수사권 폐지는 이러한 과거에 대한 반성이면서 국정원 개혁의 핵심 중의 하나다. 국정원 직원에 대한 수사권은 국정원 직원에 대한 불처벌이나 가벼운 처벌을 방지하기 위한 조치다. 국정원의 대공수사권과 국정원 직원 수사권 폐지는 2024년부터 시행된다. 수사권을 경찰에 이전하려면 준비기간이 필요하기 때문이다.

셋째, 특정 정당·정치단체나 특정 정치인을 위하여 집회를 주최·참석·지원하도록 다른 사람을 사주·유도·권유·회유 또는 협박하는 등의 정치 관여 행위를 금지하고, 직원이 정치 관여 행위의 지시를 받은 사실을 수사기관에 신고하는 경우 원장은 해당 내용을 지체 없이 국회

정보위원회에 보고하도록 했다.

넷째, 불법 감청 및 불법 위치추적 등의 행위를 금지하며, 위반 시 처벌 근거를 마련했다.

다섯째, 국정원에 대한 국회의 민주적 통제를 강화했다. 원장은 국가 안전 보장에 중대한 영향을 미치는 상황이 발생한 경우 대통령 및 국회 정보위원회에 지체 없이 보고하도록 하고, 정보위원회가 재적위원 3분의 2 이상의 찬성으로 특정사안에 대하여 보고를 요구한 경우에는 해당 내용을 지체 없이 보고하도록 했다.

구체적 개혁과 감시

국정원개혁은 높이 평가할 만하다. 국정원의 권한 남용을 견제할 수 있는 내용이 거의 포괄되어 있다. 대공수사권이 바로 폐지되지 않았으나 이관에 시간이 필요하기 때문에 이해할 만하다. 업무에 대한 규정이 추상적이어서 다시 확대될 가능성이 있으나 입법 기술상 법률 규정의 추상성은 피하기 어렵다. 개혁이 법률 개정으로 이루어졌으므로 쉽게 과거로 돌아가기는 어렵다. 이제 남은 것은 국정원이 개정 법률에 따라 구체적인 개혁을 추진하고 정치권과 시민사회가 이를 감시하는 것이다. 국정원 개혁은 중도에 좌절된 경우가 많이 있었으므로 감시하는 것이 중요하다.

3

◆

경찰개혁 2관점

경찰개혁의 성과를 분석하기 전에 먼저 경찰개혁을 바라보는 관점을 정리해야 한다. 경찰개혁을 어떻게 볼 것인가에 따라 경찰개혁의 평가가 달라지기 때문이다. 경찰개혁을 바라보는 관점에는 두 가지가 있다. 명확하게 구분되는 것은 아니지만 서로 문제의식이 다르다. 차이점을 명확히 할 필요가 있다.

관점1 검찰개혁의 연장선인 경찰개혁

경찰개혁을 바라보는 첫 번째 관점은 경찰개혁을 검찰개혁과 연결하여 보는 관점이다. 검찰개혁 과제 중의 하나인 수사권과 기소권을 분리하면 수사권은 자동적으로 경찰이 담당하게 된다. 여기에 국정원의 대공 수사권까지 경찰이 확보하게 되면 그 권한은 더욱 늘어난다. 경찰로 형사사법 권한이 집중되는 것이다.

이렇게 되면 과거 형사소송법 제정에 큰 역할을 했던 고 엄상섭 의원의 표현을 빌리면 '검찰파쇼'를 피하려다 '경찰파쇼'를 초래할 수 있다. 경찰은 지금도 이미 충분히 막강한 권한을 가지고 있다. 시민들을 가장 가까운 거리에서 대면하는 기구로서 현장에서 나오는 힘을 가지고 있다. 여기에 권한을 더 보탠다고 하니 경찰국가가 될 수 있다는 우려가 생긴다. 경찰의 권한이 커지는 만큼 이에 대한 분산과 견제가 필요하다. 이에 대한 대책으로 자치경찰제가 적극적으로 고려되기 시작했다. 일본 역시 패전 이후 경찰에 수사권이 부여된 근거 중의 하나는 경찰활동의 지방분권화였다(이동희, 2011).

이 관점은 국가권력기관 개혁이라는 큰 틀에서 경찰개혁을 바라보는 장점이 있다. 종합적이고 거시적인 관점은 개혁을 추진하는데 반드시 필요한 관점이다. 검찰개혁의 동력을 바탕으로 경찰개혁을 추진하는 장점도 있다. 경찰개혁 동력이 약할 때 검찰개혁과 함께 추진함으로써 경찰개혁의 불씨를 살릴 수 있다.

경찰개혁 동력은 경찰에서 찾아야

하지만 단점도 있다. 첫째, 경찰개혁의 필요성을 경찰에서 구하지 않는 단점이 있다. 검찰개혁이 먼저 되면 개혁의 동력을 잃을 수 있다. 이런 이유로 2018년 6월 행정안전부 장관과 법무부 장관은 검찰개혁 중 핵심과제인 검경수사권 조정과 경찰개혁 중 핵심과제인 자치경찰제를 동시에 실시한다고 합의했다. 하지만 이후 검찰개혁이 급박해지면서 검찰개혁 법안만 먼저 통과되었고 경찰개혁은 깊은 논의나 토론 없이 소극적으로 이루어졌다.

둘째, 경찰개혁의 동력을 경찰 자체에서 구하지 않기 때문에 경찰의 진정한 변화를 기대하기 어렵다. 검찰에서 넘어오는 권한에 대한 견제에만 경찰개혁을 한정시킬 가능성이 있다. '검찰보다는 경찰이 믿을 만하다', '경찰은 개혁과 변화에 상대적으로 적극적이다'라는 말로 경찰 자체의 문제에 눈을 감는다.

하지만 불과 몇 년 전만 하더라도 경찰은 불신의 대상이었다. 당장 2012년 대통령 선거과정에 경찰이 구체적으로 개입했다. 일반 시민을 상대로 한 경찰행정이나 수사에서는 민원이 끊이지 않았다. 다행스럽게 2016년 촛불혁명 당시 집회에 평화적으로 대응하면서 어느 정도 신뢰를 회복했다. 하지만 체제와 제도가 바뀌지는 않았다. 과거로 돌아가지 않을 정도로 경찰이 개혁되었다고 보기는 어렵다. 이 관점은 경찰에 대한 피상적이고 막연한 인상을 바탕으로 경찰의 문제점을 보지 못하는 문제가 있다.

관점2 경찰의 문제가 개혁의 출발점

경찰개혁을 바라보는 다른 관점은 개혁의 필요성을 경찰 자체에서 찾는 관점이다.

첫째, 경찰의 역사라는 관점에서 보면 경찰개혁은 반드시 필요하다. 한국 경찰은 군대와 같은 특성을 가지고 있다. 역사를 보면 경찰은 정권안보, 시국치안을 최우선으로 했다. 민중의 지팡이가 아니라 민중의 몽

둥이이었던 것이 멀지 않은 과거의 일이다.

경찰은 이런 불행한 과거를 극복하려고 노력했다. 이 점은 높이 평가되어야 한다. 2004년 '경찰청 과거사 진상규명위원회'가 구성되어 경찰의 과거사 문제를 다루었다(경찰청, 2007). 경찰 스스로 자신의 과오를 밝히고 반성했다. 하지만 청산은 불충분했고 그 결과 비슷한 사태가 계속 발생했다. 경찰은 다시 과거 사건의 문제를 해결하기 위하여 2017년 '경찰 인권침해 사건 진상조사위원회'를 구성했다. 노력은 하고 있지만 역사가 완전히 극복된 것은 아니다.

개혁하지 않으면 역사는 반복되기 마련이다. 2005년 쌀 수입 개방 반대 농민 시위 도중 전용철, 홍덕표 두 분이 사망한 사건이 발생했다. 국가인권위원회에 의하면 경찰의 과잉행위에 의한 결과였다. 2009년 용산참사가 발생했다. 용산지역 재개발 과정에서 철거민이 농성을 벌이자 경찰이 투입되어 진압하다 철거민과 경찰을 포함하여 7명이나 사망했다. 2015년 민중총궐기 시위 도중 물대포에 맞아 백남기 농민이 쓰러졌고 다음해 사망했다. 헌법재판소는 물줄기가 일직선 형태가 되도록 해서 시위참가자에게 직접 쏘는 경찰의 직사살수가 헌법에 어긋난다고 판단했다.

강력한 중앙집중 조직

둘째, 경찰 제도의 측면에서 보더라도 개혁은 피할 수 없다. 한국 경찰은 세계에서 비슷한 사례를 찾기 어려울 정도로 강력한 중앙집중 조직이다. 군대경찰, 국가경찰, 비자치경찰, 관료경찰 등의 문제를 안고 있다. 획일적인 국가경찰의 폐해는 한때 전국의 모든 경찰이 성폭력, 가정폭력, 학교폭력, 불량식품 단속에 나섰던 사례에서 확인할 수 있다. 대통령의 지시였지만 전국의 모든 경찰서가 일제히 4대 폭력 단속에 나섰던 사례는 너무 이상한 일이다. 전국 255개 경찰서는 모두 다른 지역에 배치되어 있다. 지역마다 노동자, 농민, 회사원, 외국인, 학생 등 사는 사람들이 다르다. 치안 요구는 지역마다 다르기 마련이다. 지역의 치안은 지역의 사정에 맞게 이루어져야 한다. 하지만 전국의 모든 경찰서가 동일한 목표로 동일한 대상을 단속하고 있으니 참으로 이상한 현상이었다. 중앙집중형 국가경찰 시스템이 아니면 있을 수 없는 일이다. 이러한 현상의 바탕에는 정권안보를 최우선시해 온 경찰행정의 잔재가 있다. 시국치안은 지역을 가리지 않기 때문이다.

중앙집중형 국가경찰 제도는 자치분권 시대, 지방자치가 확대되고 있는 현재 폐지를 피할 수 없다. 자치경찰 요구는 어제 오늘의 일이 아니다. 경찰개혁의 핵심으로 수십 년 동안 제기되어온 문제다. 법률도 이를 확인하고 있다. 『지방자치분권 및 지방행정체제개편에 관한 특별법』은 제12조 제3항에서 "국가는 지방행정과 치안행정의 연계성을 확보하고 지역특성에 적합한 치안서비스를 제공하기 위하여 자치경찰제도를 도입하여야 한다"라고 규정하고 있다.

늘어나는 경찰 규모

셋째, 경찰의 규모를 보면 경찰개혁은 절박하게 느껴진다. 경찰의 규모는 군을 제외하면 그 어떤 국가기관보다 크다. 경찰인력은 2019년

총 140,988명이다. 이 중 경찰관은 122,913명, 일반직 등 5,292명, 의경 12,783명이다. 약 14만 명의 경찰인력이 한국에 있는 것이다(경찰청a, 2020). 경찰인력 증원은 2013년부터 더욱 진행되어 2019년까지 총 21,788명이 충원되었다(경찰청a, 2020). 2023년 의무경찰이 폐지되면 그 수만큼의 경찰관 증원이 예상된다. 경찰인력은 계속 증원될 것이다. 이렇게 큰 경찰조직이 국가경찰로서 단일한 명령체계의 중앙집중 조직으로 운용된다는 것은 시민의 자유와 인권에 큰 위험이다. 규모면에서 보더라도 권한의 분산과 견제가 필수적으로 요구된다.

국가권력기관 개혁의 일부인 경찰개혁

두 번째 관점은 경찰개혁의 원동력을 경찰 자체에서 찾는 장점이 있다. 경찰개혁은 검찰개혁의 파생물이 아니다. 경찰개혁은 경찰의 문제점을 해결하는 것이지 검찰이나 국정원의 문제점을 승계하거나 수습하는 것이 아니다. 자체의 문제를 해결한다는 관점을 가질 때 개혁은 자신의 문제가 된다.

다만 두 번째 관점은 국가권력기관 전체 개혁과 관련성이 약한 단점이 있다. 경찰은 권력기관의 일부로 존재하지 독자적으로 존재하는 것은 아니다. 타 기관과의 상호협력 속에서 존재한다. 국가권력기관 전체 개혁이라는 청사진이 없다면 경찰개혁은 제도개혁이 아니라 친절운동과 같은 정신승리나 아니면 전문성 제고라는 기술적인 문제로 전락할 수 있다.

표 4 | 경찰개혁의 두 관점

검찰개혁과 연동	중도	경찰 자체의 개혁
[장점] ·대규모의 개혁 ·검찰개혁 동력 활용 ·검찰의 권한 이전에 따른 권한의 확대 문제 해소 **[단점]** ·경찰개혁 자체 동력 미비 ·경찰권한 분산과 견제 미흡 ·본질적 개혁 한계	·시민의 자유와 인권 보호 ·국가권력기관 분산과 견제 ·검찰개혁만큼 큰 개혁 ·권력기관 총량 동결	**[장점]** ·본질적 경찰개혁 ·충분하고 다양한 권한의 분산과 견제 ·자치경찰 실시 ·자체 개혁 동력 확보 **[단점]** ·국가권력기관 개혁과 연결된 대규모 개혁 불가 ·경찰개혁 동력 확보 어려움

두 가지 관점 모두 장단점을 가지고 있다. 그리고 경찰개혁의 핵심도 제시하고 있다. 두 관점을 종합한 중도의 관점이 필요하다. 중도는 국가 권력기관 전체 개혁이라는 큰 그림 속에 그동안 경찰에게 요구되어 온 개혁과제를 적절하게 위치지우는 것을 말한다. 중도의 관점에서 내릴 수 있는 결론은 검찰개혁만큼 큰 개혁을 추진하되 권력기관의 총량이 늘어나서는 안 된다는 것이다. 중도의 관점은 시민의 자유와 인권 보호가 핵심이다. 권력기관의 총량이 늘어나게 되면 시민의 자유와 인권이 위태로워진다.

4

◆

경찰개혁

자치경찰 도입

문재인 정부의 경찰개혁 성과는 크게 5가지로 정리된다.

첫째, 자치경찰제 도입이다. 2020년 7월 당정청은 자치경찰제 도입과 관련하여 별도 조직 신설 없이 경찰사무와 지휘권을 분리하는 방안을 채택했다. 일원화 모델이라고 한다. 일원화 모델은 경찰조직은 그대로 두고 경찰사무를 국가경찰사무와 자치경찰사무로 구분한다. 시 · 도자치경찰위원회에 자치경찰사무의 지휘권을 부여하고 시 · 도지사에게는 하위직 자치경찰의 인사권을 부여한다. 따라서 국가경찰사무는 경찰청장, 자치경찰사무는 시 · 도위원회, 수사사무는 국가수사본부장이 시 · 도경찰청장을 지휘 · 감독한다. 경찰신분은 국가직을 유지한다. 결론적으로 조직 분리 또는 신설 없이 자치경찰사무에 대한 지휘 · 감독권 및 인사권의 일부를 시도에 부여함으로써 경찰권의 분산과 자치분권성을 담보한다. 그동안 검토되었던 자치경찰 신설이라는 이원화 모델은 폐기되었다. 이원화 모델은 자치단체 소속 자치경찰 신설에 따르는 경찰 고위직 증가, 초기 비용 과다, 경찰관 지방직 전환에 따른 충원 어려움 등의 문제가 있었다고 한다.

자치경찰제 도입은『국가경찰과 자치경찰의 조직 및 운영에 관한 법률』제정으로 이루어졌다.『국가경찰과 자치경찰의 조직 및 운영에 관한 법률』은 2020년 12월 9일 국회에서 제정되었고 2021년 1월 1일부터 시행되었다.

약한 형태의 자치경찰

도입된 자치경찰제는 그동안 논의되었던 자치경찰제 중에서 가장 약한 형태다. 자치분권을 강조하는 입장에서는 미흡한 자치경찰이다. 자치경찰 조직을 따로 신설하지도 않았고 다만 사무만 분담했다. 자치경찰관서와 자치경찰관이 없고 여전히 국가경찰이 자치사무를 담당한다. 시 · 도자치경찰위원회의 역할도 제한적이다. 같은 경찰에 대해 국가경찰사무는 경찰청장이, 자치경찰사무는 시 · 도위원회가, 수사사무는 국가수사본부장이 지휘 · 감독한다. 무려 3군데에서 지휘를 받으니 지휘에 혼선이 있을 수 있다. 지휘권자 중 인사권을 가진 경찰청장의 지휘권이 가장 강할 것으로 보인다. 실질적으로 자치분권이 이루어지기 어려운 개혁안으로 보인다. 여전히 중앙집권적인 요소가 지배적이다.

국가수사본부 신설과 대공수사권 이전

둘째, 국가수사본부 신설 및 책임수사 체제 구축이다. 이번 경찰개혁 과정에서 가장 눈에 띄는 변화다. 자치경찰 개혁이 관념상의 자치경찰 창설이라고 한다면 국가수사본부 설치는 조직의 신설을 포함하는 실질적 변화다. 국가수사본부장은 경찰의 수사를 국가경찰이나 자치경찰을 불문하고 모두 총괄하며 시·도경찰청장, 경찰서장 및 수사부서 소속 공무원을 지휘·감독한다. 국가수사본부장은 2년 단임제이고 개방직으로 임명된다. 그리고 국가수사본부장에게는 경찰청장이 경찰공무원의 임용권 일부를 위임할 수 있게 되어 있다. 이를 통하여 경찰은 책임수사 체제가 구축될 것이라고 예상하고 있다. 전문성을 높이기 위하여 '책임 수사관'을 양성하고 수사부서장 자격제를 시행하며 수사경찰의 교육도 개편할 것이라고 한다. 이 모든 과정은 인권 중심의 공정·청렴한 수사 경찰상을 정착시키는 것을 목표로 한다. 국가수사본부 신설 및 책임수사 체제 구축 역시 『국가경찰과 자치경찰의 조직 및 운영에 관한 법률』제정으로 이루어졌다.

국가수사본부 신설은 그동안 경찰개혁 과제로서 집중적으로 연구되어온 과제가 아니다. 경찰개혁 과제로 집중적으로 연구되어 온 과제는 자치경찰제였다. 국가수사본부 창설은 행정경찰과 수사경찰을 분리하여 경찰권한을 분산시키는 것이 목적이다. 그렇지만 자치경찰제가 제대로 시행되지 않는 상태이므로 그 효과는 제한적이라고 평가된다. 국가수사본부 자체가 중앙집중형이기 때문이다. 국가수사본부 창설은 여전히 중앙집권을 포기하지 않는 경향의 발로라고 볼 수 있다.

셋째, 대공수사권 이관이다. 국가정보원법 개정으로 국정원의 대공수사권은 폐지되었다. 정보기관의 수사권 남용 및 인권침해 방지를 위한 개혁이다. 다만 3년간의 시행유예 기간이 있어 2024년부터 시행된다. 폐지된 대공수사권은 경찰로 이관된다. 이에 따라 경찰은 안보수사 역량을 강화할 필요가 생겼다. 이를 위해 경찰은 안보수사 영역의 확대, 정보공유·협력체계 구축, 안보수사 전문성 제고, 안보수사 인프라 구축, 인권침해 방지 등을 준비하겠다고 한다.

대공수사권 이전에 따라 경찰의 권한은 더욱 확대되게 되었다. 안보수사를 전담하는 조직이 만일 외청이나 독립기구로 설치된다면 안보수사에 관한 권한은 극단적으로 확대된다. 외청과 같은 새로운 조직 구성은 경찰의 권한 강화, 국정원의 폐해 반복, 시민의 자유와 인권 침해라는 부작용이 있으므로 올바른 방향이 아니다.

정보경찰 개혁과 경찰대

넷째, 정보경찰 개혁이 있다. 경찰은 『경찰관직무집행법』, 『경찰법』의 개정을 통해 정보활동의 범위를 명확히 했다. 기존의 '치안정보'를 '공공안녕에 대한 위험의 예방과 대응을 위한 정보'로 대체하여 정보활동의 범위를 좀 더 구체적으로 규정했다. '공공안녕 위험'의 예시로 '범죄', '재난', '공공갈등'을 규정하여 정보의 범위가 더욱 명확해졌다고 한다.

하지만 여전히 추상적이다. 지금은 정보경찰의 축소, 정보경찰의 자치경찰 단위의 분산 등 조직의 변화가 필요한 시점이다. 정보경찰을 그대로 두면 국정원이 국내 정보를 수집하면서 벌였던 인권침해를 다시 경험할 가능성이 크다. 그럼에도 법률상 정보의 범위를 조금 더 구체적으로 규정하는 데 그쳤다. 이런 규정의 변화로 현장의 정보수집이 제대로 통제된다고 기대하기는 어렵다.

경찰은 향후 계획으로 '범죄·재난·공공갈등 등 공공안녕 위험'에 대한 '사전예방' 활동에 충실하고 명칭을 '공공안녕정보국'으로 변경하고 준법 정보활동을 정착시키겠다고 한다. 기대를 하지만 조직의 축소, 분산과 같은 제도개혁이 따르지 않으면 향후 계획도 불충분할 것이다.

다섯째, 경찰대학 개혁이 있다. 경찰대학은 1981년 문을 열었다. 그동안 유능한 경찰 간부를 배출하는 장점이 있었다. 하지만 폐쇄성, 순혈주의에 대한 비판도 있었다. 경찰대학은 대학진학률이 낮았던 시대의 산물이다. 대학진학률이 70% 이상인 지금 고급인력에 대한 필요는 많이 줄었다. 폐지까지 검토되었으나 결론은 경찰대 개혁이었다. 경찰대학 신입생을 100명에서 50명으로 줄이면서 기존 경찰관에게 50%를 배정하는 등 문호를 개방했다. 군복무를 대체하는 전환복무제도는 폐지했다. 향후 경찰대학 운영의 자율성·독립성을 확보하기 위하여 학장 직위 개방, 임기제 도입, 학비전액 지원 폐지 등을 담은 『경찰대학 설치법』 개정안을 추진한다.

경찰대학 개혁 주장은 단순히 폐쇄성, 순혈주의, 간부독식의 문제를 해결하기 위한 것이 아니다. 인재를 광범위하게 채용하지 않으면 모든 조직은 쇠퇴한다. 특히 경찰 간부는 개방적이어야 한다. 고위직일수록 정책결정 과정에서 국가기관과 협력해야 할 일이 많다. 경찰대를 폐지하고 경찰 고위직을 개방직으로 임명하는 것은 매우 중요한 과제다.

경찰개혁위원회 활동과 권고

경찰개혁위원회의 권고안과 세부과제라는 형식으로 제안된 개혁과제들이 있다. 경찰개혁위원회는 2017년 6월 출범해 1년 동안 활동했다. 경찰개혁위원회의 권고안은 굵직한 개혁과제와 세세한 개혁과제까지 포함하고 있다. 경찰개혁의 청사진이므로 이에 대해 살펴보는 것은 의미가 있다. 당분간 경찰개혁 과제는 경찰개혁위원회가 권고한 내용에서 크게 벗어나지 않을 것이다. 다소 길지만 살펴볼 충분한 가치가 있다.

경찰에 의하면 경찰개혁위원회의 권고사항 97개 중 82개 과제는 완료했고 15개 과제는 추진 중이라고 한다. 그러나 굵직한 개혁과제는 불충분하거나 아예 시도되지 못했다. 특히 중요한 자치경찰제, 형사공공변호인제도, 시민에 의한 민주적 외부통제기구 신설, 경찰의 노동기본권 보장, 경찰위원회 실질화, 경찰의 정보활동 개혁, 보안경찰 활동 개혁, 경찰대학 개혁 등은 시도되지 못하거나 불충분하게 이루어졌다.

표 5 | 경찰개혁위원회의 권고사항

권고	개혁과제
1. 경찰 인권침해 사건 진상조사위원회 구성 권고 ('17.7.14.)	• 진상조사위원회 구성, 조사 및 제도개선
2. 변호인 참여권 실질화 권고('17.7.14.)	• 변호인 참여권 실질화
	• 형사공공변호인 제도
3. 영상녹화 확대, 진술녹음제도 도입 권고('17.7.14.)	• 영상녹화 확대 개선
	• 진술녹음제도 도입
4. 장기 인지수사 일몰제 권고('17.7.14.)	• 장기 인지수사 일몰제
5. 수사의 공정성 확보를 위한 통제방안 권고 ('17.7.27.)	• 경찰관 제척·기피·회피 제도 도입
	• 서면 수사지휘 이행력 확보

권고	개혁과제
5. 수사의 공정성 확보를 위한 통제방안 권고 ('17.7.27.)	• 수사관여자의 실명·의견, 의견서에 의무 기재
6. 촛불집회 백서 발간 권고('17.7.28.)	• 촛불집회 백서 발간
7. 집회시위 자유 보장 방안 권고('17.9.1.)	• 평화적 집회시위 보장을 위한 패러다임 전환
	• 집시법 개정 추진
	• 살수차 관련 법령 및 운용지침 개정
	• 집회시위 무전 통신내용 보관
8. 시민에 의한 민주적 외부 통제 기구 신설 권고 ('17.9.8.)	• 시민에 의한 민주적 외부 통제 기구 신설
9. 국제 기준에 맞는 경찰 체포·구속 최소화 방안 마련 권고('17.9.8.)	• 긴급체포 개선
	• 영장제도 관련 개선
	• 구속피의자 최단 기일 내 송치 지침 마련
	• 구속 제도 개선
10. 유치인 인권보장 강화방안 권고('17.9.22.)	• 유치인 인권보장 강화 방안
11. 인권 친화적 수사공간 조성 권고('17.9.22.)	• 조사환경 개선
	• 영상녹화실 설치
12. 인권경찰 제도화 방안 권고('17.10.11.)	• 국가인권위원회 권고결정 전향적 수용
	• 경찰을 인권 친화적 조직으로 재정비
	• 인권영향평가제 도입
	• 인권교육 체계정비 및 기능별·직책별 인권교육 개발
13. 경찰의 노동기본권 보장 권고('17.10.11.)	• 별도 의사소통기구 즉시 운용
	• 공무원 직장협의회법 개정
14. 경찰 조직 내 성평등 제고방안 권고('17.10.11.)	• 남녀 통합모집 등 채용제도 개선
	• 승진 등 인사관리 적극적 조치 실시
	• 성평등한 조직문화 및 근무여건 조성
	• 일·가정 양립 지원
	• 조직 내 성희롱 및 성폭력 근절 추진
	• 성평등위원회 구성
15. 수사과정에서의 피의자 인권 및 변호인의 변론권 보장 권고('17.10.16.)	• 강압적인 수사관행 지양
	• 수사절차 개선

권고	개혁과제
15. 수사과정에서의 피의자 인권 및 변호인의 변론 권 보장 권고('17.10.16.)	• 자기변호노트 및 변호인 기록 보장
	• 아동 · 청소년, 여성, 장애인에 대한 인권보호
	• 외국인 피의자에 대한 인권보호
16. 범죄 피해자 인권 보호 권고 ('17.10.16.)	• 경찰의 위기개입 모델 마련 / 피해자 전담경찰관 체계 마련
	• 수사과정의 2차 피해 예방
	• 범죄 피해자 권리 보장
	• 범죄 피해자의 신체적 안전 및 사생활 보호 강화
	• 범죄 피해자의 일상 복귀 지원 및 유관기간 협조 관계 강화
17. 광역단위 자치경찰제 도입 권고('17.11.3.)	• 자치경찰 세부사항 설계
	• 관련부처 등 협의(상시)
	• 자치경찰제 법제화
18. 경찰위원회 실질화 권고('17.11.3.)	• 경찰위원회규정 개정
	• (경찰위원회 실질화)경찰법 개정
19. 일반경찰의 수사 관여 차단방안 권고('17.11.21.)	• 일반경찰의 수사관여 통제
	• 지방청 광역수사체제 마련
20. 국민을 위한 수사구조개혁 추진 권고('17.12.7.)	• 수사구조 개혁
21. 감찰활동 개혁 권고('18.1.19.)	• 감찰권 남용 방지
	• 징계 양정 형평성 및 징계절차 공정성 제고
	• 비인권적 감찰 활동의 관행 폐지
	• 직무 중심의 감찰활동으로 패러다임 전환
22. 의무경찰 인권보호 방안 권고('18.2.2.)	• 의무경찰 운용 정책에 인권 · 시민단체 등 의견 반영
	• 의경과 지휘요원, 가족과의 소통 강화
	• 정례 인권교육 실시
	• 의무경찰의 안전 · 건강 향상
	• 의무경찰 복무여건 대책 마련
	• 영양사의 고용 불안정 대책
23. 여성폭력 대응체계 개선 권고('18.3.9)	• 성인지 감수성과 전문성 제고

권고	개혁과제
23. 여성폭력 대응체계 개선 권고('18.3.9.)	• 여성폭력 관련 교육콘텐츠 개발
	• 현장대응 개선지침 마련
	• 피해자 권리 보장
	• 여성폭력 대응 전담인력 정예화
	• 치안거버넌스 모델 도입
	• 가정폭력 피해자 권리보장을 위한 법령 제 · 개정
	• 스토킹 범죄 관련 법령 제 · 개정 추진기반 조성
	• 여성폭력 관련 국단위 조직 등 업무체계 개편
	• 여성폭력 수사 전략 연구센터 설립
24. 성매매 피해여성 보호방안 개선 권고('18.3.8.)	• 성매매수요 차단으로 패러다임 전환
	• 성매매 피해자 보호
	• 단속·수사전문성·실효성 강화
	• 성매매 단속 전문 인력 육성
25. 경찰의 정보활동 개혁 권고('18.4.27.)	• 개혁 방향성에 맞춘 조직 재설계
	• 투명한 정보활동 기반 마련
	• 정보경찰 개혁 법제화
26. 집회·시위 관련 국가원고 소송에 관한 권고 ('18.5.11.)	• 집회 · 시위 관련 손해발생시 국가원고 소송 제기기준 준수
	• 현재 진행중인 국가원고 소송에 대한 전향적 조치
27. 보안경찰 활동 개혁 방안 권고('18.6.8.)	• 정치관여 금지 및 처벌 규정 신설
	• 다양한 안보위협 요소 대응을 위해 공신력 있는 이적표현물 감정
	• 보안경찰 양성시스템 개편
	• 안보수사본부 신설
	• 보안수사내사 시 수사 · 내사 일반원칙 준수
	• 북한이탈주민 관련 업무 조정
	• 보안분실 경찰청사 내로 이전
28. 경찰수사공보제도 개선 권고('18.6.8.)	• 수사공보규칙 개정
	• 무리한 수사공보 차단

권고	개혁과제
28. 경찰수사공보제도 개선 권고('18.6.8.)	• 수사공보 방식 · 표현 개선
29. 경찰행정학과 경력경쟁채용 개선 권고('18.6.8.)	• 시험 과목에 영어와 한국사 추가
	• 경찰행정학과 전공과목 중 필수 이수과목 지정
30. 경찰대학 개혁 권고('18.6.8.)	• 경찰대학 문호개방으로 다원화된 인재 양성
	• 학사운영 및 생활지도 개선
	• 경찰대학 특혜 축소 및 폐지
	• 대학운영의 자율성·독립성 보장

5

◆

개혁지체

개혁의 불균형

검찰개혁과 경찰개혁을 비교해보면 필요성, 과정, 결과 등 세 가지 측면에서 불균형이 보인다. 필요성 측면에서 보면 검찰개혁에 대해서는 광범위한 국민적 공감대가 있었으나 경찰개혁에 대해서는 관심 자체가 부족했다. 그 이유 중의 하나는 경찰이 개혁에 적극적이었다는 점이다. 경찰개혁위원회도 활발하게 활동했고 외부의 많은 권고를 반영, 시행했다. 경찰에 대한 신뢰도 상대적으로 높았다. 그렇지만 이것이 전부는 아니다. 경찰에 대한 신뢰가 높아진 것은 사실이지만 검찰개혁 때문에 경찰개혁에 상대적으로 관심을 가지지 못한 것이라고 보아야 할 것이다. 2018년 6월 행정안전부 장관과 법무부 장관의 합의문 당시까지만 해도 검경수사권 조정과 자치경찰제는 동시에 시행할 것을 명확히 하고 있었다. 검경수사권 조정과 자치경찰제는 같은 비중을 가지고 있었다. 다만 당시에는 자치경찰제에 대한 구상이 명확하지 않았고 관심도 적었다. 이 점이 치명적인 결과를 가져왔다. 자치경찰제가 불충분하게 시행되었다. 자치경찰제의 불충분한 시행은 경찰개혁의 운명을 결정지었다.

과정의 측면에서도 차이가 크다. 검찰개혁에 대해서는 청와대, 국회, 법무부 등 전국가적 역량이 동원되었다. 그러나 경찰개혁에 대해서는 정부의 구상도 부족했고 법안도 불충분했다. 국민 의견 수렴은 훨씬 적었다. 경찰개혁 의원입법의 개수가 검찰개혁 법안에 비하여 현저하게 적었다. 국회의원 중에서 경찰개혁을 자신의 일이라고 생각하고 나섰던 인물도 없었다.

결과는 더 큰 차이가 있다. 검찰개혁은 거의 완결했다. 검경수사권 조정, 공수처 출범, 법무부의 탈검찰화 등 가장 중요한 과제는 법률과 직제 개정으로 거의 완수했다. 검경수사권 조정은 수사권과 기소권의 분리라는 측면에서 보면 미흡하지만 단계적, 순차적으로 이루어져야 한다는 점을 감안하면 불가피한 측면이 있다. 이 부분은 향후 개혁과제로 남아 있다. 경찰개혁은 자치경찰제, 경찰위원회, 경찰에 대한 외부통제, 경찰대 개혁 등 굵직한 과제에서 불충분하게 추진되었다. 경찰개혁위원회를 통하여 많은 개혁과제를 발굴하고 추진했음에도 불구하고 경찰개혁은 불충분했다.

개혁의 불균형은 개혁지체로 연결

검찰개혁과 경찰개혁은 불균형하게 이루어졌다. 경찰개혁이 상대적으로 더 적게 이루어진 것이다. 그 결과 경찰권한에 대한 분산과 견제 시스템은 제대로 마련되지 않았다. 이 결과는 경찰의 개혁의지와는 관계없다. 경찰의 개혁의지는 높았다고 생각한다. 경찰개혁위원회의 활동 결과 수많은 개혁과제가 발굴되었다. 경찰도 나름 이를 성실히 추진했다. 검찰개혁의 일부로서도 열심이었다. 하지만 큰 틀에서의 개혁은 부족하다. 경찰개혁의 그랜드 플랜이 부족했고 이에 대한 공감대 역시 부족했다.

개혁의 불균형은 2018년 6월의 행정안전부 장관과 법무부 장관의 합의의 정신에도 어울리지 않는다. 당시에 정부는 검찰개혁과 경찰개혁을 동시에 추진하기로 약속했다. 개혁의 불균형은 국가권력기관의 개혁지체로 이어진다. 검찰개혁으로 국가권력기관 개혁은 완성되지 않는다. 검찰개혁은 일부일 뿐이다. 경찰개혁, 국정원개혁이 함께 이루어져야 국가권력기관 개혁이 완성된다. 형사사법절차를 개혁하려면 법원개혁까지 해야 한다. 법원개혁까지 이루어져야 시민의 자유와 인권을 옹호하는 근본 개혁이 완수된다. 나아가 형사사법기관 개혁만으로 개혁이 끝나지 않는다는 점을 직시해야 한다. 국가권력기관 개혁, 형사사법기관 개혁은 사회개혁, 경제개혁까지 이어진다. 경찰개혁이 지체되자 권력기관 개혁의 불균형이 발생했고 개혁의 불균형은 한국 사회에 개혁지체 현상을 연쇄적으로 낳았다.

김 인 회 의

경 찰 을

생 각 한 다

제2장

경찰을 보는
5개의 창

경찰개혁은 경찰의 문제점을 개선하는 것이다. 따라서 먼저 경찰의 실상을 알아야 한다. 경찰이 어떤 문제로 시민들의 자유와 인권, 안전과 평화를 위협하고 스스로도 고통을 받는지 알아야 한다. 그 다음 원인을 알아야 한다. 원인을 안 다음에는 원인을 없애는 방법을 탐구해야 한다.

경찰개혁의 출발점은 경찰의 실상, 문제점을 아는 것이다. 경찰의 문제점이라고 하여 경찰이 문제 덩어리라는 말은 아니다. 극소수의 성자를 제외하고 절대 다수의 사람과 조직은 문제를 안고 있다. 다만 문제가 문제인지 모르는 경우가 대부분이다. 문제가 있다는 것, 그 문제로 많은 사람들이 고통받고 있다는 사실을 알 때 개혁, 혁신을 할 수 있다. 특히 그 문제로 자신이 고통받고 있다는 점을 명확히 알아야 한다. 자신의 고통은 자신만이 알 뿐이다.

경찰개혁을 하려면 경찰의 실체를 분석해야 한다. 분석 도구는 역사, 제도, 정치, 사회, 신뢰다. 이 5개의 창은 경찰을 자세히 볼 수 있는 틀을 제시한다.

그림 3 | 경찰을 보는 5개의 창

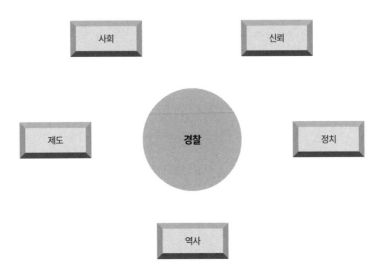

1

◆

경찰과 역사

가. 미군정기와 이승만 대통령 시기

한국 경찰의 창설과 지향

1945년 10월 21일 미군정에 경무국을 창설하고 조병옥 경무국장이 임명되었다(경찰청, 2015). 이날은 한국 국립경찰의 창립일이고 경찰의 날로 기념되고 있다. 이후 미군정은 경무국을 경무부로 승격하고 지방의 경찰국도 경찰부로 변경했다.

당시는 일제로부터 해방된 직후였다. 새로운 독립국가 건설이 시작되었고 국가기구들이 새로 창설되던 때였다. 경찰 역시 새롭게 출발하던 시기였다. 새로운 출발에 대한 인식은 경찰 스스로 지향한 경찰상에서 확인할 수 있다. 당시 발간된 『민주경찰』 창간호는 해방 이후 새로운 경찰상을 "민주경찰"이라고 규정하고 다음과 같이 정의했다(경찰청, 2015).

「민주경찰」이란 민주주의 정치 이념에 적합한—민주주의 원리에 입각한—새 경찰을 의미하는 것이다.

「새경찰」이란 때가 투석 투석 묻고 추하고 더러운 낡은 옷을 벗어 버리고 복신 복신하고 따스하고 깨끗한 새 옷을 입은 정가로운 경찰을 가리킴이다.

다시 말하면 첫째, 탄압의 경찰, 공포의 경찰, 무정의 경찰, 착취의 경찰, 곧 제국주의적 전세기적 전제 경찰을 벗어나서 자유와 인권을 보호하며 지도적이고 계몽적이고 건설적인 가장 친절하고도 온정이 넘치는 온정경찰

둘째, 건국과 민족의 평화생활을 방해하는 모든 비합법적 무질서 내지 소위 혁명적 파괴적 사회악을 탄압 방지하기 위하여 희생적 봉공의 정신을 견지하고 용진하는 신경찰

셋째, 공갈과 협박과 위하의 총검을 버리고 영도와 편달과 계몽의 '경찰봉'을 높이 든 새경찰

지금 읽어도 여전히 유효한 경찰상이다. 당시 경찰도 일제 강점기 제국주의적 경찰, 탄압 일변도의 경찰상을 벗고 민주독립국가에 걸맞는 민주경찰, 인권경찰상을 지향했다. 탄압과 공포의 전제 경찰이 아니라 자유와 인권을 강조하고 있다. 폭압적인 일제 강점기를 겪은 조선인과 경찰관들이 민주경찰, 인권경찰을 요구하는 것은 당연한 것이었다. 형식적으로는 일제 경찰, 제국주의 경찰 청산, 내용적으로는 민주적, 인권 친화적 경찰 창설은 경찰을 포함한 국민적 공감대였다.

하지만 시대 상황은 전혀 달랐다. 당시 경찰에게 주어진 임무는 군정청을 도와 경비활동을 하는 것이었다. 당시 경찰은 국방경비대보다 먼

저 창설되었고 경비 병력은 국방경비대보다 많았다. 조선국방경비대는 1946년 1월 15일 제1연대를 창설하면서 설치된다. 군정청을 도와 경비 활동을 해야 하는 경찰의 임무는 한국 경찰의 미래를 결정하는 결정적인 요소가 된다. 군을 대신한 물리력으로 경찰이 등장한 것이다.

3가지 시대적 과제

일제 경찰 청산

첫째, 해방 후 경찰은 일본 제국주의 경찰을 청산해야 했다. 일본 제국주의 경찰은 일본이 식민지 조선을 지배하는 물리력이었다. 1919년 3.1 운동까지는 헌병이, 이후에는 경찰이 치안을 담당했지만 식민지 수탈체제의 물리력이라는 점에서는 같았다. 일제 강점 전부터 이미 일본은 조선 경찰을 지배하고 있었다. 1907년 10월 30일 고문경찰 폐지 당시 경무고문 외에 경시 21명, 경부 78명, 순사 1,205명 등 일본인 경찰이 1,305명에 이르렀는데 이는 당시 한국인 경찰 3,092명의 1/3을 넘어섰고, 1910년 5월 기준으로는 한국인 경찰이 3,409명인데 일본인 경찰이 2,210명이나 되었다(경찰청, 2020).

1910년부터 배치된 헌병경찰은 첩보수집 · 의병토벌 뿐만 아니라 민사소송 조정 · 집달리 업무 · 국경세관 업무 · 일본어 보급 · 부업장려 등 생활 전반에 관여할 정도로 광범위한 업무를 담당했다. 일본은 1919년 3 · 1운동을 계기로 헌병경찰제도에서 보통경찰제도로 전환했지만 기본적으로 경찰의 직무와 권한에 변화는 없었다(경찰청, 2020). 일제 경찰은 전형적인 경찰업무 이외에 식민지 조선인의 생활을 깊숙하게 지배했다.

수사와 재판은 경찰이 장악했다. 일본은 식민지 조선을 지배하면서 조선형사령을 제정해 검찰과 경찰이 구속, 체포, 수색, 압수 등 강제수사를 할 수 있게 했다. 이에 따라 조선인은 법관의 영장 없이 경찰에서 10일, 검찰에서 10일을 구속당했다. 범죄즉결례를 정해 경찰이 직접 재판을 하여 피고인을 3월 이하의 징역에 처할 수 있게 했다. 조선태형령을 통해 조선인에게 매질을 할 수 있도록 했다. 징역형은 재우고 먹이고 입히는데 돈이 많이 들었기 때문이다(문재인·김인회, 2011). 일제 경찰은 일제 강점기 조선 형사사법제도의 핵심이었다. 일제 경찰은 조선인을 직접 상대하면서 국가우선주의, 전체주의, 억압주의, 엄벌주의를 체현했다. 구체적인 사건에서 고문과 가혹행위를 남발했다.

해방 이후 조선인들이 일제 경찰 청산을 요구한 것은 당연했다. 민족주의에 기초한 일제 경찰 청산 요구는 민주주의 요구로 발전한다. 민족경찰은 일제 경찰의 반민주행태를 극복하는 것을 지향했으므로 민주경찰을 의미하기도 한다. 민족주의와 민주주의에 기초한 경찰은 국민 개개인의 자유와 인권, 안전과 평화를 보장하는 경찰을 의미한다. 민족주의는 해방 이후 민주주의와 깊은 관련을 가지고 있었다.

민주경찰

둘째, 해방 후 경찰은 민주경찰을 지향해야 했다. 민주경찰은 민주사회의 구성원이면서 민주사회를 만들어 나가는 경찰, 민주주의 원칙에 의거하여 시민의 자유와 인권, 안전과 평화를 지키는 경찰을 말한다. 국민주권주의에 따라 존립의 근거, 정책의 근거, 활동의 근거, 평가의 근거를 국민에 두는 경찰을 말한다.

민주경찰이 되면 시민의 신뢰도 자연스럽게 얻을 수 있다. 민주경찰은 정치권력의 안전이 아니라 시민의 자유와 인권, 안전과 평화를 최우선 과제로 한다. 민주경찰은 정치권력으로부터 상대적으로 자율성을 가진 경찰이다.

민주경찰에 대한 요구는 일제 강점기를 거치면서 명확하게 되었다. 조선인들은 1919년 3·1 운동을 겪고 왕정이 아닌 민주공화정을 선택했다. 민주주의가 아니면 해방도 성취할 수 없고 조선인을 보호할 수도 없다고 본 것이다. 상해 임시정부는 이를 상징한다. 조선이 멸망한 지 10년도 되지 않아 왕조부흥운동이 아닌 민주공화정이 등장한 것은 당시의 지도자들이 반봉건, 반왕조, 민주주의체제가 조선의 미래임을 인식했기 때문이다.

일본 제국주의 체제는 봉건적, 왕조적, 반민주적 체제였다. 군부가 정치를 좌우하고 전쟁으로 문제를 해결하는 군부독재 체제였다. 식민지 민중을 착취와 수탈의 도구로만 보는 체제였다. 그 중심에 경찰이 있었다. 친일청산 과제는 필연적으로 민주경찰 창설의 과제로 연결되었다.

인권경찰

셋째, 해방 후 경찰은 인권경찰을 지향해야 했다. 민족주의, 민주주의, 국민주권은 인권을 지향하고 인권경찰을 요구한다. 식민지와 제2차 세계대전 경험은 인류에게 인권의 중요성을 일깨웠다. 전대미문의 식민지 인민에 대한 차별과 탄압, 유대인 학살, 전쟁범죄, 집단학살, 반인도범죄 등을 겪은 인류는 새로운 가치를 원했고 그 새로운 가치는 바로 인권이었다. 식민지 조선은 일제의 식민지였으며 전쟁의 피해자였다. 물론 일제 식민지의 조선인이 일본의 군인이나 군무원으로 활동하는 바람에 전범이 된 경우도 있었다. 하지만 조선인 대부분은 일제 강점기 동안 혹심한 인권탄압을 경험했다. 독립운동가만 피해를 입은 것은 아니다.

해방 이후 국가의 당면 문제 중의 하나는 해방된 시민의 자유와 인권을 지키는 것이었다. 경찰이 당면한 문제는 일제 경찰의 인권탄압 체제를 청산하는 것이었다. 시민의 자유와 인권을 중요하게 보는 인권지향적 경찰체제를 만드는 것이었다. 이 요구는 해방된 한반도에만 요구되는 것이 아니라 세계적인 흐름이었다.

친일경찰 청산, 민주경찰과 인권경찰 건설은 연결된 하나의 과제였다. 그 기초가 되는 민족주의, 민주주의, 인권주의, 세계평화주의가 하나로 연결되어 있었기 때문이다. 일제 강점기의 경험은 경찰 건설의 방향을 정했다. 일제 경찰의 반민족적, 반민주적, 반인권적 행태에 대한 철저한 청산이 필요했다. 일제 경찰의 청산은 단순히 일본인을 조선인으로 바꾼다고 이루어지지 않는다. 일제 경찰의 속성인 반민주성, 반인권성을 청산해야만 일제 경찰을 진정으로 청산할 수 있다.

두 개의 과오와 하나의 정세

지금 돌이켜보면 명백했던 민족경찰, 민주경찰, 인권경찰 수립의 과제는 현실에서는 좌절되었다. 이를 방해하는 세력과 정세가 있었기 때문이다. 방해 세력과 해방 직후 혼란했던 정세는 경찰의 진로를 결정해 버렸다. 시대의 요구는 좌절되었다. 그 결과는 국민들에게 집단적인 기억으로 남았다. 이를 두 개의 과오와 하나의 정세라고 할 수 있다.

친일경찰 청산 실패

첫 번째 과오는 친일경찰을 청산하지 못한 것이었다. 한국의 초기 경찰은 친일경찰을 청산하지 못했을 뿐 아니라 친일경찰의 인맥, 정책, 자산을 그대로 이어받았다. 일제 경찰이 차지하는 비중도 중요하지만 그것보다는 일제 경찰의 가치, 시스템, 정책, 활동방식, 태도 등을 이어받았다는 것이 더 중요하다.

인적 청산은 고위직의 경우 거의 이루어지지 않았다. 1946년 기준으로 전체 경찰 2만 5천여 명 가운데 일제 경찰 출신은 5천 명으로 20% 정도이고, 대다수인 80%는 일제 경찰과 무관했다. 하지만, 경위 이상 간부급들은 1946년 5월 기준으로 1,157명 중 82%인 949명이 일제 경찰 출신이었다(경찰청, 2020). 고위직은 단절보다는 승계의 측면이 강했다. 당장의 치안유지가 필요했기 때문일 것이다. 인적 승계는 가치, 시스템, 정책, 활동방식, 태도 등의 승계의 기반이다. 인적 청산 실패는 친일경찰 청산 실패의 상징이다.

그림 4 | 해방 후 경찰의 3대 과제

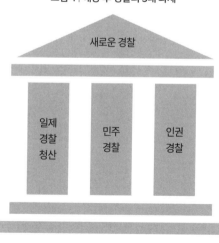

더 심각한 것은 친일경찰에 의하여 일제 경찰 청산이 실패했다는 점이다. 일제 경찰 출신 간부들은 친일경찰 청산에 소극적인 것을 넘어서서 적극 반대했다. 일제 경찰 출신 간부들은 일제 잔재 청산을 위하여 만든 '반민족행위특별조사위원회'('반민특위') 활동을 시종일관 반대했다. 반대에 그치지 않고 반민특위를 붕괴시켜 버렸다.

일제 경찰 출신들은 미군정 때부터 『반민족행위처벌법』('반민법')의 제정에 반대했다. 이들은 반민법 제정 단계부터 강경파로 활약했던 소장파 의원들을 제거하기 위하여 백민태라는 테러리스트를 고용하고 처단 대상자 18명을 그에게 넘겼다. 하지만 백민태는 항일테러활동을 한 경력이 있는 민족주의자였다. 그는 오히려 국회의원 테러계획을 경찰에 제보했다. 백민태의 제보에 따라 전 수도경찰청 총감 노덕술, 전 서울시경 수사과장 최난수, 전 서울시경 수사부과장 홍택희, 전 중부경찰서장 박경림 등 4명이 구속되었다(한승헌, 2016).

경찰과 반민특위의 갈등은 날로 격화되어 서울시경 최운하 사찰과장 역시 구속되었다. 이에 대한 반발로 서울중부서 경찰관 40명이 1949년 6월 6일 반민특위 청사 안팎에 포진하고 있다가 특위요원 35명을 강제 연행하여 경찰서 유치장에 감금해 버리는 사건이 발생했다. 그리고 이들을 무차별적으로 고문했다. 이에 대해 이승만 대통령은 "특경대 해산은 내가 지시한 것"이라고 오히려 당당하게 말했다. 이후 반민특위는 치명상을 입고 반민법의 공소시효가 1949년 8월 31일로 앞당겨지면서 사실상 붕괴되어 버렸다(한승헌, 2016).

반민특위 실패는 친일경찰 청산이라는 과제의 붕괴를 의미한다. 친일경찰 청산은 해방 후 경찰의 최우선 과제였다. 친일경찰 청산은 민주경찰, 인권경찰의 출발점이었다. 과거에 대한 철저한 반성과 단절이 없다면 새로운 가치에 근거한 경찰상을 마련할 수 없다. 이승만 대통령에 의하여 친일경찰은 정권의 도구가 되었고 권력을 얻었다. 경찰은 자신의 존립 근거를 시민이 아닌 정치권력에서 찾았다. 한국 경찰과 정치권력의 기본 관계는 이 시기에 형성되었다.

정치적 중립의 포기

두 번째 과오는 정치적 중립성을 지키지 못하고 시민의 자유와 인권, 안전과 평화가 아니라 정권 안보에만 치중한 것이었다. 정권 안보만을 중시한 경찰은 빠르게 시민으로부터 멀어져갔다. 이에 대한 경찰 자체의 평가는 다음과 같다. 먼저 대한민국 정부 수립시기 경찰에 대한 평가다. 이때 쟁점은 정부조직법상 경찰이 경무부에서 내무부 치안국으로 격하된 것이었다.

경찰조직이 미군정하의 경무부에서 내무부 치안국으로 격하된 원인은 먼저 군정시 일부경찰에 의한 횡포와 이에 대한 국민적 반감이 작용하였기 때문이다. 또한 경찰관련 예산과 인력, 기구를 축소함으로써 경찰의 횡포를 축소시키려는 의도도 있었다(경찰청, 2015).

다음은 자유당 시기의 경찰에 대한 평가다.

자유당 초기의 경찰은 지나친 정치편향으로 경찰 본연의 임무에서 유리되는 경향을 나타냈다. 3·15 부정선거, 4월 혁명의 표적으로 신뢰와 권위가 실추된 경찰은 질서유지가 사실상 불가능했다(경찰청, 2015).

한국경찰사에 실린 경찰 자신의 평가다. 미군정과 이승만 대통령 시기 경찰의 모습을 솔직하게 평가하고 있다. 경찰은 정치권력과 너무 가까이 지내면서 반발을 사 축소되기도 했고 권력의 핵심으로 부상하기도 했다. 이 과정에서 경찰은 시민들과는 멀어졌다. 경찰이 솔직하게 과거를 평가하는 것은 바람직한 자세다. 다만 이러한 평가가 얼마나 경찰 내부에서 역사와 전통으로 체화되었는가는 의문이다. 이러한 평가는 지금도 형식을 조금 달리하여 계속 반복되고 있다. 국민의 집단적 기억으로도 남아 있다.

하나의 정세, 극심한 혼란

하나의 정세는 경찰의 한계로 작용했다. 해방 이후 정부수립, 한국전쟁까지 한반도는 극심한 혼란을 겪었다. 폭력으로 치달았던 당시 상황은 치안의 중요성을 부각시켰고 경찰에게 사실상 군의 역할을 대신하도록 했다. 경찰은 해방과 건국 과정에서 발생한 혼란에 대응해야 했다. 당시 경찰의 역할은 정당하게 평가되어야 한다. 경찰이 치안유지에 노력했기 때문에 정부도 수립되었고 한국전쟁의 혼란도 극복할 수 있었다. 경찰은 한국전쟁 직전 치안국내 비상경비총사령부를 설치하여 38선 접경선 비상 경비활동을 수행했고, 전쟁 중에는 국군의 작전계획에 따라 전시 치안유지와 전투임무를 수행함으로써 구국경찰의 역할을 담당했다(석청호, 2012). 그러나 불안정한 정세는 당시 국민들과 경찰 사이의 관계를 적대적으로 규정하는 힘으로도 작용했다.

제주 4.3사건은 경찰의 발포가 발단이 되어 시작되었다. 국가 공식보고서인 『제주 4.3사건 진상조사 보고서』는 제주 4.3사건을 "1947년 3월 1일 경찰의 발포사건을 기점으로 하여 1948년 4월 3일 남로당 제주도당 무장대가 무장봉기한 이래 1954년 9월 21일 한라산 금족지역이 전면 개방될 때까지 제주도에서 발생한 무장대와 토벌대간의 무력충돌과 토벌대의 진압과정에서 수많은 주민들이 희생당한 사건"으로 정의한다. 3.1절 발포사건은 경찰이 시위 군중에게 발포해 6명 사망, 8명 중상을 입힌 사건으로 희생자 대부분이 구경하던 일반 주민이었다. 제주 4.3사건 진상보고서가 확인한 내용이다. 1948년 3월에는 일선 경찰지서에서 잇따라 3건의 고문치사 사건도 발생했다. 제주 4.3사건은 경찰의 발포와 경찰의 과도한 진압이 원인 중의 하나였다. 1949년 태백산, 지리산 지구 전투경찰사령부는 그 당시 빨치산 작전을 수행하면서 토벌작전을 담당했다.

한국전쟁은 한국 경찰의 성격을 규정한 결정적인 경험이다. 경찰은 군과 공동작전을 수행했고, 공동진격, 후방지역의 치안확보를 담당했다. 한국전쟁의 경험은 경찰을 사실상 군과 유사한 조직으로 만드는 데 충분했다. 한국 경찰은 이미 국군 창설 전 38선을 방어하는 국방임무를 담당한 바 있다. 한국전쟁 중 10,648명의 경찰관이 전사하고 6,980명이 부상당하여 전체 경찰의 1/3에 해당하는 규모가 전사상을 당했다(치안정책연구소, 2020). 경찰의 희생은 높이 평가되어야 한다.

이러한 정세는 경찰과 정치인들에게 민주경찰, 인권경찰이라는 방향을 고민할 시간적, 정신적 여유를 제공하지 못했다. 경찰에게는 불행한 일이었다. 전쟁의 경험은 마치 독일 나치시대 독일 경찰이 특공대를 조직하여 군과 함께 유대인을 학살한 경험과 형식적으로 유사하다고 할 수 있다(라울 힐베르크, 2008).

4월 혁명, 경찰개혁 과제 정리

4월 혁명은 미군정과 이승만 정권 경찰의 문제를 전면적으로 드러냈다. 4월 혁명은 3·15 부정선거, 대구와 마산의 학생·시민 시위, 경찰의 강경진압, 마산 김주열 학생 시체 발견, 서울의 학생·시민의 시위, 경찰의 발포와 과잉 진압, 시민 항쟁, 이승만 대통령의 하야 순으로 이루어졌다. 이 과정에서 경찰은 이승만 정권을 지키기 위해 학생과 시민을 적으로 삼았다. 경찰은 학생과 시민의 항의시위에 대하여 과잉 진압과 발포로 대응했다. 경찰에 대한 시민들의 집단적 기억이 형성된 또 다른 결정적 계기였다.

4월 혁명 이후 경찰개혁 논의는 피할 수 없었다. 제4대 국회는 1960년 5월 24일부터 '경찰중립화 법안 기초 특별위원회'를 구성하여 경찰개혁을 본격화했다. 당시의 주제는 △경찰의 관리 문제, △자치경찰제 도입 문제, △경찰관 자격 문제, △범죄수사 주체 문제 등이었다. 경찰의 관리 문제란 정치적 중립을 보장하기 위하여 행정권 수반 소속하에 공안위원회를 두어 경찰을 관리할 것인가 하는 문제였다. 자치경찰제 문제는 경찰을 국립경찰로 일원화할 것인가 아니면 국립경찰과 자치경찰로 이원화할 것인가 하는 문제였다. 경찰관 자격문제는 고위급 경찰인 경위, 경감은 대학졸업자로 하고 총경은 고등고시 합격자로 하여 경찰관 구성을 고급 인력으로 바꾸자는 제안이었다. 범죄수사 주체 문제는 경찰관도 검사와 함께 수사의 주체로 할 것인가 하는 논쟁이었다(경찰청, 2015, 석청호, 2012).

제4대 국회는 첫째, 국무총리 소속하에 중앙공안위원회를 두고, 지방에는 도 공안위원회를 두어 경찰에 대하여 문민통제를 실시한다. 둘째,

경찰관 자격과 관련해서는 경사는 고등학교 졸업자로, 경위와 경감은 대학졸업자로, 총경, 경무관은 고등고시 합격자로 하되 총경의 20%는 내부 승진자로 임용한다고 결정했다(경찰청, 2015).

나아가 제4대 국회는 경찰의 정치적 중립을 위한 헌법 개정안도 마련했다. '경찰의 중립을 보장하기 위하여 필요한 기구에 관한 규정을 두어야 한다'(제75조)는 헌법 개정안이 그것이다. 정부조직법도 개정하여 '경찰의 중립을 보장하기 위하여 공안위원회를 둔다'(제13조 제1항)고 규정했다(경찰청, 2015). 당시 국회는 경찰의 구조개혁과 함께 경찰의 정치적 중립을 가장 중요시했다. 하지만 제4대 국회의 노력은 5.16 쿠데타로 무위로 돌아갔다.

제4대 국회가 제기했던 경찰개혁 과제는 지금도 유효하다. 경찰위원회 강화, 자치경찰제 실시, 경찰의 자질 제고, 검경수사권 조정은 여전히 개혁과제로 제시되고 있다. 이때 정식화된 경찰개혁 과제는 경찰개혁 과제를 큰 틀에서 결정했다. 이후의 논의는 이 틀에서 벗어나지 않았다.

나. 박정희 대통령 시기

5·16 쿠데타

박정희 대통령 시기는 한국형 경찰이 정착되는 시기다. 장기간이었음은 물론이고 국가의 가치체계와 형식, 기구와 행태 등이 형성된 시기이기 때문이다.

박정희 대통령 시기는 5.16 쿠데타로 시작한다. 5.16 쿠데타는 한국 사회의 분수령이었다. 5.16 쿠데타를 기점으로 한국은 새로운 사회로 진입했다. 긍정적인 것은 효율성을 중시하는 관료시스템이 정착되었다는 점이다. 정부의 각 조직은 효율성 중심의 관료제로 재구성되었다. 정부의 효율성 중심체제는 곧바로 경제개발계획으로 이어졌고 강력한 국가주도의 산업화가 이루어졌다. 경찰 역시 관료제, 직업공무원제가 정착되었다. 경찰의 주요 덕목으로 충성심 이외에 효율성이 강조되었다. 하지만 여전히 권력자의 사조직으로서의 한계는 벗어나지 못했다.

5.16 쿠데타는 부정적인 측면이 더 많았다. 효율성을 추구하다보니 계획성과 획일성이 중시되었다. 외적으로 국민의 단결된 힘, 국민총화가 강조되었지만 내용은 전체주의, 집단주의, 독재였다. 효율성을 앞세운 관료제는 독재시스템으로 연결되었다. 지금도 국민통합이 강조되지만 호응을 잘 받지 못하는 것은 국민총화에 대한 박정희 시대의 기억이 있기 때문이다.

경찰의 군대화

효율성을 강조하는 관료제의 중심에는 군이 있었다. 군부 쿠데타는 군대시스템을 한국에 강요하는 물리적인 힘이었다. 군대의 효율성은 군대시스템을 사회에 정착시키는 실무적인 힘이었다. 정부 관료시스템은 군이 장악했고 군은 박정희가 장악했다. 전 사회의 군대화였고 군을 통한 박정희 독재시스템의 완성이었다. 국가기관은 형식적으로는 관료시스템이었지만 내용적으로는 독재자의 사조직으로 전락했다.

군 중심의 시스템은 경찰에도 적용되었다. 5.16 쿠데타 이후 군인이 경찰의 주요보직을 장악하고 군 장교출신이 경찰직에 특채되었다. 경찰 최고책임자부터 중간관리층까지 광범위한 범위에서 이루어졌다(경찰청,

2015). 경찰은 정책 결정과 집행에서 군에 종속되었고 박정희 개인의 사병이 되었다.

경찰의 군대화는 1967년 9월 1일 전투경찰대가 발족하면서 더욱 심화된다. 북한과의 대치라는 상황이 다시 경찰의 성격을 규정한 것이다. 전투경찰대는 정식으로 1970년 12월 31일 『전투경찰대 설치법』에 의하여설치된다. 『전투경찰대 설치법』은 전투경찰의 임무를 "간첩(무장공비를포함한다)의 침투거부, 포착, 섬멸 기타의 대간첩작전을 수행"하는 것으로 규정한다. 사실상 군의 업무와 같다. 이들의 대우는 군인과 같다. "전투경찰대의 대원이 전투 또는 이에 준하는 직무수행으로 상이를 입었거나 사망(상이로 인하여 사망한 경우를 포함한다)하였을 때에는 군인에 준하여 대통령령으로 정하는 급여금을 지급한다"(제7조)는 규정은 이를 잘 보여준다. 『전투경찰대 설치법』은 『의무경찰대 설치 및 운영에 관한 법률』로 바뀌었으나 내용은 그대로다. 의무경찰은 2023년에 폐지될 예정이다. 최종적으로 의무경찰이 폐지되면 경찰의 군대화는 형식적으로 끝나게된다. 남은 것은 군이 미친 영향을 벗어나는 것이다.

10월 유신과 치안본부

경찰의 변화는 10월 유신으로 정점을 맞는다. 박정희 대통령은 유신헌법으로 일인 종신집권체제를 만들었다. 경찰도 이 시기에 큰 변화를 맞는다. 검찰에 의하여 전면적인 지배를 받게 되고 치안본부체제를 맞아중앙정보부와 함께 정권안보의 최일선을 담당한다. 군, 경찰, 검찰, 중앙정보부의 통치체제가 완비된 것이다.

박정희를 정점으로 하는 권력체계는 공권력의 사조직화를 초래했다. 군, 경찰, 검찰, 중앙정보부 등 국가권력기관의 정치적 중립은 무너졌다.

이 결과 국가권력기관의 정치적 중립 확보가 모든 국가권력기관의 가장 중요한 개혁과제가 되었다. 1987년 6월 민주항쟁 이후 이들 기관의 개혁에서 정치적 중립이 가장 중요한 과제가 되었고 그리고 지금까지 정치적 중립이 여전히 중요한 과제로 남아 있는 것은 박정희 시대가 남긴 유산이다.

박정희는 모든 권력을 사유화했다. 하지만 자신의 자리를 지킬 수는 없었다. 폭력적 통치는 광범위한 노동자, 농민, 학생, 시민의 반발과 투쟁을 불렀다. 정권 내부도 동요했다. 박정희를 지키려던 체제는 오히려 박정희의 몰락을 재촉했다. 1979년 10월 26일 김재규에 의한 박정희 대통령 시해 사건으로 박정희 일인독재체제는 몰락했다.

한국 경찰의 기본 형태 완성

군대형 경찰

박정희 시대는 한국 경찰의 기본 형태를 만들었다. 여섯 가지 측면에서 살펴볼 수 있다.

첫째, 박정희 시대는 군대형 경찰을 완성했다. 군대형 경찰의 시작은 이승만 시기다. 한국 경찰은 해방 이후 한국전쟁을 거치면서 군대형 경찰로 재편되었다. 해방 이후 한국전쟁에 이르는 시기는 경찰이나 일개 국가기관의 힘으로 극복하기 힘든 상황이었다. 이 과정에서 경찰은 군대형 경찰이 되었고 치안을 회복하고 안정을 가져오는 긍정적인 역할을 했다.

하지만 이 과정에서 인권침해가 발생한 것도 사실이다. 치안유지 방법 중 인권 친화적이고 민주적인 방식이 있었음에도 이 방법은 선택되지 않왔다. 군대형 경찰이었기 때문에 벌어진 일이다. 치안유지를 위해 군의 전략, 전술을 사용하는 순간 민주주의와 인권은 제약받기 마련이다. 특히 제주 4.3의 경험, 4월 혁명의 경험은 국민들에게 집단적 기억, 집단적 트라우마로 남았다. 4월 혁명 직후 경찰개혁이 주장된 것은 이러한 국민의 집단적 기억에 근거한 것이었다. 박정희 시대는 4월 혁명의 경찰개혁 과제를 외면했고 경찰의 역기능을 이어받았다.

먼저 군대형 경찰을 만든 것은 군에 의한 경찰의 장악이었다. 경찰 인사를 군이 장악한 것도 중요한 요소였고 군의 문화가 경찰을 지배한 것도 중요한 특징이다. 1962년에 전국 총경 134명 중 약 30%인 41명이 군 출신이었다(치안정책연구소, 2020). 박정희 시대를 거치면서 군대 문화가 미치지 않은 분야는 없지만 군과 가까운 경찰은 특히 심했다. 효율적이지만 무조건 충성하는 철저한 중앙집권적 경찰체제가 탄생했다.

군대형 경찰을 만든 다른 요소로는 민주화운동에 대한 대응이 있다. 정당성 없는 정부는 시민에 적대적일 가능성이 높다. 민주주의와 인권에 대해서도 적대적일 가능성이 높다. 일제 잔재가 청산되지 않아 박정희 정부는 정통성, 민주적 정당성에 문제가 있었다. 여기에 쿠데타로 권력을 잡은 현실이 더하니 정권은 더욱 정통성, 민주적 정당성이 없었다. 한국인들은 조선 말기 이후 정통성의 위기를 심각하게 겪었다. 그래서 정통성, 민주적 정당성에 특히 민감하다. 쿠데타로 집권한 박정희 정권은 정통성, 민주적 정당성이 없어 민주화운동, 노동운동, 농민운동, 학생운동, 시민운동 등을 적대시했다. 이들 민주화운동에 대한 대응은 경찰의 몫이었다. 간혹 계엄과 위수령으로 군이 동원되었으나 전시가 아닌 이상 치안은 경찰의 몫이었다. 민주화운동에 군이 대응하는 방식으로 대응하다 보니 경찰은 군대와 같아졌다. 그 이미지는 최루탄을 발사하는 전투경찰로 응집되었다. 이 이미지는 군의 모습과 다를 바 없다.

검찰 종속 경찰

둘째, 박정희 시대는 검찰에 종속된 경찰을 만들었다. 검찰과 경찰이 상명하복 관계로 고정되었다. 검찰의 경찰 장악은 두 가지 과정으로 이루어졌다. 하나는 직접적인 지배다. 다른 하나는 형사사법절차를 통한 지배다.

직접적인 지배는 인적 지배다. 인적 지배의 대표적인 사례는 이건개 검사의 서울시 경찰국장 취임 사례다. 이건개 검사는 1971년 12월 31일부터 1973년 1월 16일까지 현재로는 서울시 경찰청장에 해당하는 서울시 경찰국장으로 근무했다. 취임 당시 이건개 검사의 나이는 30세였다 (문재인 · 김인회, 2011). 20대와 30대의 젊은 검사들이 영감님 소리를 들으며 50대 경찰서장에게 호통을 치는 현상이 벌어졌다.

형사사법절차를 통한 지배는 수사권의 검사 독점이다. 우리 『형사소송법』은 1954년 제정 때부터 검사가 수사권을 독점하고 경찰의 수사를 지휘하도록 하고 있었다. 이유는 경찰의 한계 때문이었다. 친일경찰 출신이 많았다는 점, 자치경찰을 배제하고 국가경찰로 출발하게 되었다는 점, 광범위한 인권침해가 자행되고 있었다는 점, 경찰의 인권 수준과 자질이 낮았다는 점 등이 원인이었다(문재인 · 김인회, 2011).

이 체제를 더욱 공고히 한 것이 박정희 시대였다. 검사가 영장청구권을 독점하게 되었다. 5.16 쿠데타 이후 만들어진 '국가재건최고회의'는 1961년 『형사소송법』을 개정해 검사가 영장청구권을 독점하도록 했다. 1954년 제정된 『형사소송법』은 영장청구권자로 검사와 사법경찰관을 두고 있었다. '국가재건최고회의'는 1962년 『헌법』을 개정해 "체포 · 구금 · 수색 · 압수에 있어 검찰관의 신청에 의하여 법관이 발부한 영장을 제시해야 한다"(헌법 제10조 제3항)는 규정을 신설했다. 이 규정은 검찰관이 검사로 바뀐 것 외에는 변경 없이 현행『헌법』에까지 이르고 있다. 검사의 수사권 독점과 수사지휘권은 헌법 개정으로 더욱 공고화되었다.

중앙집중형 국가경찰

셋째, 박정희 시대는 중앙집중형 국가경찰을 만들었다. 중앙집중형 국가경찰은 획일적이고 평등한 경찰행정, 효율적인 경찰행정을 가능하게 한다. 전국을 단위로 단일한 행정을 하기 때문이다. 하지만 지역의 특수성, 다양성을 무시하는 단점이 있다.

경찰은 지역 주민을 직접 대면하는 최일선 기관이다. 주민의 요구에 직접 반응해야 하고 직접 평가를 받는다. 도시와 농촌의 치안수요는 다르다. 경찰행정, 즉 치안은 자치행정의 일부다. 자치경찰제는 경찰제도의 핵심 중의 하나다. 자치경찰제는 경찰권력의 분산과 견제에도 훌륭한 방안이지만 자치분권이라는 측면에서도 필수불가결하다. 중앙집중형 국가경찰은 자치경찰을 배타시했다.

박정희 시대 경찰은 중앙집중형 국가경찰로 완전히 정착되었다. 중앙집중형 국가경찰은 군대형 경찰이 낳은 결과다. 군은 지방분권이 없고 중앙집권만 있기 때문이다. 그리고 박정희 대통령이 군부 쿠데타로 4월 혁명을 부인한 결과이기도 하다. 4월 혁명 이후 논의된 경찰개혁 방안 중에 자치경찰제가 포함되어 있었다. 박정희 시대는 자치경찰 논의를 중단시켰다. 자치경찰제만이 아니라 지방자치 논의도 중단시켰다. 자치경찰제는 정권과 경찰을 위협하는 것으로 해석되었다. 1998년 김대중 정부가 들어서자 겨우 자치경찰제가 논의되기 시작했다. 그렇지만 자치경찰에 대한 경험이 없고 중앙집중형 국가경찰에 익숙한 정치인과 경찰에게 자치경찰 추진 동력을 기대하는 것은 난망했다. 이런 이유로 자치경찰제는 검경수사권조정과 함께 논의되어야 했다.

정권안보 경찰

넷째, 박정희 시대는 시민 적대형 정권안보 경찰을 만들었다. 시민 적대형 정권안보 경찰은 시민의 자유와 인권, 안전과 평화를 보장하는 경찰이 아니라 정권을 지키기 위하여 오히려 시민의 자유와 인권, 안전과 평화를 위협하는 경찰이다. 오랜 군부독재 기간 동안 경찰은 정권 안보, 시국치안에 몰입하면서 민주화운동과 이에 동조하는 시민들을 적대시했다. 시민 적대형 정권안보 경찰상은 해방 이후 계속 형성되어 왔으나 박정희 시대에 완전히 고착된다. 경찰의 이 이미지는 지금도 시민들의 집단의식에 남아 있다. 그리고 현실에서도 남아 있다. 이명박 정부 당시의 광우병 사태나 박근혜 정부 당시의 시국 집회에 대한 경찰의 대응에서 이를 확인할 수 있다. 이명박 정부 당시 경찰의 집회 대응은 정권안보 경찰을 연상시켰다. 하지만 촛불혁명 당시 경찰은 평화적 시위를 보장했다. 공권력 행사도 자제했다. 역사상 보기 힘든 일이었다. 이를 기점으로 경찰에 대한 시민들의 태도가 변화하기 시작했다. 경찰이 나를 보호해준다는 것을 체험하기 시작한 것이다.

시민 적대형 정권안보 경찰상은 시국치안·대공기능·정보활동 중심의 경찰, 노동운동·농민운동·학생운동·시민운동 등 민주화운동과 민중생존권 투쟁을 진압하고 탄압하는 경찰, 민생치안에 취약한 경찰이라는 여러 형태로 등장한다. 이 과정에서 경찰은 시민의 자유와 인권을 침해함으로써 스스로 공권력의 정당성을 훼손해 왔다.

군부독재 및 권위주의 시대에 이루어진 집회·시위에 대한 무력진압은 경찰의 폭력성과 정치종속성을 드러냈다. 집회·시위는 민주주의의 근간이기 때문에 기본적으로 존중되어야 한다. 그렇지만 군부독재 및 권위주의 시대에 집회·시위는 자유롭지 못했고 허가받지 못했다. 허가받지 않았다는 이유로 무력진압의 대상이 되었다. 무력진압도 과도하게 행사되었다. 집회·시위의 방식을 압도한 공권력의 폭력 행사는 민주주의를 위협했다.

사건조작과 왜곡, 가혹한 처벌은 시민 적대형 정권안보 경찰의 또 다른 얼굴이다. 박정희 시대에 많은 사건들이 중앙정보부와 경찰에 의하여 경쟁적으로 조작되었다. 억울하게 처벌받은 사람이 양산되었다. 죄 없는 자는 죄를 만들었고 가벼운 죄 있는 자는 과장해 처벌했다. 사건 조작과 왜곡, 가혹한 처벌은 전두환, 노태우 정부 때까지 이어졌다. 이들 사건은 과거사 사건이 되어 진상규명의 대상이 되었다. 대표적으로 1974년의 인혁당 사건, 울릉도 간첩단 사건이 있다. 모두 재심으로 무죄를 선고받았다.

정치권력 종속 경찰

다섯째, 박정희 시대는 정치권력과 경찰의 관계를 규정해 버렸다. 정치권력이 일방적으로 우위에 서서 경찰을 지휘하는 관계가 성립되었다. 경찰의 정치적 중립성, 상대적 자율성은 보장되지 않았다. 박정희 시대는 좋게 말하면 국가 체제를 새롭게 구성하고 실행하던 시기였다. 경찰도 효율성을 높이고 현대화를 도모해야 하는 과제를 안고 있었다. 경찰의 관료제 정착, 직업공무원제 정착을 통한 경찰 조직문화 확립 등이 요구되었다. 필요한 개혁과 혁신이었지만 현실에서는 군에 의한 경찰의 재편을 통해 이런 과제가 추진되었다. 군에 의한 경찰 장악에 대해서 부정적으로 평가하는 경찰도 부분적으로는 이러한 조치가 "부정부패 공직자의 퇴진, 교육훈련 강화 등을 가져오는 새로운 기회를 제공"(경찰청, 2015)했다고 평가한다.

하지만 군의 주도하에 이루어진 경찰의 효율성과 현대화, 관료제와 직업공무원제 정착은 박정희 일인독재체제의 완성으로 이어졌다. 정치권력에 일방적으로 예속된 경찰이 탄생했다. 일인독재체제는 권력의 타락을 초래했고 경찰의 타락도 초래했다. 이 결과 경찰 내부의 민주화가 중요한 과제가 되었다. 경찰 고위간부에게 중요한 것은 시민의 안전과 평화도 아니었고 동료나 선후배 경찰 공무원도 아니었다. 오로지 권력자였다. 정치권력의 압도적인 힘에 좌우되는 경찰이 완성된 것이다.

개혁역량 없는 경찰

여섯째, 박정희 시대는 한국 경찰을 개혁과는 거리가 먼 기형적인 기관으로 만들었다. 박정희 대통령은 해방 직후 제기되었다가 이승만 시기에 실패했고 4월 혁명으로 다시 제기된 경찰개혁의 과제를 폭력적으로 폐기해 버렸다. 그리고 경찰개혁을 추진할 내부 역량이 없는 조직으로 만들어 버렸다. 정치권력이 경찰을 일방적으로 지배했기 때문에 경찰은 스스로 정치적 중립을 주장할 수도, 개혁방안을 마련할 수도 없었다. 이런 상태에서 정치권력이 손을 놓으면 경찰이 자연스럽게 개혁될 것이라고 주장하는 것은 전도몽상일 뿐이다.

정치권력의 리더십이 없는 상태에서 검찰에게 검찰개혁을 맡길 수 없듯이, 경찰 내부에 개혁 동력이 없기 때문에 경찰개혁을 경찰에 맡길 수는 없다. 경찰은 박정희 시대 이후 정권교체기마다 정치권력의 요구에 따라 개혁을 시도하기도 하고 하지 않기도 했지만 개혁을 주도적으로는 추진할 수 없었다. 실제의 변화는 거의 없었다. 정부가 바뀜에 따라 거의 같은 개혁과제가 포장을 조금씩 달리하면서 등장했던 것은 바로 이 때문이다.

다. 전두환 · 노태우 그리고 김영삼 대통령 시기

쿠데타와 민주주의 암흑기

박정희 시대가 끝나고 1980년부터 전두환 시대가 시작되었다. 전두환 시대는 박정희 시대의 연장이었다. 노태우 시대 역시 전두환 시대의 연장이었지만 1987년 6월 항쟁의 영향으로 민주주의의 발전 역시 이루어졌다. 서로 대립하는 군부독재와 민주주의라는 힘이 공존했던 시대라 할 수 있다.

전두환 시대는 1979년 12 · 12 군사쿠데타와 5 · 18 광주진압으로 시작되었다. 광주시민들은 항쟁으로 이에 저항했으나 신군부는 무력으로 진압했다. 박정희 시대는 극복되지 못했다. 오히려 더 나쁘게 이어졌다. 경찰 시스템에도 큰 변화는 없었다. 이 시기를 경찰은 다음과 같이 평가하고 있다.

10 · 26 사건 이후 정치적 혼란의 와중에서 무력으로 시국을 수습하고 새로 들어선 제5공화국에 대한 불신, 정권의 정당성 상실, 정책의 신뢰성 저하는 1980년대 중반 이후까지 학생 및 재야 단체의 계속된

저항으로 이어졌으며 이와 같은 정권의 정당성 위기를 극복하기 위한 정부의 대응은 경찰에 의한 방어에만 치중했을 뿐, 사회적 요구 수용에 의한 근본적 치유책은 마련하지 않았다(경찰청, 2015).

상당히 온건한 평가다. 나름 솔직하게 잘못을 인정하는 평가이기도 하다. 하지만 정확하게 말하면 경찰에 대한 자체평가가 없는 유체이탈적 표현이다. 경찰은 정당성이 없는 정권의 요구에 충실히 따랐다. 민주화운동, 민중생존권 투쟁에 대한 진압과 사건조작, 과장을 자행했다. 군을 대신한 경찰 중심의 준계엄상태가 지속되었다.

시위진압, 사건조작

전두환 정부 당시 경찰은 두 가지로 기억된다. 시위진압과 사건조작이 그것이다. 이 결과 많은 사람들이 다치고 희생되었다. 폭력시위 진압으로 희생된 대표적인 인물은 연세대학교 이한열 열사다. 그는 1987년 6월 연세대 시위도중 최루탄을 맞고 사망했다. 경찰의 폭력성을 보여준 가장 대표적인 사례다. 1981년 송씨일가 간첩조작 사건, 1986년 부천서 성고문 사건, 같은 해 1,289명이 구속된 건국대 사태, 1987년 박종철 열사 고문치사 사건이 연달아 발생했다. 모두 정권의 운명이 달라질 정도로 엄청난 사건들이었다. 이들 사건은 민주화운동에 대한 가혹한 탄압이면서 경찰에 의하여 저질러진 국가범죄였고 반윤리적, 반인권적 사건이었다. 정권을 지키기 위한 경찰의 몸부림은 정권 말기의 현상이었다. 전두환 정부는 6월 민주항쟁으로 몰락했다. 광주항쟁 후 불과 7년 만에 시민들이 승리했다. 경찰을 이용한 정권안보 정책은 광범위한 저항을 불러 정권과 경찰의 위기와 몰락을 앞당겼다.

당을 통해 1993년 문민정부를 출범시켰다. 군부독재 세력과 일부 민주세력의 합당을 통한 집권은 군부독재 세력, 기득권 세력의 요구와 민주화 요구를 반영해야 하는 모순을 낳았다. 그럼에도 불구하고 김영삼 정부는 여러 방면에서 개혁을 시도했다. 하나회 척결을 통한 군부 정리, 금융실명제와 부동산실명제를 통한 지하경제 해소 및 투명성 강화, 조선총독부 철거로 대표되는 친일잔재 청산 등 과거사 정리, 전두환·노태우 반란 처벌, 고위공직자 재산 공개를 통한 공직자 윤리 수준 제고 등 국가적 차원의 개혁이 이루어졌다.

김영삼 정부의 개혁성과에도 불구하고 검찰, 경찰과 같은 권력기관 개혁은 이루어지지 못했다. 권력기관 개혁을 할 만한 내외의 역량이 부족했기 때문이다. 권력기관은 정치적 중립을 바탕으로 한 상대적 자율성을 경험하지 못했기 때문에 자체 개혁동력이 없었다. 경찰 자체의 개혁 동력은 사회의 민주화와 민주정부로부터 뒷받침되고 경찰의 민주 역량이 축적되어야만 생길 수 있다.

지체된 경찰권력

개혁의 출발점, 정치적 중립

이 시기 경찰의 가장 중요한 개혁과제는 정치적 중립의 확보였다. 이것은 다른 기관도 같다. 1988년 사법부 소속 법관들이 정치적 독립을 주장했던 것처럼 모든 국가기관이 정치적 중립을 중요한 개혁과제로 상정했다. 6월 항쟁으로 국가기관은 정치적 중립을 요구할 만한 공간을 얻었다. 국가기관의 법집행이 정치권력에 의하여 왜곡되는 것을 경험한 시민들은 가장 먼저 국가기관의 정치적 중립을 요구했다. 당시에는 정치적 중립만 보장된다면 모든 것이 정상화될 수 있다고 생각할 정도로 국가기관의 법집행은 기형적이었다.

당시 경찰의 정치적 중립이 얼마나 중요한 것임을 보여주는 사례로는 경찰대 졸업생들의 성명이 있다. 경찰대 졸업생 1, 2, 3, 4기는 1988년 1월 29일 「경찰중립화에 대한 우리의 견해」를 발표했다. 주된 내용은 첫째, 진정한 민주화의 실현을 위해서는 경찰의 정치적 중립이 선행되어야 하고, 둘째, 경찰의 정치적 중립은 결코 정치적 타협의 대상이 될 수 없고, 셋째, 경찰의 정치적 중립은 모든 국민이 함께 풀어가야 할 과제라는 것이었다(경찰청, 2015).

정치적 중립의 중요성은 『경찰법』에서도 확인된다. 『경찰법』은 1991년 제정 때부터 권한 남용 금지(제4조)라는 제목으로 "국민전체에 대한 봉사자로서 공정중립을 지켜야"한다고 규정하여 정치적 중립을 명문화했다. 『국가공무원법』에 정치운동금지(제65조) 조항이 있음에도 『경찰법』에서 따로 규정한 것이다.

하지만 정치적 중립 요구는 한계가 있다. 민주정부가 들어서지 않으면 정치적 중립은 보장될 수도, 완성될 수도 없다. 그리고 경찰개혁 과제에 정치적 중립만 있는 것이 아니다. 자치경찰제, 경찰위원회, 경찰대 개혁, 수사과정의 인권 친화적 개혁, 전문성과 윤리성 제고 등 다른 개혁과제들이 있다. 나아가 정치적 중립은 법률로 보장되는 것이 아니라 내부 개혁역량이 있어야 가능하다. 법률로 정치적 중립을 보장할 수는 있지만 내부 개혁역량이 없다면 개혁과정에서 정치적 중립을 실천할 수 없다. 정치적 중립은 내부 개혁역량이 있어야만 실천할 수 있고 또 구체화할 수 있다. 내부 개혁역량이 없는 정치적 중립은 오히려 관료주의, 조직이

기주의를 강화시킬 위험이 있다. 외부의 통제가 사라지기 때문이다.

경찰 조직 정비

1991년 5월 31길 『경찰법』이 제정되었다. 『경찰법』은 경찰청을 신설하고 시도에는 지방경찰청을 두었다. 경찰위원회도 신설했다. 『경찰공무원법』 제11조는 경찰공무원의 자체 승진을 규정했다. 즉, 경찰공무원의 승진은 바로 하위계급에 있는 경찰공무원 중에서 근무성적, 경력평정 기타 능력의 실증에 의한다(같은 법 제11조 제1항)고 하여 내부 승진을 기본 원칙으로 했다. 경찰 설립 이후 최대의 조직 변화였다. 법률로 경찰의 지위가 공고해졌다.

『경찰법』 제정으로 경찰의 조직은 새롭게 구성되었다. 지금도 경찰청 체제를 유지하고 있다. 행정자치부의 지배로부터 벗어나 독립성이 높아졌고, 경찰위원회가 도입되어 문민통제도 강화된 것으로 볼 수 있다. 경찰청장 등의 임명은 경찰 내부에서 하도록 함으로써 경찰의 정치적 중립도 보장된 것으로 평가할 수 있다.

하지만 정치권력에 의한 지배는 여전했고 경찰의 독립성은 보장되지 못했다. 경찰위원회는 경찰의 제도, 운영, 예산 등에 관하여 실질적 권한이 없다. 경찰청 관리와 운영에 관한 권한도 없고 경찰청장 임명권도 없다. 형식만 문민통제일 뿐이다. 경찰청장 등의 내부 임명은 오히려 개혁적이고 청렴하고 유능하면서도 민주적인 외부의 새로운 인사를 임명하는 데 한계로 작용했다. 내부 승진의 부작용 중의 하나로 경찰 내부에서 줄서기가 횡행하는 결과도 생겨났다.

폭발하는 민주화운동과 민중생존권 투쟁에 대한 대응 역시 경찰의 몫이었다. 민주화 이행시기의 민주화운동과 민중생존권 투쟁은 경찰에게 새로운 대응 방식을 요구했으나 경찰의 변화는 없었다. 정치권력이 변화하지 않은 것이 근본적인 이유였으나 경찰의 변화 의지도 없었다. 새로운 치안수요에 대응한 경찰의 변화도 눈에 띄지 않았다. 정치적 중립 보장, 제도개혁을 넘어서는 내부 혁신을 할 만한 내부의 힘은 없었다.

요구에 미치지 못한 개혁

이 시기는 민주화를 통해 경찰개혁의 여러 요구가 분출되었던 시기, 그러나 정치권력이나 경찰이 이를 수용하고 개혁할 수 없었던 시기로 정리할 수 있다. 구시대와 신시대의 동거 속에 경찰의 개혁방안은 정립되지 못했다.

다른 개혁과제에 비하여 경찰의 개혁과제가 우선순위에서 밀렸다고도 볼 수 있다. 김영삼 대통령 시기의 하나회 척결, 금융실명제, 부동산실명제, 일제 잔재 청산, 전두환·노태우 처벌, 고위공직자 재산공개 등의 굵직한 과제와 비교하면 경찰개혁은 중요성이 떨어진다고 볼 수 있다. 정치 리더십이 경찰개혁까지 추진할 수 없었다고도 볼 수 있다. 그래도 개혁을 하지 못한 경찰의 문제는 여전히 남는다. 경찰은 민주화 이행 시기에 적응하지 못한 개혁 이행지체 상태에 있었던 것으로 보인다. 이행지체 상황은 민주정부가 들어서고 나서 풀리기 시작한다.

라. 김대중 · 노무현 대통령 시기

민주정부 등장

1998년 김대중 대통령의 국민의 정부, 2003년 노무현 대통령의 참여정부는 한국 역사상 최초의 본격적인 민주정부였다. 이때를 기점으로 한국 사회는 개혁과 혁신에 돌입했다. 민주정부의 개혁과 혁신은 두 가지 의미를 가지고 있었다.

첫째, 과거를 청산하는 것이다. 과거 군부독재 시절 왜곡된 국가기관을 개혁하는 것이다. 국가기관 개혁은 국가기관에 정치적 중립을 보장하면서 시작된다. 그리고 국가기관이 자율적으로 활동할 수 있도록 보장하며 나아가 국민주권주의, 민주주의 원칙에 따라 조직을 개편하도록 한다. 감시와 견제의 원칙에 서서 국가기관의 권력을 분산하고 견제하고 감시하는 체제를 구축한다. 이를 통하여 시민의 자유와 인권, 안전과 평화를 지키는 것이다. 이러한 개혁은 권력기관을 포함한 국가기관의 개혁이면서 곧 사회의 개혁이기도 하다.

둘째, 선진시스템을 구축하는 것이었다. 김대중 정부는 IMF 쇼크 속에서 출발했다. IMF로 인하여 한국 사회의 후진성이 폭로되었다. 한국 사회의 후진성은 한국 사회를 위기에 빠뜨렸다. 시스템을 선진화하지 않으면 위기는 극복될 수 없었다. 선진화는 국제 기준에 맞는 국가시스템, 사회시스템을 구축하는 것을 의미한다. 일찍이 국제주의, 개방주의를 익힌 한국 사회가 이제는 더 높은 수준의 개방을 실천해야 하는 순간이 된 것이다. 선진시스템 구축은 효율성 증대만을 의미하는 것이 아니다. 인권 친화적이고 시민 중심적인 개방, 공개시스템 역시 포함한다. 선진시스템은 민주주의에 기반해야 한다.

민주정부는 이러한 시대적 요구에 부응해야 했다. IMF 위기로 개혁과 혁신은 더욱 절박해졌다. 국가기관의 개혁, 사회 전체의 혁신이 시작되었다. 하지만 당시 민주정부는 소수파였다. 한국 사회는 여전히 군부독재로부터 시작된 기득권 세력이 중심을 잡고 있었다. 개혁과 혁신은 시작되었지만 완성할 수 없었던 시대적 한계를 가지고 있었다.

경찰개혁

자치경찰 시도

민주정부의 등장과 함께 경찰개혁도 시작된다. 민주정부 시기 경찰은 정권안보기관이 아니라 민생치안 중심의 경찰로 변신하려고 했다. 내부 혁신을 통하여 대민행정기관으로서 전문성과 효율성 역시 달성하려고 노력했다. 개혁과 혁신은 반드시 제도개혁, 즉 법률개정과 조직재편으로 나타나야 한다. 민주정부 10년 동안 경찰개혁과제는 거의 모두 제시되고 시도되었다. 특히 참여정부 임기 동안 경찰개혁은 집중적으로 시도되었다.

민주정부 동안 자치경찰제가 본격 논의되었고 일부 시행되었다. 자치경찰제는 일선 대민행정기관이라는 경찰의 존재 목적에 부합한다. 지방자치, 지방분권에도 필수적이다. 민주주의에 필수적인 제도다. 세계적으로도 자치경찰제는 광범위하게 실시되고 있다. 우리 역사를 살펴보면 4월 혁명 당시 자치경찰제가 논의되었다. 하지만 5.16 쿠데타로 자치경찰제 논의는 35년 이상 중단된다. 자치경찰제와 민주주의의 친화성을 알 수 있는 대목이다.

김대중 대통령은 대통령 후보시절 자치경찰제를 공약으로 제시했다. 자치경찰제가 국가적 과제가 된 것이다. 김대중 정부 당시 자치경찰제는 국가적 차원에서 논의되었지만 성과는 내지 못했다. 갈등이 심하여 논의가 중단되었다.

자치경찰제는 노무현 대통령의 참여정부에서 다시 시작되었다. 참여정부는 2004년 9월 16일 대통령 주재 국정과제 회의에서 자치경찰제 방안을 확정한다. 확정된 방안은 시 · 군 · 자치구에 자치경찰을 두는 '주민생활중심의 자치경찰제'였다. 정부는 관계기관의 의견조회와 당정협의를 거친 후 2005년 11월 3일 『자치경찰법』안을 국회에 제출했다(김인회, 2011). 하지만 입법에는 실패했다.

전국적인 자치경찰제 시행은 실패했으나 제주도에서는 자치경찰제가 실시되었다. 2006년 2월 9일 『제주특별자치도설치 및 국제자유도시조성을 위한 특별법』이 국회에서 통과되어 시행되었다. 위 법률에 따라 제주자치경찰은 2006년 7월 1일 출범했다. 자치경찰제의 전국적 실시라는 목표에 비하면 초라한 성적이다. 제주자치경찰은 아직 존속하고 있다.

경찰의 정치적 중립

노무현 대통령은 경찰의 정치적 중립을 특별히 강조했다. 경찰의 정치적 중립을 위한 중요한 제도적 개혁은 경찰청장에 대한 인사청문회와 임기제였다. 경찰청장 인사청문회 제도는 2003년 2월 4일 『경찰법』 제11조 개정과 2005년 7월 28일 『국회법』 제65조의 2 개정으로 실시되었다. 경찰청장 임기제는 2003년 12월 31일 『경찰법』 제11조 개정으로 실시되었다. 경찰청장의 임기제는 검찰총장 임기제 시행에 맞추어 시작되었다(김인회, 2011). 노무현 대통령은 경찰청장 인사청문과 임기제의 의의에 대해 다음과 같이 정의하고 있다.

> 경찰청장에 대한 인사청문과 임기제를 도입해서 권력의 눈치를 살피
> 지 않는 경찰로 다시 태어났습니다. 정치적으로 엄정한 중립을 지키
> 면서 오직 국민을 위한 일에만 전념하고 있습니다(2006.10.20. 제61회
> 경찰의 날 노무현 대통령 기념식 연설).

경찰청장 인사청문회는 국회의 사전 동의를 거쳐 능력 있고 중립적이
며 청렴한 경찰청장을 임명한다는 점에서 정치적 중립 보장제도 중 핵심
장치다. 경찰청장 임기제는 2년의 임기보장, 신분보장을 통해 경찰청장
이 정치적 중립을 지킬 가능성을 높이는 제도다. 이들 제도는 참여정부
이후에도 계속 유지되고 있다. 경찰의 정치적 중립은 제도적 개혁에 더
하여 이를 전통으로 만들어 발전시키는 것이 중요하다.

검경수사권 조정 시도와 실패

참여정부 동안 검경수사권 조정을 위한 노력이 있었다. 검경수사권 조
정은 검찰개혁 과제이면서 경찰개혁 과제다. 한국 검찰은 형사사법을 지
배하고 정치권력과 결탁하여 한국 사회 전체를 지배하고 있다. 한국 검
찰이 형사사법과 한국 사회를 지배하는 것은 수사권과 기소권을 모두 가
지고 있기 때문이다. 검찰 권한을 분산하고 견제하려면 수사권과 기소권
을 분리해야 한다. 수사권과 기소권을 분리하면 수사권은 경찰이, 기소
권은 검찰이 행사하게 된다. 수사권과 기소권의 분리는 검경수사권 조정
이라고도 불린다.

검경수사권 조정은 검찰의 권한을 분산하는 것이 목적이다. 수사권과

기소권을 분리하여 경찰과 검찰이 서로 견제하게 함으로써 국민의 자유와 인권을 증진하는 데 목적이 있다. 권력기관 사이의 견제와 감시, 이를 통한 국민의 자유와 인권 증진이라는 목적을 상실하면 검경수사권 조정은 기관 사이의 권한 다툼으로 전락한다. 따라서 검경수사권 조정과정에 검찰과 경찰 이외에 국민이 직접 참여해야 한다. 검경수사권 조정은 현실에서 많은 사건을 처리하는 경찰에게 수사권을 부여함으로써 현실에 맞는 권한을 부여하고 책임을 묻는 의의도 있다.

검경수사권 조정은 노무현 대통령의 공약이었다. 검경수사권 조정의 방향은 "일부 민생치안 범죄에 한해 검찰의 사법적 통제를 받는 전제하에서 경찰수사의 독자성을 인정"하는 공약에서 출발했다. 검경수사권 조정은 2004년 9월부터 2005년 5월까지 '검경수사권 조정 협의체', '검경수사권조정 자문위원회'가 진행했다. 주체는 검찰청과 경찰청, 두 이해관계 기관이었다. 검찰청과 경찰청의 자율적인 합의에 의하여 추진된 것은 "검찰총장과 경찰청장이 대통령 앞에서 두 사람이 자기들이 잘 조정해서 하겠다고 약속"했기 때문이다. 이 때문에 "청와대가 주도하지 않고 검경의 논의에 맡겨 버리게 된 것"이다(김인회, 2011).

결과적으로 검경수사권 조정은 실패했다. 검찰과 경찰은 합의에 도달하지 못했다. 국무총리실과 청와대까지 나서서 조정안을 만들었지만 이 역시 실패했다. 주된 원인은 검찰과 경찰, 두 기관의 강경한 태도였다. 양기관의 강경한 태도는 합리적인 조정을 불가능하게 했고 타협의 여지를 봉쇄했다. 마지막에는 내부 구성원들의 요구를 충족시키지 못하는 이상 다음 정부로 넘기자는 무책임한 주장까지 했다(김인회, 2011).

참여정부의 검경수사권 조정은 실패했지만 많은 교훈을 남겼다. 참여정부의 경험은 2020년 형사소송법과 검찰청법의 개정을 통한 검경수사권 조정으로 결실을 맺었다.

경찰 과거사 진상규명

민주정부 동안 경찰은 과거사 진상규명을 진행했다. 경찰의 과거사 정리는 민주정부의 과거사 정리의 일환이었다. 민주정부의 과거사 정리 출발점은 제주 4.3사건이었다. 김대중 대통령은 공약으로 제주 4.3사건의 진상규명을 약속했다. 김대중 대통령은 당선 이후『제주 4.3사건의 진상규명 및 희생자 명예회복을 위한 특별법』을 통과시키고 '제주 4.3사건 진상규명위원회'를 출범시켰다. 제주 4.3사건의 진상규명을 시작으로 과거사 진상규명이 시작되었다.

경찰은 2004년 8월 15일 노무현 대통령의 연설 이후 과거사 진상규명에 착수했다. 경찰청은 2004년 11월 18일 '경찰청 과거사 진상규명위원회'를 위원장 1명을 포함하여 12명(민간위원 7명, 경찰위원 5명)으로 출범했다. 위원회는 △경찰 관련 의혹사건 중 진상규명을 위한 대상사건 선정, △조사개시 결정 및 조사팀의 조사활동에 대한 지도 및 감독, △조사결과에 대한 심의와 의결, △재조사결정 및 조사기간의 연장, △조사결과 보고 및 결과에 대한 의견 제시, △과거사진실규명 관계 국가기관 및 국가기관이 자체 설치한 위원회 및 특별기구와 관련된 업무에 대한 협의 등의 업무를 담당했다(경찰청, 2007).

경찰청 과거사 진상규명위원회는 포괄적 조사 대상 분야로는 △불법선거개입 의혹, △민간인 불법 사찰 의혹, △용공조작 의혹 사건을 선정했다. 그리고 개별 조사 대상 사건으로는 △서울대 깃발사건(1985), △민주화운동청년연합 사건(1985), △강기훈 유서대필 사건(1991), △청주대 자주대오 사건(1991), △남조선민족해방전선 사건(1979), △1946년 대구 10 · 1 사건(1946), △보도연맹원 학살 의혹 사건(한국전쟁 당시), △나주부대 민간인 피해 의혹 사건(1950년), △전국민주화청년학생총연맹 사건, △진보와 연대를 위한 보건의료연합 사건 등 10개 사건을 선정하고 조사했다(경찰청, 2007).

경찰은 과거사 정리를 통하여 과거 인권침해와 무리한 법적용을 스스로 공개하고 반성을 표했다. 이를 통해 경찰은 공권력 피해자인 시민들의 억울함을 풀어주었고 나아가 공권력의 기본자세를 바로잡는 계기로 삼았다. 경찰청 과거사정리위원회는 과거사 정리를 통하여 경찰의 인권의식 혁신을 위한 실질적인 인권교육 시스템의 정립과 범죄피해자의 인권 보호 방안 마련, 정치적 중립성 확보를 권고했다(경찰청, 2007). 다만 경찰의 과거사 정리가 포괄적으로 이루어지면서 세밀하고 구체적인 정리는 이루어지지 못했다. 이런 이유로 경찰의 과거사 정리에도 불구하고 시민의 경찰에 대한 신뢰는 크게 개선되지 않았다.

경찰의 과거사 정리 이후 남은 과제는 과거사 정리의 성과를 보존하고 발전시키는 것이다. 과거사 정리의 성과를 전통과 문화로 만들어 인권친화적 경찰, 시민의 자유와 인권, 안전과 평화를 가장 중요하게 생각하는 경찰을 만드는 것이 중요하다. 과거사 정리의 성과를 보존하는 것은 쉽지 않은 일이다. 이명박, 박근혜 정부가 들어선 이후 과거사 정리의 성과는 보존되지 못했다. 그 당장의 결과는 경찰청장들이 직접 선거에 개입한 사건이었다. 조현오, 강신명, 이철성 전 경찰청장은 모두 선거개입 혐의로 현재 재판을 받고 있다.

과거사 정리와 새로운 경찰상

과거사 정리의 효과는 지속적이고 광범위하다. 과거사 정리를 통하여 경찰은 역사를 재구성하면서 경찰정신을 새롭게 규정하고 있다. 그 성과 중의 하나가『경찰의 역사와 정신』(치안정책연구소, 2020)이다.『경찰의 역사와 정신』은 경찰의 뿌리를 독립운동에서 찾고자 한다. 물론 이 뿌리는 조직의 뿌리가 아니라 정신의 뿌리다. 이 책에서 경찰이 특히 강조하는 부분은 임시정부와 경찰의 관계다.

> 임시정부는 1919년 8월 12일 백범 김구 선생을 초대 경무국장에 임명하고 그 조직 구성을 일임하였는데, 김구 선생은 1921년 5월까지 경무국장으로 재직하는 동안 주권자인 국민 보호, 임시정부와 정부 요인 보호, 재외국민 보호를 임무로 삼고 임시정부 경찰활동의 기틀을 확립하였다.

> 2019년 임시정부 100주년을 맞아 2018년부터 별도 발굴 작업에 착수하였으며, 각종 사료와 경찰인사기록 등을 통해 발굴된 인물은 국내외 항일운동가 출신(29명), 임시정부 광복군 출신(23명), 여성 독립운동가 출신(5명) 등 총 57명에 이른다.

이외에도 새로 발굴한 역사적 인물로는 광주민주화운동 당시 시위대와 평화적인 관계를 유지하려고 노력했던 안병하 전남경찰국장, 이준규 목포경찰서장의 사례가 있다. 이들은 유혈사태를 막으려고 애를 썼다. 그렇지만 계엄군에 의하여 무시되었고 이후 강제사직, 직위해제, 파면되었다(치안정책연구소, 2020).

> 안병하 전남경찰국장은 경찰지휘부 대책회의를 주재할 때마다 안전

한 집회관리를 강조하며 시위 학생들에게 피해를 주지 않도록 반복 지시하였다. 특히, 안병하 국장은 유혈사태를 막고 시민들의 안전을 지키기 위해 신군부의 무장 강경진압 방침을 거부하였을 뿐만 아니라 초기에 광주 시내 경찰무기를 소산消散시켜 탈취를 방지하기도 하였다. 당시 무장 강경진압 방침이 내려오자 전남경찰 지휘부 회의에서는 "경찰이 다시 4·19 때와 같이 역사의 죄인이 될 수는 없다"라는데 의견이 모였고, 안병하 국장은 전남경찰들에게 과잉진압을 금지하고 어려움이 있더라도 끝까지 시민들을 보호하도록 하라는 방침을 지시하였다.

계엄군 투입에 따른 광주 상황이 목포에도 알려지며 분위기가 격앙된 가운데 당시 목포경찰서장이었던 이준규 총경은 시민들을 자극하지 않고 시민대표들과 적극 소통하여 무기를 회수하는 등 유혈충돌이 없도록 최선을 다했다. 이준규 서장은 안병하 국장의 방침에 따라 경찰 총기 대부분을 군부대 등으로 사전에 이동시켰으며, 자체 방호를 위해 가지고 있던 소량의 총기마저 격발할 수 없도록 방아쇠 뭉치를 모두 제거해 경찰관들과 함께 고하도 섬으로 이동시키는 등 원천적으로 시민들과의 유혈충돌을 피하도록 조치하여 광주와 달리 목포에서는 사상자가 거의 나오지 않았다.

광주항쟁을 진압한 신군부는 경찰에 대한 조사를 벌였다. 이 결과 안병하 국장은 보안사에 끌려가 고문을 당하고 강제사직된 후 1988년 5·18청문회 직전에 고문 후유증으로 사망했다. 이준규 서장도 신군부에 의해 직무유기 혐의로 구속되어 1980년 5월 30일 직위해제, 7월 7일 파면

되었다. 보안사에 끌려가 90일간이나 구금되었는데, 당시의 고문 후유증으로 5년 만에 사망하였다. 민주정부 이후 이들에 대한 명예회복은 진행 중이다. 안병하 국장은 국가유공자로 등록되고 제1호 경찰영웅 선정 및 치안감으로 특진 추서되었다. 이준규 서장은 5.18 민주유공자로 선정되었고 2019년 12월 국가유공자 심사 중이다(치안정책연구소, 2020).

경찰이 경찰의 역사와 정신을 새롭게 규정하게 된 것은 역사를 보는 눈이 바뀌었기 때문이다. 역사를 보는 눈이 바뀐 것은 과거사 정리 덕분이다. 과거사 정리를 통하여 좋은 역사와 나쁜 역사를 구분할 수 있게 되었다. 좋은 역사를 찾아내고 이를 일으키고 발전시키면 경찰의 정체성이 바뀔 수 있다. 나쁜 역사를 찾아내고 이를 없애도록 노력하면 역시 경찰의 정체성이 바뀐다. 과거를 있는 그대로 보는 힘, 과거에서 좋은 역사와 나쁜 역사를 구분할 줄 아는 눈을 갖는 것은 매우 중요하다. 경찰이 이를 실천하고 있다는 것은 반가운 일이다. 그 시작은 민주정부의 과거사 정리였다.

인권 친화적 경찰개혁

민주정부 동안 경찰은 인권 친화적 개혁을 위해 노력했다. 김대중 대통령은 중앙정보부, 안기부, 경찰, 검찰의 피해자였기 때문에 인권에 대한 관심이 특히 높았다. 김대중 대통령은 2001년 국가인권위원회를 설립했다. 노무현 대통령은 경찰에게 '그동안 용인되어 온 관행 중에서도 인권침해의 소지가 있지는 않은지 꾸준히 점검하고 개선해 나갈 것'을 요구했다. 인권 친화적 개혁을 통하여 경찰은 정권의 경찰이 아니라 국민의 경찰로 다시 태어날 수 있는 계기를 만들었다.

인권 친화적 경찰혁신은 2003년 4월 30일 '경찰혁신위원회'를 구성하면서 시작된다. 경찰혁신위원회는 업무혁신, 자치경찰, 수사제도 등 3개의 분과위원회로 구성되었다. 경찰혁신위원회는 만족하는 치안, 봉사하는 치안, 참여하는 치안, 신뢰받는 치안을 새로운 패러다임과 비전으로 제시하고 경찰의 혁신, 인권경찰상 마련을 위하여 노력했다. 경찰혁신위원회 '수사제도분과위원회'는 2003년 6월 24일 수사경찰 자질 개선 및 인권보호 강화 방안을 마련했다. 이 방안에 의하면 피의자를 밤늦게까지 조사할 때는 반드시 주무과장의 사전승인을 받아야 하며 밤샘조사를 할 때는 신문조서에 연행일시와 대기시간, 장소, 조사 개시 및 종료 시간, 취침·휴게시간 등을 명기해야 한다. 이러한 노력은 2017년의 '경찰개혁위원회' 활동으로 이어진다. 하지만 비슷한 내용의 권고가 계속 나오는 것에서도 알 수 있듯이 인권 향상을 위한 노력은 높은 수준에 도달하지 못했다.

경찰은 2005년 2월 22일 인권경찰상 구현을 위하여 수사국 소속으로 경찰인권 전담기구인 '인권보호센터'를 설치했다. '인권보호센터'는 국민의 인권을 침해하지 않겠다는 소극적인 자세에서 나아가 국민의 인권을 능동적으로 보호하고 신장시키겠다는 적극적인 의지의 표현이었다. '인권보호센터'는 2005년 7월 27일 반인권과 고문의 상징이었던 남영동 대공 분실로 옮겼다.

경찰은 또한 2005년 5월 3일 경찰청에 14명으로 구성된 '인권수호위원회'를 구성했고 각 지방경찰청에는 148명으로 구성된 '시민인권보호단'을 설치했다(경찰청, 2007). 그리고 2005년 10월 4일 경찰청 훈령 제461호로 『인권보호를 위한 경찰관 직무규칙』을 마련했다. 이 규칙에는 소속경찰관과 전경·의경의 인권의식 제고를 위한 교육 실시를 명시하고 있다.

인권교육과 관련하여 경찰청은 2001년 국가인권위원회 법이 제정됨에 따라 인권교양자료집을 제작, 배포하여 인권의식과 관련한 교육을 실시했다. 2002년 경찰종합학교에 인권보호과정을 신설했고 2005년에는 경찰대학에 피해자 서포터 전문과정을 개설, 인권관련 교육활동을 강화했다. 일선경찰서에는 무궁화포럼 등을 활용하여 자체 인권교육을 실시했다. 경찰의 인권 친화적 개혁은 민주정부 이후에도 계속 이어지고 있다(김인회, 2011). 다만 이명박, 박근혜 정부를 거치면서 많이 훼손되어 2017년 다시 경찰개혁위원회가 구성되어야 했다는 점은 반성이 필요한 부분이다.

민생치안 경찰

민주정부 동안 경찰은 민생치안 경찰로 변신을 시도했다. 경찰 본연의 자세를 강조하기 시작한 것이다. 상대적으로 대공 중심, 시국치안 중심의 경찰은 탈피하게 된다. 이 점은 사이버 안보사범 검거현황 및 국가안보 위해사범 검거현황에서 확인된다. 사이버 안보사범 검거현황은 2000년 5명, 2001년 1명 등 2000년부터 2008년까지 30명이었다. 이 숫자는 2009년 32명, 2013년 69명, 2014년 49명으로 폭발적으로 증가한다(경찰청, 2014). 2008년은 이명박 정부가 시작된 해다. 국가안보 위해사범은 2003년 173명이었다가 2005년 33명으로 줄어들고 이후 2008년까지 40명 내외를 기록한다. 이 숫자는 2009년 70명, 2010년 151명, 2014년 66명으로 증가한다(경찰청, 2007b, 경찰청, 2014). 과거의 통계는 없으나 이명박, 박근혜 정부가 과거와 유사한 행태를 보이기 때문에 후행 통계도 비교의 대상이 될 수 있다. 민주정부 동안 확실히 대공 중심의 경찰에서 탈피했다.

참여정부는 2003년 이후 4년 동안 740명의 보안경찰을 감축했고 2005년 7월 '공안문제연구소'를 폐지했다. 2005년 7월 경찰청은 서울 남영동 대공분실을 폐지하고 같은 자리에 '인권교육장'을 설치했다.

민생치안을 확보하기 위하여 경찰은 1998년 「경찰서비스 헌장」과 「경찰 민원서비스 헌장」을 제정한다. 1999년 청문감사관제를 도입하여 국민의 참여를 보장한다. 2001년 파출소 3교대제, 2003년 순찰지구대 창설 등을 통하여 민생치안 중심의 경찰로 변모를 시도한다.

참여정부는 임기 동안 경찰인력 4,723명을 증원하여 과학수사, 미아찾기 등 민생치안에 필요한 인력을 집중 보강했다. 2003년 직급 조정 3개년 계획에 따라 경찰관 10,364명의 직급을 상향 조정했고 경찰공무원법을 개정하여 경위까지의 근속승진을 확대하고 경사, 경장의 근속승진 기간을 1년씩 단축했다(김인회, 2011). 이 모든 것은 경찰을 민생치안 중심의 경찰로 만들려는 노력의 일환이었다.

경찰인력 증원

민주정부 동안 경찰인력이 증가했다. 그 영향으로 지금도 경찰인력이 계속 증가하고 있다. 경찰인력 증원을 통하여 경찰서비스를 개선하려는 시도는 바람직하다. 다만 경찰인력의 증원이 반드시 경찰의 정상화, 혹은 경찰개혁을 의미하는 것은 아니다. 경찰인력이 부족하다는 관념이 널리 퍼져있다. 이 결과 경찰개혁은 경찰관의 증원으로 귀결되는 경우가 많다. 하지만 한국의 경찰관 수가 적은 것은 아니다. 오히려 경찰인력이 제대로 배치되고 활용되고 있는지가 중요하다.

한국과 다른 국가를 비교하더라도 숫자는 그리 크게 뒤처지지 않는다. 2019년 한국 경찰관 수는 122,913명이고 1인당 담당인구는 422명이다. 2015년 기준이지만 미국은 1인당 담당인구가 427명, 영국은 421명, 프랑스는 322명, 독일은 305명이다(더 잡, 2020.7.7. 보도). 이미 미국과 영국 수준에 올라선 상태다. 그럼에도 불구하고 경찰관을 계속 증원하겠다는 것은 통계와 증거에 기반한 정책이 아니다.

어떤 분야에 얼마의 경찰관이 필요한지를 먼저 규명한 다음 증원 여부를 결정해야 한다. 자치경찰을 시행하는 과정에서 경찰관이 대폭 증가하고 경찰기구가 증가하게 되면 시민의 자유와 인권이 위험에 처하게 된다는 점을 명심해야 한다.

마. 이명박 · 박근혜 대통령 시기

법과 원칙 강조

보수정부의 등장과 퇴조

2008년 민주정부가 끝나고 보수정부가 시작되었다. 이명박 정부는 유능한 보수정부를 표방했다. 이명박 정부는 경제중심주의, 4대강 사업, 자원외교, 방산외교가 대표 브랜드다. 이명박 정부는 박정희 모델로 경제성장을 이끌었다. 하지만 한국은 박정희 모델을 따르기에는 너무 성장해 있었다. 토목공사로는 더 이상 경제를 발전시킬 수 없었다. 4대강 사업은 많은 후유증을 남기고 끝났다.

사회적으로도 민주화 이전으로 돌아가는 현상을 보였다. 광우병사태와 한미 FTA를 둘러싸고 격렬한 찬반논란이 벌어졌다. 정부는 이 문제를 대화와 소통으로 해결할 능력이 없었다. 정부의 능력 부재도 문제였지만 사회의 양극화가 바탕에 있어 문제는 더욱 심각했다. 경제의 양극화가 진행되어 경제적 불평등이 심화되었다. 정치적 양극화 역시 심각해졌다. 정권교체가 진행되면서 대화와 소통의 여지는 갈수록 줄었다. 경제와 정치의 양극화는 이명박 정부 들어 심각해지기 시작했고 지금도 계속 확대되고 있다. 사회에서 많은 사람들이 정의와 공정을 주장하는 근본 이유는 여기에 있다. 양극화로 대화와 소통이 줄어들자 경찰의 과거 시위 진압방식도 부활했다.

박근혜 정부 들어서 과거지향적인 행태는 더욱 심각해졌다. 세월호 사태, 사드배치 문제 등 많은 문제에서 박근혜 정부는 무능을 드러냈다. 국민들의 반감은 높아졌고 정치권은 경찰로 거리의 시민을 진압했다. 부의 양극화, 정치의 양극화는 갈수록 심해졌다. 2015년 시위에 참석한 농민 백남기씨가 물대포에 쓰러지고 다음 해 사망하는 사건이 발생했다. 시위, 진압, 사상자발생, 더 심각한 시위라는 군부독재 시절의 문제가 재현된 것이다. 군부독재 시절을 온몸으로 경험한 시민들에게는 충격적인 사건이었다.

2016년 박근혜, 최순실 게이트가 터졌다. 국민들은 분노했고 거리로 나와 박근혜의 퇴진을 요구했다. 1987년 6월 항쟁과 비슷한 수준의 시위가 벌어졌고 정권은 존립의 위기에 섰다. 시민들과 정권의 대립은 격화되었고 실제로 거리에서 충돌의 위험이 생겼다. 이때 다행스럽게도 시위대는 평화시위를 선택했고 경찰도 폭력 행사를 삼갔다. 평화시위를 보장했다. 시민들의 평화시위는 한국 민주주의의 수준을 보여주는 좋은 사례였다. 시민들은 그동안 쌓아온 평화시위 전통을 이어 끝까지 평화시위를 이어갔다. 국회의 탄핵소추와 헌법재판소의 탄핵결정이라는 법적 절차를 존중하면서 거리에서는 평화적으로 시위를 이끌었다.

경찰은 과거와 달리 평화시위를 보장하고 폭력을 사용하지 않았다. 경찰의 큰 변화다. 최근 경찰에 대한 신뢰가 높아진 현상의 출발점은 바로 이 시기라고 판단된다. 경찰이 정권이 아니라 시민의 편에 섰다는 사실은 시민들에게 신뢰를 주기에 충분했다. 현재 경찰의 개혁 동력도 시민들을 존중한 당시의 결정에서 시작되었다고 생각된다.

법과 원칙 강조

이명박, 박근혜 정부 시기 경찰은 과거 회귀적인 모습을 보였다. 정치적 중립성도 훼손되었고 시민 안전보다는 정권안보를 우선으로 했다. 이러한 태도는 정권과 경찰의 "법과 원칙"의 강조에서 확인할 수 있다. "법과 원칙"이 사회를 움직이는 근본 원리라는 점은 누구도 부인할 수 없다. 하지만 한국의 역사는 이 진리를 왜곡시킨다. 한국 역사에서 정권과 경찰의 "법과 원칙" 강조는 기존 질서의 수호, 반대파 탄압을 의미했다. 민주화운동과 민중생존권 투쟁에 대한 폭력적인 진압을 의미했다. 폭력과 강압, 고문과 조작을 법과 원칙, 법치주의라고 우겼던 것이 한국의 역사였다.

보수정부 동안 경찰의 목표를 살펴본다. 참여정부의 마지막 해인 2007년 경찰은 '인권경찰로의 도약'을 목표로 했다. 2008년 이명박 정부가 들어서자 경찰은 '선진일류국가 도약을 위한 법질서 확립', 2009년 '법과 원칙을 지키는 선진사회 기반조성'을 목표로 한다. 확실하게 이명박 정부 들어서 지향점이 달라진 것을 알 수 있다. 2010년은 '기본과 원칙 중심의 경찰개혁', 2011년은 '국민을 위한 경찰개혁'을 주장한다. 경찰의 과거회귀는 경찰의 불신을 초래한다. 그리고 경찰의 비리도 심각해졌다. 다시 신뢰 위기에 직면했다. 이에 2012년은 '신뢰받는 경찰을 위한 조직 쇄신', 2013년은 '눈높이 공감치안 구현', 2014년은 '국민중심, 업무중심의 새경찰'을 목표로 한다. 전형적으로 법과 원칙의 강조로 인한 신뢰의 위기, 신뢰 위기 극복을 위한 경찰의 혁신 강조, 그러나 회복되지 않는 신뢰라는 패턴을 보인다.

한국에서 공권력의 "법과 원칙" 강조는 두 가지 의미를 가진다. 법치주의라는 원래의 의미도 있지만 폭력적 통치의 다른 표현인 경우가 더 많다. 주의해야 한다. 한국형 "법과 원칙" 강조는 시민의 자유와 인권을 외면하는 특징이 있다. 시민의 요구는 듣지 않는다. 한국형 "법과 원칙"은 공권력과 기득권의 법률 위반을 허용한다. 법 적용과 법 집행의 불공정성은 한국형 "법과 원칙"의 또 다른 얼굴이다. 한국에서 법과 원칙을 강조하면 할수록 법과 원칙이 흔들리는 모순은 여기에서 발생한다.

한편, 이 시기 경찰은 혁신을 계속한다. 혁신은 민주정부의 유산이기도 하고 경찰의 효율성 및 신뢰성을 높이기 위한 방안이기도 하다. 경찰은 인력, 장비, 체제를 과학화하고 기술화하여 치안을 확보하는 실력 있는 경찰이 되려고 했고 많은 성과를 낳았다. 행정은 선진화되었고 능숙하게 되었다. 업무 충실성을 통하여 국민의 신뢰를 회복하려는 시도를 보였다. 경찰의 목표에 신뢰확보, 조직쇄신 등이 포함된 것은 이러한 이유 때문이다. 하지만 큰 틀의 개혁이 없는 상태의 혁신은 경찰의 본질적인 변화를 만들지 못했다.

정치적 중립의 위기

기로에 선 정치적 중립

이명박, 박근혜 정부 시기 경찰의 정치적 중립은 위기를 맞는다. 이명박 정부 초기 시위에 대한 경찰의 대응은 정치적 중립의 시험대였다. 이명박 정부 초기인 2007년 2월부터 8월까지 미국산 쇠고기 수입반대 촛불집회가 대규모 시위로 발전했다. 이에 경찰은 불법시위자에 대해 구속 43명 등 총 1,649명을 사법처리하는 등 상당히 강경하게 대응했다(석청호, 2012). 노무현 대통령 당시에는 시위를 하더라도 두려움이 없었는데 이제는 같은 행위를 하더라도 사법처리될 가능성이 높아졌다.

경찰의 정치적 중립의 위기는 2012년 대통령 선거 여론조작 사건에서 정점을 맞는다. 국정원은 원세훈 원장의 지시로 2012년 대통령 선거에 개입했다. 국정원 소속 심리정보국 요원들이 원장의 지시를 받아 인터넷에 게시글을 올렸다. 정치활동이 금지된 국가공무원, 국가정보원 직원으로서 선거운동을 한 것이다.

여기에 경찰이 등장하여 사건은 더 확대된다. 수사과정에 경찰 상부의 압력이 있었다는 사실이 폭로된 것이다. 수사를 담당했던 권은희 수서경찰서 수사과장은 서울지방경찰청이 수사에 개입했다고 폭로했다. 내용은 국가정보원 직원에 대한 수사를 축소했다는 것, 김용판 서울지방경찰청장이 수사팀에 전화를 했다는 것이었다. 대통령 선거 3일 전 박근혜 후보 지지, 문재인 후보 비방글은 없었다는 수사결과가 발표되었다. 수사가 미진한 상태에서 발표되었다는 비판이 있었다. 경찰의 정치적 중립이 대통령 선거 수사를 두고 위기에 봉착한 것이다.

이 사건은 검찰 수사를 통하여 김용판 서울지방경찰청장을 기소하는 것으로 발전했다. 재판 결과 김용판 서울지방경찰청장은 최종적으로 무죄를 선고받았다. 무죄를 선고한 직접적인 원인은 권은희 수사과장의 증언이 다른 16명의 증인의 증언과 모순되어 믿기 어렵다는 것이었다. 무죄 선고에 관계없이 이 사건은 경찰이 여전히 정치적 중립성에 취약하다는 점을 잘 보여준다.

권은희 수사과장은 경찰을 그만두고 국회의원으로 선출되었다. 국회의원으로 대통령선거 여론조작 사건을 밝힐 것이라는 포부를 밝혔다. 권은희 의원은 김용판 서울지방경찰청장 재판에서 허위증언을 한 혐의로 기소되었다. 권은희 의원은 무죄를 선고받았다. 이유는 권은희 의원의 증언이 일부 객관적 사실과 배치되는 측면이 있으나 허위의 진술이라고 단정하기는 어렵다는 것이었다. 김용판과 권은희 모두 무죄를 받아 실체적 진실은 오리무중이 되었다. 권은희의 정계진출은 경찰이 정치와 가깝다는 또 하나의 사례에 해당한다.

댓글 조작, 선거 개입

경찰이 댓글 조작 사건, 선거정보 수집, 교육감 사찰 등으로 정치에 개입한 사례가 발견되었다. 조현오 전 경찰청장은 2010년 1월부터 2012년 4월까지 서울지방경찰청장과 경찰청장으로 재직할 때 정부에 우호적 여론을 조성하려는 목적으로 경찰청 보안 · 정보 · 홍보 등 휘하 조직을 동원해 온라인 댓글 약 3만 7000건을 달게 한 혐의(직권남용 권리행사 방해)로 2018년 10월 구속 기소되었다. 1심에서 보석으로 풀려났으나 2020년 2월 14일 징역 2년의 실형을 선고받고 다시 법정 구속되었다. 2심에서 다시 보석으로 석방되어 재판 진행 중이다.

이철성 제20대 경찰청장과 강신명 제19대 경찰청장은 정보경찰을 동원해 선거에 부당하게 개입하고, 정권에 반대하는 세력을 사찰한 혐의로 재판을 받고 있다. 검찰은 2019년 6월 3일 공직선거법 위반과 직권남용 권리행사 방해 혐의로 강 전 청장을 구속기소하고, 강 전 청장 시절 경찰청 차장을 지낸 이 전 청장을 불구속기소했다. 강 전 청장 등의 혐의는 2016년 4월 20대 총선 당시 '친박'을 위한 맞춤형 선거정보를 수집하고 선거 대책을 수립하는 방법으로 선거관여금지 규정을 위반한 것이다. 이들은 또 2012년~2016년 대통령·여당에 반대 입장을 보이는 진보교육감 등을 '좌파'로 규정한 뒤 사찰하고, 견제·압박하는 방안을 마련하는 등 정치적 중립의무에 위배되는 위법한 정보활동을 지시한 혐의도 받고 있다. 경찰은 언론사 노조와 좌파 연예인 등 문화예술계 동향 파악 등 관련 문건도 작성한 것으로 조사됐다. 강신명 전 경찰청장은 보석으로 석방되어 불구속재판 중이다.

대공경찰 부활

이 시기 경찰의 중요한 특징 중의 하나는 대공경찰, 시국치안 경찰의 부활이다. 앞에서 본 바와 같이 사이버 안보사범 검거현황 및 국가안보 위해사범 숫자는 민주정부 시절에 비하여 5~10배 증가했다. 특히 2013년 발생한 통합진보당 이석기 사건과 통합진보당 해산청구심판 사건, 서울시 공무원 간첩조작 사건은 한국의 치안이 대공, 시국치안 중심으로 이전했다는 것을 보여주는 사례다.

이와 함께 광우병 사태, 한미 FTA, 세월호 참사, 사드 배치, 박근혜 최순실 게이트 등은 정부의 무능력을 폭로했고 시민들의 거리 항의를 불렀다. 이에 대해 이명박, 박근혜 정부는 경찰을 동원하여 무력으로 진압했다. 이 와중에 2015년 11월 백남기 농민 사망 사건이 발생했다. 민중총궐기 시위에서 백남기 농민이 경찰이 쏜 살수차에 의하여 쓰러졌다. 거의 1년이 지나고 백남기 농민은 사망했다. 이에 대해 경찰과 국가는 사과도 하지 않았다.

이런 역사를 거치고 경찰은 문재인 정부를 맞았다. 과거를 정리하고 새로운 개혁을 해야 하는 절박한 처지에서 새로운 정부를 맞이한 것이다. 문재인 정부의 경찰개혁 성과에 대해서는 이미 설명했다.

2

◆

경찰과 제도

가. 정치적 중립

위험한 정치적 편향성

한국 경찰은 제도적으로 정치적 중립에 취약한 한계, 중앙집중형 국가경찰제의 한계, 권한과 책임의 불균형 문제를 안고 있다. 이러한 제도적 문제를 해결하지 않으면 경찰은 개혁될 수 없다. 이 문제는 경찰 고유의 문제이기 때문에 검찰개혁과 관련이 없다.

경찰의 정치적 중립은 경찰개혁의 출발점이고 중심이다. 경찰의 정치적 중립은 정권의 경찰이 아닌 시민의 경찰로 만드는 핵심 과제로서 다른 개혁의 출발점이다. 현재 경찰의 불신은 경찰의 무능이나 부패보다는 경찰의 정치적 편향성 때문에 발생한다.

경찰의 정치적 편향성은 정치권력에 대한 편향성만을 말하는 것이 아니다. 우리 사회 기득권에 대한 편향성을 포함한다. 정치권력, 자본권력, 언론권력 등 권력 카르텔에 대한 편향성이 그것이다. 권력기관이 편향성을 보이면 사람들은 정의와 공정의 상실을 경험한다. 최근 한국 사회에서 불공정이 화두가 된 것은 바로 정치권력의 편향성, 자본권력의 편향성, 법조권력의 편향성, 관료권력의 편향성 때문이다. 이 중 정치권력의 편향성이 가장 중요하다. 권력기관과 사회에 직접적인 영향을 미치기 때문이다.

정치권력을 포함한 권력 카르텔로부터 독립될 때 경찰은 시민의 경찰이 될 수 있다. 시민의 경찰이 되어야 경찰은 시민을 위한, 시민에 의한 개혁을 할 수 있다. 59회 경찰의 날에 노무현 대통령이 말한 것처럼 "권력의 그늘을 벗어나 정치적 중립을 확고히 지키는 경찰, 오히려 깨끗한 정치를 만드는 파수꾼 역할을 하는 경찰"이 되어야 경찰개혁을 시작할수 있다.

경찰의 정치적 중립이 중요한 또 다른 이유는 폭력적 법치주의를 막을수 있는 장치가 정치적 중립이기 때문이다. 검찰, 경찰을 포함한 한국의 권력기관은 법치주의를 말하면서도 법률을 위반했고 민주주의를 강조하면서 민주주의를 유린한 역사가 있다. 정의와 공정을 기치로 내걸었지만 부정의와 불공정을 용인하고 퍼뜨린 과거가 있다. 정치권력이 검찰, 경찰 등 권력기관을 장악하고 권력기관은 이에 맹목적으로 충성했다. 법치주의를 주장했지만 실질은 폭력에 의한 통치였다. 악법에 의한 통치, 폭력적 법치주의였다. 폭력적 법치주의의 뿌리는 바로 정치권력의 권력기관 장악, 권력기관의 맹목적 충성에서 나온다. 정치적 중립이 중요한 것은 이 때문이다.

그렇다고 정치적 중립이 견제와 감시의 부재를 의미하는 것은 아니다.

정치적 중립이 보장되면 될수록 오히려 정치권의 정당한 견제와 감시, 독립기구에 의한 견제와 감시, 시민에 의한 견제와 감시는 더 필요하다. 정치적 중립이라는 이름하에 스스로 정치적 중립을 배신할 가능성이 있기 때문이다. 정치적 중립이라는 이름으로 스스로 권력이 될 수도 있다. 조직이기주의에 빠져 권한을 남용할 수도 있다. 자신의 필요에 따라 편향적인 정보와 수사, 재판으로 정치권력을 선택하는 현상도 벌어질 수 있다. 그리고 견제와 감시가 부족하면 필연적으로 조직이기주의에 기초한 부패와 타락이 발생한다. 정치적 중립은 견제와 함께 이루어져야 한다.

정치적 중립을 위한 3가지 기반

경찰의 정치적 중립을 위해서는 첫째, 정치적 중립을 보장하는 제도적 기반을 마련해야 한다. 둘째, 경찰의 정치적 중립을 보장하는 민주정부가 필요하다. 셋째, 경찰의 정치적 중립을 전통으로 만들고 문화로 정착시키는 경찰 자신의 노력이 필요하다.

현재 경찰의 정치적 중립을 위한 제도로는 경찰청장의 인사청문회와 임기제, 경찰청장·지방경찰청장의 내부승진제도가 있다. 국가공무원으로서의 정치적 중립의무가 있으며, 『경찰법』에 따른 권한 남용 금지 의무가 있다. 이 중 경찰의 정치적 중립을 직접 보장하는 가장 중요한 제도는 경찰청장에 대한 인사청문회와 임기제다.

이들 제도에 대한 평가는 엇갈린다. 한쪽에서는 큰 틀에서 제도적 장치는 거의 완비되었다고 본다. 다른 쪽에는 여전히 제도적 개혁이 필요하다고 본다. 냉정하게 보면 큰 틀에서는 정치적 중립을 위한 제도는 대부분 완결된 것으로 보인다. 남은 것은 좀 더 세밀한 개혁과제들이다. 경찰청장과 지방경찰청장 추천위원회를 구성하는 것이 하나의 방안이 될 수 있다. 내부승진은 내부의 줄 세우기 현상을 초래하므로 개정되어야 한다.

제도적 개혁 다음으로 필요한 것은 경찰의 정치적 중립을 실제로 보장해주고 격려하는 민주정부다. 민주정부는 경찰의 정치적 중립을 보장해주는 실질적 기초다. 문재인 대통령이 지적한 바와 같이 "경찰의 탈정치화 또는 정치적 중립은 제도보다도 정권 스스로의 자제, 절제가 필요"(김인회, 2011)하다는 인식은 여전히 유효하다. 참여정부 동안 정치적 중립이 보장되자 경찰개혁이 본격화되었다. 문재인 정부도 정치적 중립을 보장하고 있다. 정치적 중립 보장은 경찰개혁의 기초다.

제도적 개혁, 민주정부 다음으로 경찰의 의지가 필요하다. 정치적 중립을 한번이라도 실천하고 이를 전통으로 만들고 문화로 정착시키려는 경찰의 의지가 필요하다. 이를 위해서는 경찰 내부, 특히 경찰 고위직이 정치적 중립에 대한 확고한 인식을 가져야 한다. 경찰이 정치적 중립의 중요성을 확실히 인식할 때 제도개혁도 되고 정부의 정치적 중립 보장도 이루어진다. 경찰의 정치적 중립에 대한 인식은 역사에 대한 인식, 경찰의 정체성에 대한 인식 등으로 보강되어야 한다. 이런 면에서 2020년 『경찰의 역사와 정신』을 발간하는 등 경찰의 역사와 정체성을 탐구하는 경찰의 시도는 환영할 만한 일이다.

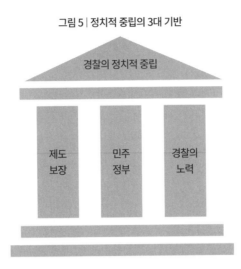

그림 5 | 정치적 중립의 3대 기반

경찰의 정치적 중립

| 제도
보장 | 민주
정부 | 경찰의
노력 |

경찰의 의지와 관련해서는 세 가지 측면이 지적되어야 한다. 첫째, 경찰 스스로 나서서 정치권에 요구할 정도의 의지가 있어야 한다. 둘째, 경찰의 정치적 중립이 책임을 지지 않는 것으로 오해해서는 안 된다. 경찰청장의 임기는 보장되어 있지만 공권력 행사 중 시민의 사망과 같은 중대한 사태가 발생하면 경찰청장은 책임을 져야 한다. 임기제를 이용하여 책임을 거부하면 정치적 중립을 악용하는 것이다. 셋째, 경찰의 정치적 중립은 정치권, 지배권력의 부당한 개입을 배제하는 소극적이고 수동적인 개념이다. 정치권력이나 시민의 정당한 견제와 감시를 배척하고 기득권을 옹호하는 적극적이고 공격적인 개념이 아니다. 정치적 중립을 올바르게 사용해야 한다.

나. 중앙집중형 국가경찰제

경찰개혁이 계속 제기되는 가장 큰 이유 중의 하나는 한국 경찰이 순수 중앙집중형 국가경찰이기 때문이다. 한국은 자치경찰을 허용하지 않는 순수한 국가경찰제, 중앙집중형 경찰이었다. 최근 경찰개혁으로 2021년 1월부터 일부 자치경찰 업무가 도입되었다. 하지만 조직과 인력이 분산되지 않았으므로 엄격한 의미에서는 자치경찰이라고 보기 어렵다. 사무만 구분되어 있을 뿐이고 국가경찰이 자치경찰 업무를 수행한다. 한국 경찰은 여전히 순수 중앙집중형 국가경찰제라고 할 수 있다.

하나의 선택지, 중앙집중형 국가경찰제

중앙집중형 국가경찰제는 한국의 역사와 사정에 비추어보면 있을 수 있는 하나의 선택지였다. 해방 이후의 정국 혼란, 좌우의 대립, 한국전쟁 등은 강력한 중앙집중형 국가경찰, 군대와 같은 경찰을 강요했다. 그 어려웠던 시기에 국가경찰은 치안을 유지하고 한국의 안정에 기여했다. 하지만 혼란을 극복한 이후에는 자치경찰을 실시했어야 했다. 그 전환점은 1960년 4월 혁명이었다. 4월 혁명 이후 구성된 국회는 자치경찰을 진지하게 고민했다. 4월 혁명 이후의 시도는 5·16 쿠데타로 좌절되었다. 그때부터 2020년까지 무려 60년 동안 자치경찰은 시행되지 못했다.

중앙집중형 국가경찰제는 현대 사회의 치안수요에 제대로 대응하지 못하는 한계가 있다. 4가지 한계가 있다. 무엇이 넷인가? 자치경찰제 도입을 막는 한계, 경찰권력 분산과 견제를 어렵게 하는 한계, 다양성에 대한 한계, 군대형 경찰의 한계가 있다.

그림 6 | 중앙집중형 국가경찰제의 한계

중앙집중형 국가경찰

1. 자치경찰제 도입 장애
2. 경찰권력 분산과 견제 장애
3. 다양성 장애
4. 군대형 경찰

자치경찰의 8가지 의의

첫째, 중앙집중형 국가경찰제는 자치경찰제 도입을 가로막고 있어 지방자치, 자치분권에 역행한다. 경찰개혁의 핵심이 자치경찰제이므로 가장 중요한 경찰개혁을 가로막고 있는 셈이다. 자치경찰제는 현재 경찰이 당면한 다양한 문제를 해결할 수 있는 중요한 개혁과제다. 자치경찰의 의의는 8가지다.

첫째, 자치경찰제는 지역마다 다른 치안수요에 대응하고 민생치안을 완성한다. 대민봉사기관으로서 경찰의 생명은 주민과 얼마나 가깝게 있는가에 달려있다. 이런 의미에서 전국의 모든 경찰이 성폭력, 학교폭력, 가정폭력, 불량식품 등 4대 악을 추방하도록 만든 박근혜 정부의 정책은 잘못된 것이었다.

둘째, 자치경찰제는 국가경찰의 비효율성을 극복할 수 있다. 지역 주민의 구체적인 치안수요에 응하는 작은 조직을 지향하기 때문이다. 국가경찰은 거대하기 때문에 지휘계통이 복잡하고 조직이 관료화되어 있다.

지역사정에 밝지 않기 때문에 사건을 획일적으로 처리한다. 입건만능주의, 실적우선주의의 병폐가 드러나기도 한다. 또한 조직이 거대하기 때문에 비효율성도 있다. 자치경찰제는 지역 수준에 맞는 조직을 지향하기 때문에 관료제의 병폐를 극복할 수 있다.

셋째, 자치경찰제는 경찰의 정치적 중립을 위한 기초가 된다. 중앙에 가까울수록 정치적 중립은 위태로워진다. 지역주민에 가까울수록 경찰은 중립을 지킬 수 있다. 경찰을 지키는 최종적인 힘은 지역주민으로부터 나온다.

넷째, 자치경찰제는 검경수사권 조정의 기초가 된다. 검찰의 경찰에 대한 수사지휘권의 근거 중 가장 유력한 것은 경찰의 권한 남용 견제다. 이것은 경찰의 조직이 거대하다는 점에 근거한다. 경찰이 자치경찰이 되면 경찰 조직이 분산되기 때문에 경찰의 권한 남용, 횡포의 가능성은 줄어든다. 수사권의 독립을 위해서는 스스로 권한을 분산하는 것이 필요하다. 자치경찰제만큼 좋은 권한과 조직 분산 방법은 없다.

다섯째, 자치경찰제는 경찰에 대한 문민통제를 가능하게 한다. 경찰을 군대와 같이 운용하지 않으려면 문민통제가 필요하다. 민간출신의 행정부, 지방정부가 경찰을 통제해야 한다. 자치경찰제를 도입하면 중앙의 권한이 약해지므로 지방별로 경찰위원회를 구성하여 경찰을 지휘할 수 있다. 자치경찰제는 문민통제를 위한 경찰위원회 구성의 계기가 된다. 이를 위해서는 경찰위원회의 권한을 대폭 강화해야 한다. 지금의 경찰위원회는 경찰을 통제하지 않고 또 통제할 수 없는 기관이다.

여섯째, 자치경찰제는 경찰의 민주적 정당성을 강화한다. 지역 주민에게 다가가면 갈수록 지역주민의 직접적인 통제를 받기 때문이다. 경찰위원회를 지방별로 구성하면 민주적 정당성은 강화된다. 최종적으로는 지방경찰청장의 선거도 상상할 수 있다. 지방경찰청장을 선거로 뽑는다면 경찰의 민주적 정당성은 획기적으로 강화될 것이다.

일곱째, 자치경찰제는 지방자치를 완성한다. 지방자치 사무는 행정자치, 교육자치, 경찰자치로 구성된다. 행정자치와 교육자치는 이미 시행 중이다. 남은 것은 경찰자치다. 자치경찰제가 실시되면 지방자치는 제도적으로 완성된다. 자치경찰제가 시행되면 법원이나 검찰행정 등 사법업무의 지방분권도 고려할 수 있다. 지방자치, 그중에서도 자치경찰은 있을 수 있는 하나의 대안이 아니라 반드시 시행해야 하는 제도다. 『지방자치분권 및 지방행정체제개편에 관한 특별법』이라는 긴 이름의 법률에 의하면 자치경찰은 의무적 시행 대상이다. 즉 이 법 제12조 제3항은 "국가는 지방행정과 치안행정의 연계성을 확보하고 지역특성에 적합한 치안서비스를 제공하기 위하여 자치경찰제도를 도입하여야 한다"라고 규정하고 있다. 국가는 자치경찰제도를 도입해야만 하는 것이다. 그리고 그 방법은 따로 법률을 정하는 것이다. 이 조항은 2008년의 『지방분권촉진에 관한 특별법』에도 규정되어 있었고, 2004년의 『지방분권특별법』에도 규정되어 있었다. 이미 2004년부터 자치경찰제는 시행되었어야 하나 법률위반 상태가 15년 이상 이어지고 있는 것이다. 이 부조화를 끝내야 한다.

여덟째, 자치경찰제는 지방분권, 균형발전 시대에 부응한다. 지방분권, 균형발전은 시대의 요구다. 그리고 한국의 주요 발전전략이다. 이를 위해서 모든 국가조직이 지방으로 분산되어야 한다. 경찰 역시 같다. 자치경찰제는 지방분권, 균형발전을 더욱 강화하여 한국의 발전에 기여할 것이다.

그렇다고 자치경찰제가 경찰의 모든 문제를 일거에 해결하는 만능키는 아니다. 자치경찰제를 포함한 어떤 제도개혁도 경찰의 모든 문제를 한 번에 해결할 수는 없다. 제도개혁을 바탕으로 현장의 실무가 바뀌어야 한다. 제도개혁은 개혁의 방향을 결정하고 현장의 실무가들이 어떻게 행동해야 하는지를 알려준다. 제도개혁 이후 그 내용을 채우는 현장의 개혁이 계속되어야 한다. 자치경찰제가 되면 문제해결의 기반을 마련할 수 있다.

경찰권력의 분산과 견제

둘째, 중앙집중형 국가경찰제는 경찰권력의 분산과 견제를 어렵게 한다. 경찰권력은 중앙집중형 국가경찰제에서는 분산하고 견제하기 어렵다. 단일 명령체계이기 때문이다. 다만 외부에서 견제할 수 있을 뿐이다. 경찰권한이 증가하지 않더라도 경찰권한에 대한 분산과 견제의 필요성은 높다. 중앙집중형 국가경찰제로 인한 폐해가 적지 않았다. 여기에 더해 경찰권한이 증가하고 있는 지금 그만큼 분산과 견제는 더 필요하다.

중앙집중형 경찰은 프러시아식 경찰이었고 이것을 일본이 수입했다. 그리고 식민지 조선에 적용시켰다. 그 방식은 경찰을 전국 각지의 작은 마을까지 분산 배치하고 이를 중앙의 통제하에 두어, 경찰력이 지역사회의 가장 바닥까지 이르도록 하는 방식이었다(이승희, 2011). 이 방식은 또한 일상생활에 깊숙이 관여하는 것이 하나의 특징이다.

경찰권한은 계속 커지고 있다. 우선 경찰인력이 증가하고 있다. 경찰개혁에 둔감했던 이명박, 박근혜 정부에서도 경찰인력은 계속 증가했다. 경찰인력은 2000년에 비하여 무려 3만2천 명 정도 늘었다. 30% 이상 증가한 것이다. 앞으로도 2023년까지 2만 명을 더 증원한다고 하니 14만 명까지 늘어날 것으로 보인다. 14만 명이라면 2000년에 비하여 무려 5만 명이 늘어나게 된다. 경찰인력 증원은 그만큼 경찰권한 확대로 이어진다. 경찰인력 증원 자체는 문제가 아니다. 문제는 경찰인력이 정확히 필요한 부분에 증원되고 있는가, 그리고 증원에 따른 견제와 감시시스템이 제대로 작동하는가 하는 점이다.

표 6 | 경찰 연도별 정원 증가 추이

연도	2000	2001	2002	2003	2004	2005	2006
정원	90,670	90,819	91,592	92,165	93,271	95,336	95,613
연도	2007	2008	2009	2010	2011	2012	2013
정원	96,324	97,732	99,554	101,108	101,239	102,386	105,357
연도	2014	2015	2016	2017	2018	2019	
정원	109,364	113,077	114,658	116,584	118,651	122,913	

그래프 1 | 연도별 경찰인력 정원

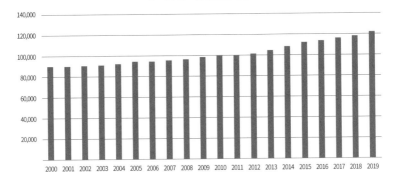

개혁과정에서 확대된 경찰권한

경찰권한은 검찰개혁, 국정원개혁 과정에서 획기적으로 늘었다. 경찰은 검찰개혁 과정에서 수사권을 확보했다. 모든 범죄에 대한 수사권은 아니지만 부패범죄, 경제범죄, 공직자범죄, 선거범죄, 방위사업범죄, 대형참사 등 대통령령으로 정하는 중요 범죄, 경찰공무원이 범한 범죄를 제외한 일반범죄에 대해서는 독자적인 수사권이 인정되었다. 그만큼 권한이 확대된 것이다. 앞으로 수사권과 기소권 분리 방향으로 개혁이 계속되면 경찰의 수사대상 범죄는 더 늘어날 것이다. 여기에 더해 국정원 개혁으로 대공수사권까지 확보하게 되었다.

수사권한의 확대는 경찰권한 확대의 주요 구성 부분이다. 이에 대한 통제 장치가 필요하다. 이런 이유로 행정경찰로부터 독립된 국가수사본부 구상이 나오게 되었다. 하지만 국가수사본부 역시 경찰청의 일부인 이상 중앙집중형 국가경찰체제에서 벗어날 수 없다. 중앙집중형 국가경찰체제인 이상 분산과 견제의 효과는 반감될 수밖에 없다.

위험사회와 경찰권한 확대

위험사회의 도래, 초연결사회의 도래 역시 경찰권한 확대를 요구한다. 현대사회는 위험사회다. 자본, 금융, 일자리, 수출, 수입, 노동, 기술, 도로, 철도, 뱃길, 하늘길, 차량, 지하철, 비행기 등 모든 것이 연결되어 있는 초연결사회이기 때문이다. 초연결사회는 항상 위험을 내포한다. 나만 조심한다고 위험을 피할 수 있는 것은 아니다. 오늘 내가 살아있는 것은 나를 둘러싼 모든 시스템이 정상적으로 돌아가고 있기 때문이다. 문제는 나를 둘러싼 시스템이 너무 많고 복잡하고 중복되어 있다는 점이다. 어디에 위험요소가 있는지 알 수 없을 정도로 많은 위험요소를 안고 있다. 초연결사회에서 위험은 피할 수 없다. 아무리 대비를 잘하더라도 태풍이나 교통사고를 피할 수 없다. 정전이나 지하철 멈춤과 같은 사고도 피할 수 없다. 아무리 제도를 잘 정비하더라도 혐오범죄, 잔혹범죄, 엽기적인 범죄는 막을 수 없다.

위험이 발생하면 현장에 제일 먼저 출동하는 인력은 경찰이다. 시민의 복지와 안녕에 문제가 발생하면 경찰이 우선 처리한다. 그 다음 해당 부서의 공무원들이 나선다. 문제가 발생하면 경찰이 먼저 처리해야 하므로 경찰인력의 증원과 경찰의 권한 확대가 필요하다. 그렇지만 경찰인력 증원과 경찰권한 확대는 필연적으로 시민의 자유와 인권에 대한 위협을 초래한다. 한국에서는 당연하게 보는 CCTV는 사실 시민의 자유와 인권을 침해하는 문제가 있다. 이런 면에서도 경찰권한에 대한 분산과 견제가 필요하다. 그렇지만 중앙집중형 국가경찰제는 경찰권한의 분산과 견제에 둔감하다.

다양성의 부족

셋째, 중앙집중형 국가경찰제는 다양성을 포괄하지 못한다. 중앙집중형 국가경찰제는 자치경찰이 갖는 다양성이 부족하다. 지역적으로 다양하게 나타나는 치안수요에 제대로 대응하지 못한다. 지역적 다양성 부족은 계층적 다양성의 부족으로 나타난다. 한국은 이미 단일민족국가가 아니다. 동포들과 외국인들이 같이 생활하고 있다. 이들은 다양한 공동체와 문화를 이루고 있다. 중앙집중형 국가경찰제는 외국인의 다양성에 대한 이해가 부족할 가능성이 높다. 경찰정책을 결정하는 지도부가 직접 동포나 외국인의 다양성을 경험하지 못하기 때문이다. 마치 박근혜 정부 당시 전국의 모든 경찰서가 가정폭력, 성폭력, 학교폭력, 불량식품 단속에 집중하고 이를 평가의 대상으로 삼았던 것과 같다.

중앙집중형 국가경찰제는 구성에서도 다양성을 띠기 어렵다. 지역, 학교, 성별, 인종, 종교 등의 다양성이 경찰관 선발에서부터 제한될 가능성이 크다. 더 중요한 것은 지도부 구성에 다양성이 부족하다는 점이다. 이 점에서도 경찰대는 비판받는다. 지도부의 다양성 부족은 다양한 치안수요에 대한 다양한 정책이 나올 가능성을 줄인다.

폐쇄적 인사

중앙집중형 국가경찰제는 폐쇄적 인사를 하도록 만든다. 폐쇄적 인사의 대표적인 사례는 『경찰공무원법』이다. 『경찰공무원법』 제15조 제1항은 "경찰공무원은 바로 아래 하위계급에 있는 경찰공무원 중에서 근무성적평정, 경력평정, 그 밖의 능력을 실증實證하여 승진임용한다"라고 규정하고 있다. 내부에서만 승진하는 것이다. 이 규정은 경찰의 중립을 보장하기 위하여 만들어졌다. 정치권력에 의한 외부 인사 임명을 막기 위한 조항이다. 정치적 중립이라는 측면에서 본다면 긍정적인 측면이 없는 것은 아니다.

하지만 폐쇄적인 인사는 능력 있는 인력을 널리 확보하지 못하는 단점이 있다. 도덕적으로 청렴하고 개혁적인 민주인사를 임명할 수 없는 한계가 있다. 내부에서만 승진을 하므로 전적으로 내부 인사평가에 따라야 하고 전형적인 줄서기나 파벌이 등장할 가능성이 크다. 그만큼 중앙 지도부의 힘은 커진다. 중앙 지도부의 힘이 커지면 커질수록 다양성은 보장되지 않는다. 신입 경찰관만이 아니라 상층의 지도부도 다양성이 보장되어야 하는데 내부승진만 가능하므로 지도부의 다양성은 보장되기 어렵다.

경찰대는 간부충원의 폐쇄적 경향을 보여준다. 경찰대 출신들은 학연으로 연결되어 경찰 간부직을 거의 독점한다. 경찰대는 간부 양성소가 아니라 경찰 간부 교육기관, 대학원 체제로 확대 개편되어야 한다. 문재인 정부에서 경찰대 개혁을 시도하여 경찰대의 영향력은 약화되었다. 하지만 고교 졸업 직후 선발하여 대학교육을 시킨 후 간부로 임용하는 방식이 일부 남아 있다. 경찰대 방식이 중앙집중형 국가경찰제를 강화시키는 요인이라는 점은 유의해야 한다.

개방적인 인사시스템은 조직과 국가 발전의 원동력이다. 뇌과학을 하는 김대식 교수는 독일과 미국에서 독특한 경험을 했다고 한다. 독일 사람들은 자신을 보고 "너 언제 너희 나라로 갈 거냐?"라고 물었다고 한다. 그런데 미국 사람들은 자신을 보고 "너 언제 미국에 올래?"라고 물었다고 한다(진병근, 2015). 유럽에서 개방적이라는 독일도 미국보다는 덜 개방적이었던 것이다. 미국은 뛰어난 인재는 당연히 미국에서 활동해야 한다고 생각한다. 인종과 언어, 문화를 뛰어넘는다. 개방적인 인사시스템이 지금의 강대한 미국을 만들었다. 로마나 중국도 개방적인 인사시스템으로 제국의 번영을 누렸다. 대런 애쓰모글루 교수와 제임스 로빈슨 교수 역시 번영하는 국가는 포용적 정치, 경제시스템과 중앙집권적 사법제도를 가지고 있다고 분석하고 있다(대런 애쓰모글루 · 제임스 로빈슨, 2014).

경찰의 개혁과 혁신을 위해서는 유능한 인재가 경찰에 많이 있어야 한다. 이를 위해서는 특히 경찰 고위직 인사가 개방되어야 한다. 이런 의미에서 국가수사본부장을 외부에서 임용할 수 있도록 한 것은 좋은 선택이다. 법원도 법조일원화로 법관 인사를 다양하게 하려고 한다.

군대형 경찰 초래

넷째, 중앙집중형 국가경찰제는 군대형 경찰을 낳았다. 중앙집중형 국가경찰은 군과 유사하다. 한국 경찰은 국가경찰인 경찰청-시 · 도경찰청-경찰서로 서열화되어 있으며, 중앙집권적 일사불란한 지휘체계를 가진 준 군대식 조직이다(김성호, 2012). 자치경찰의 일부 실시로 군대형 경찰에 변화가 생길 가능성이 있지만 약한 자치경찰제이므로 큰 변화는 기대하기 어렵다.

한국 경찰의 역사에서 살펴본 바와 같이 한국 경찰은 출발부터 군을 대신하는 역할을 해 왔다. 한국전쟁 동안 군과 합동 작전을 하면서 군의 역할을 대신하거나 보충했다. 이 점은 제2차 세계대전 중 독일군이 소련을 침공했을 때 경찰이 군의 도움을 받아 특수한 임무를 수행한 사례와 거의 유사하다. 당시 독일 경찰은 소규모의 기계화된 친위경찰 학살특공대를 조직하여 특수한 임무를 수행했다(라울 힐베르크, 2008). 특수 임무는 유대인 학살이었다. 독일 경찰특공대는 대대 규모의 4개 부대로 구성되었다. 특공대원은 모두 합해서 3천 명 정도였다(라울 힐베르크, 2008).

전쟁의 경험은 경찰을 군대와 같은 조직으로 만들고 군이 하기 힘들거나 하지 못하는 작전을 하도록 한다. 한국전쟁을 전후로 한국 경찰도 군과 함께 작전을 한 경험이 있다. 제주 4.3사건, 여수·순천 사건, 한국전쟁 당시 빨치산 토벌 등에서 경찰은 군과 함께 거의 군대로서 작전을 수행했다. 한국 경찰의 작전은 치안을 유지하기 위한 것으로서 소련을 침공한 독일의 경험과는 비교할 수 없다. 하지만 전쟁이 군대형 경찰을 탄생시킨 것은 틀림없는 사실이다.

역사를 좀 더 거슬러 올라가면 한국 경찰에 큰 영향을 미친 일본 경찰은 출발부터 군대의 기능을 가지고 있었다. 1870년대 경찰 창설과 관련하여 행정경찰의 비중을 강조한 카와지 토시나가川路利良는 위로부터 임명된 군대처럼 강한 이미지의 경찰을 염두에 두었고 사무라이 계층을 경찰의 주축으로 만들어야 한다고 주장했다. 이 주장은 1871년 중앙의 사법성이 경찰권을 얻는 것으로 실현되었다(윤희중, 2009). 1877년 2월 메이지유신 시기 최후의 대규모 내란인 '세이난전쟁西南戰爭'의 발발은 경찰을 '내무성의 군대'로 만들어 다시금 군대와 경찰의 구분을 혼란케 만들었다(이승희, 2011).

군대형 경찰은 박정희 시대 이후 민주화시기까지 경찰의 기본 형태였다. 시국치안, 정권안보가 중시되면서 경찰은 군의 역할을 대신했다. 군대형 경찰은 민주주의를 탄압하는 최일선의 존재였다. 거리에서 최루탄을 쏘거나 방벽을 쌓아 시위를 막는 모습은 한국 현대사의 전형적인 장면이었다. 민주정부 들어서 경찰의 방호복과 최루탄은 없어졌지만 보수정부 때에는 시위에 적대적인 모습을 보이기도 했다.

중앙집중형 군대형 경찰에서 벗어나려면 문민통제가 되어야 한다. 문민통제는 시민들의 의사를 직접 반영할 수 있도록 시민의 대표에 의하여 이루어져야 한다. 문민통제를 위해서는 경찰위원회를 실질화해야 한다.

경찰위원회는 국가경찰위원회와 시·도경찰위원회로 나누어 구성해야 한다. 자치경찰제와 함께 경찰위원회를 만들어야 문민통제를 확실하게 할 수 있다. 시민의 의견을 직접 반영하려면 국가는 국가경찰위원회가, 자치경찰은 시·도경찰위원회가 권한을 행사해야 한다. 특히 자치경찰을 책임지는 시·도경찰위원회에는 시민의 의사가 직접 반영되어야 한다. 시·도지사의 의견도 반영되어야 하지만 시민들의 의사가 더 중요하다. 군대형 경찰을 극복하기 위해서도 자치경찰제와 경찰위원회가 필요하다.

다. 권한과 책임의 불균형

수사권을 둘러싼 권한과 책임의 불균형

제도의 측면에서 본 한국 경찰의 또 다른 문제점은 권한과 책임의 불균형이다. 권한과 책임의 불균형이 가장 심했던 부분은 수사권 분야였다. 경찰은 막강한 인력과 권한을 가지고 있으면서도 검찰에 의하여 수사지휘를 받아왔다. 수사권을 가지고 있었으나 완전한 수사권은 아니었다. 형사소송법을 제정할 당시 경찰의 전횡을 두려워한 우리 입법자들은 검사의 수사지휘권으로 경찰을 통제하는 방법을 채택했다. 당시의 사정에 비추어보면 타당한 결정이었다. 하지만 지금은 타당하지 않다. 두 가지 문제가 발생했다. 하나는 검찰이 경찰을 장악한 결과, 검찰권한이 제도보다 확대된 문제다. 다른 하나는 경찰의 입장에서 권한과 책임이 서로 비례하지 않는 문제다. 전자는 검찰개혁 과제이고 후자는 경찰개혁

과제다.

검찰개혁 과제로서 검경수사권 조정 문제는 충분히 살펴보았다. 여기에서는 경찰권한과 책임의 불균형 해소라는 측면에서 검경수사권 조정 의의를 살펴본다.

개인이나 조직에게 책임을 물으려면 그만한 권한을 주어야 한다. 자신이 의도적으로 한 행위에 대해서만 책임을 지는 것은 책임주의의 출발점이다. 의도적으로 행위를 하려면 권한이 있어야 한다. 그런데 경찰은 사건의 90% 이상을 수사하지만 권한은 없었고 그에 따라 책임도 없었다. 그렇다고 책임이 아예 없는 것도 아니었다. 수사를 직접 하기 때문에 책임을 면할 길은 없다. 법률상 책임은 없지만 실무상 책임은 지는 애매한 처지였다.

수사권은 법률적으로 검사가 독점했다. 검사는 경찰에 대하여 수사지휘권도 가지고 있었다. 수사의 주재자로서 검사는 수사에 관한 한 법률상 모든 권한을 행사하는 존재였다. 이에 비례하여 경찰은 수사권이 없었다. 실제 수사는 하면서도 최종적인 결정권한이 없었다. 권한과 집행의 불일치가 있었다. 권한과 집행이 불일치하다보니 수사에 대한 책임감도 적었고 실제로 수사에 대해 책임을 지는 것도 애매했다. 이런 상태에서는 자율적이고 창의적이며 책임 있는 수사는 할 수 없다.

검경수사권이 조정되어 경찰은 권한도 행사하고 그만큼 책임도 지게되었다. 권한과 책임의 일치로 수준 높은 업무집행을 할 수 있는 가능성은 열렸다. 하지만 실제로 경찰의 수사가 이렇게 진행될지는 미지수다. 전인미답의 경지이므로 반드시 좋은 결과가 생긴다고 보장할 수는 없다. 현장 실무가들의 변화가 필요하다. 제도의 본래 취지를 살리는 것도, 제도의 빈틈을 메우는 것도 모두 현장 실무가의 몫이다.

현장의 권한과 책임의 불균형

경찰의 권한과 책임의 불일치는 수사에만 국한되는 것은 아니다. 현장에서는 경찰의 임무인지 애매한 경우가 많이 있다. 현장에서 당장의 물리력이 필요한 경우에 경찰이 주로 출동한다. 입건이 필요 없는 단순한 다툼의 경우에도 경찰이 출동한다. 현장 상황이 종결되면 더 이상의 조치가 필요 없는 경우도 있다. 이때 과연 경찰이 이러한 상황을 통제하거나 해결할 권한이 있는가 의문이 든다. 물론 법률적으로나 실질적으로나 경찰은 이러한 상황을 통제하고 해결할 권한이 있다. 경찰은 "국민의 생명·신체 및 재산의 보호"와 "공공의 안녕과 질서 유지"가 필요하다면 당연히 출동하고 또 상황을 해결해야 한다.

문제는 이 규정이 매우 광범위하다는 점이다. 엄밀하게 따지면 "국민의 생명·신체 및 재산의 보호"와 "공공의 안녕과 질서 유지"가 필요한 경우는 국가의 모든 직무이기 때문이다. 이처럼 경찰의 직무는 엄청나게 넓다.

경찰 직무는 실질적 의미의 경찰과 형식적 의미의 경찰로 구분하여 설명할 수 있다. 실질적 의미의 경찰 직무는 "위험방지"에 기여하는 국가의 모든 활동을 의미한다. 실질적 의미의 경찰은 그 활동의 소관기관 여하를 불문하고 국가 활동이 갖는 내용적 특성을 기준으로 학문적으로 정립된 개념이다(이동희 외 8, 2015). 위험방지 직무는 경찰만이 아니라 일반 행정기관도 수행한다. 건축, 식품, 위생, 영업, 환경, 산림행정 등은 경찰 아닌 일반 행정기관에 의해 수행된다(이동희 외 8, 2015). 일반 행정기관의 "위험방지" 활동은 경찰이 본래 했던 활동에서 분화, 독립된 것이다. 그만큼 경찰의 직무는 광범위했다.

형식적 의미의 경찰 직무는 국가기관인 경찰기관이 행하는 모든 활동을 말한다. 형식적 의미의 경찰 직무는 법률에서 규정하고 있다. 경찰관의 직무를 정한 법률로는『국가경찰과 자치경찰의 조직 및 운영에 관한 법률』(제3조)과『경찰관직무집행법』(제2조)이 있다. 이 법률들이 정하는 경찰관의 직무는 다음과 같다.

1. 국민의 생명 · 신체 및 재산의 보호
2. 범죄의 예방진압 및 수사
3. 범죄피해자 보호
4. 경비 · 요인경호 및 대간첩 · 대테러 작전 수행
5. 공공안녕에 대한 위험의 예방과 대응을 위한 정보의 수집 · 작성 및 배포
6. 교통의 단속과 위해의 방지
7. 외국 정부기관 및 국제기구와의 국제협력
8. 그 밖에 공공의 안녕과 질서유지

실질적 의미의 경찰 직무나 형식적 의미의 경찰 직무나 모두 "위험방지", 즉 "국민의 생명 · 신체 및 재산의 보호"와 "공공의 안녕과 질서 유지"를 포함하고 있어 매우 광범위하다. 국가의 거의 모든 직무 또는 업무다.

이 의미는 다른 행정기관의 업무에 속하지 않는 직무가 모두 경찰의 직무라는 것이다. 원래 국가의 업무는 모두 경찰의 직무였다. 패전 전 일본 경찰은 행정경찰의 업무로 범죄의 예방 외에 소방 · 위생 · 건축규제 · 전력 · 가스의 단속 등 광범위한 사무를 수행했다(최돈수, 2018). 이중 특별히 전문성이 필요한 분야는 전문행정기관이 독립하면서 자신의

업무로 했다. 경찰의 직무는 전문행정기관이 가져간 직무를 제외한 국가의 업무라고 할 수 있다. 경찰의 직무는 아무리 적극적으로 규정하더라도 모호하고 추상적인 한계가 있다.

경찰의 직무 증가

경찰의 직무와 관련해서 우리는 세 가지 측면을 숙고해 보아야 한다. 무엇이 셋인가? 하나는 경찰 직무가 증가한다는 것이고 둘은 경찰의 실력행사가 필연적이라는 점이다. 셋은 경찰권한 확대에 대한 통제가 필요하다는 점이다.

첫째, 경찰의 직무, 업무가 증가한다. 사회 발전의 필연적인 결과다. 사회가 발전함에 따라 시민들의 욕구는 다양해지고 늘어난다. 개인의 육체적 고통, 심리적 고통, 정신적 고통은 늘어난다. 개인의 육체적 고통 증가는 사상 최대의 의료비에 의하여 증명된다. 심리적 고통 증가는 우울증의 증가, 자살률의 증가에서 확인할 수 있다. 정신적 고통은 엽기범죄, 잔혹범죄의 증가, 폭력성의 증가에서 확인된다. 타인의 일에 대해서도 극단적인 표현과 폭력을 행사한다. 성폭력, 가정폭력, 잔혹범죄에 대하여 공공연히 사형에 처할 것을 주장한다. 평소에 관심이 없었던 사람도 잔혹한 형벌을 주장한다. 자신의 문제를 타인에게 투영해 극단적인 주장을 하는 것이다.

현대 사회에서 개인은 외롭고 그래서 항상 위험을 느낀다. 개인에 대한 돌봄이 필요하다. 가족이 가장 중요하지만 가족은 붕괴하고 있다. 가족을 대신하여 국가가 개인 돌봄을 시도하지만 국가의 돌봄은 부분적일 뿐이다. 가족을 대신할 수는 없다. 돌봄이 노동이 되는 순간 넘을 수 없는 선이 생긴다. 그렇다고 돌봄이 전면적인 관계가 되면 돌봄노동자들이 위태로워진다. 국가의 돌봄이 미치지 못하는 부분은 개인이 참고 견뎌야 한다. 그런데 현대인들의 고통을 참고 견디는 능력은 역사상 가장 약하다. 욕망을 바로 지금 이 자리에서 충족시키는 것이 미덕이라고 배웠기 때문이다.

현대 사회의 갈등에는 개인 사이의 갈등과 사회적 갈등이 있다. 사회적 갈등은 개인 사이의 갈등을 더 확대한다. 개인 사이의 갈등은 개인의 폭력으로 나타나지만 사회적 갈등은 개인의 폭력을 넘어 집단적 폭력과 혐오, 범죄와 충돌로 나타난다. 갈등이 일상화되면서 대립과 투쟁도 많아진다. 사회 양극화, 정치 양극화로 극단적인 대립과 극단적인 선택도 늘어난다. 초연결사회, 위험사회의 도래로 각종 사건 사고도 많이 발생한다.

이 모든 문제는 결국 국가가 해결해야 한다. 개인은 속수무책이고 가족과 같은 공동체는 문제를 해결할 능력이 없다. 이 해결의 현장에 항상 경찰이 있다. 경찰 업무가 현장 지향적이기 때문이다. 실질적 의미와 형식적 의미의 경찰 직무인 "위험방지", 즉 "국민의 생명·신체 및 재산의 보호"와 "공공의 안녕과 질서 유지"에 이들 업무가 모두 포함된다.

경찰 직무 증가 현상은 경찰 전문성의 제고, 다른 행정기관과의 협조를 요구한다. 이와 함께 법률적으로는 경찰 권한의 명확화를 요구한다. 하지만 모든 국가 직무를 법률이 분명하게 규정할 방법은 없다. 현장의 직무와 법률상 직무는 항상 차이가 난다. 그 중에서도 경찰의 경우 그 차이가 필연적일 뿐 아니라 증가하고 있다. 권한은 불분명하지만 현장에서 상황을 해결해야 하고 사건·사고에 대해서는 책임을 져야 한다.

이 문제는 깔끔하게 해결하기 힘들다. 어쩌면 경찰의 숙명일지도 모른다. 해결할 수 없는 문제는 참고 견디는 인욕이 가장 좋은 방법이다. 자신에게 닥친 고통 중에서 많은 것은 다른 사람들도 같이 겪는 문제다. 모두가 같이 겪는 고통임을 알 때 참고 견디는 인욕을 실천할 수 있다.

경찰이 당면하고 있는 문제는 다른 행정기관들도 같이 겪는 문제다. 최근 코로나19 사태에서 의사와 간호사들, 보건관련 공무원들, 지방공무원들, 현장의 공무원들이 겪는 어려움은 모두가 겪는 것이기 때문에 참고 견딜 수 있다. 경찰의 직무 증가로 인한 고통은 경찰 고유의 것이지만 다른 행정기관도 직무 증가로 고통을 겪고 있다는 점을 알아야 한다. 시민들도 고통을 겪고 있다. 참고 견디는 인욕과 함께 이 사정을 시민들에게 알리고 시민과 함께 문제를 해결하는 과정에서 신뢰를 획득하는 것 이외에 다른 방법은 없어 보인다.

증가하는 경찰의 실력행사

둘째, 경찰의 직무가 증가함에 따라 경찰의 실력행사도 늘어난다. 경찰의 직무가 "국민의 생명·신체 및 재산의 보호"와 "공공의 안녕과 질서 유지"이므로 경찰활동은 비정형적인 업무 수행이 많다. 이에 따라 다른 행정기관과 달리 공권력을 이용한 사실행위, 실력행사 비중이 높다 (박재풍, 2011). 경찰의 사실행위, 실력행사는 앞으로 더 많이 요구될 것이다. 갈등이 더 많아지고 사람들의 고통이 더 심각해지기 때문이다. 자살을 시도하는 사람을 막으려면 당장의 실력행사가 필요하다.

현대 국가가 예방국가라는 특성도 경찰의 사실행위, 실력행사를 증가시키는 요인이다. 예방국가란 다른 모든 이익들보다 우선하여 완전한 안전을 달성하는 것을 목적으로 하는 국가다. 위험이 실제로 발생하거나 안전에 대한 공격이 실제로 감행될 때까지 기다리지 않고 그 위험을 방지하기 위한 행동에 착수하는 국가를 의미한다. 이러한 예방국가에서는 구체적 위험 발생이 거의 확실해질 때까지 기다리지 않고 "모든 종류의 리스크의 현실화에 선행"하는 "적극적 행동과 사전적 경찰작용을 요구"한다(이진수, 2017). 예방국가 경향은 위험방지에 그치지 않고 형사소추 영역에서도 진행된다.

경찰의 사실행위, 실력행사는 항상 논란이 된다. 정당한 절차에 의하여 상황에 적절한 방법으로 이루어졌는가가 문제다. 넘치면 인권침해라는 비판을 받고 모자라면 피해자를 보호하지 못했다고 질타당한다. 대표적인 사례로 경찰관 장비 사용, 특히 총기 사용 문제가 있다. 총기 사용이나 폭력행사는 자제되어야 하지만 어쩔 수 없는 상황은 있기 마련이다. 여기에서도 권한은 불분명한데 책임은 엄격하다. 권한과 책임의 불일치로 인하여 불신이 발생하고 경찰행정도 표류한다. 법률로 엄격한 기준을 만들려고 노력하지만 추상적 표현은 피할 방법이 없다.

이 문제는 원칙으로 돌아가서 해결해야 한다. 경찰의 사실행위, 실력행사는 원칙적으로 과도한 것이 문제다. 한국 역사에서도 실력행사, 폭력의 과도함이 문제였다. 학생이나 노동자의 시위에 대한 최루탄 사용 등 과도한 폭력 행사, 시국치안을 위한 수사과정에서 과도한 폭력 행사, 즉 고문이나 가혹행위, 폭행과 협박이 문제였다.

국가공권력의 실력행사는 넘치는 것보다는 모자라는 것이 좋다. 철학적으로 이 주장은 타당하다. 모든 사람은 무죄추정을 받을 권리와 인간으로서의 존엄성을 가지고 있다. 여기의 모든 인간에는 피해자만이 아니라 가해자도 포함된다. 수사를 받는 피의자도 포함되고 재판을 받는 피고인도 포함된다. 판결을 선고받아 형을 사는 수형자도 인간의 존엄성을 가지고 있다. 이런 철학과 원칙으로 무장할 때 경찰의 공권력 행사는 자제될 수 있고 자제될 때에만 신뢰를 얻을 수 있다. 권한과 책임의 불일치에서 발생하는 문제는 범죄가 되지 않는 이상 참고 견디고 시민들을 설득하면서 극복해야 한다. 다른 행정기관도 사정이 비슷하며 다른 나라의 경찰도 비슷하다. 이 문제 역시 인욕이 뒷받침되지 않으면 해결할 수 없는 딜레마다.

권한 확대에 대한 견제

셋째, 경찰권한 확대의 경향에 대한 견제가 필요하다. 사회의 발전, 갈등의 증가, 사실행위의 확대 등을 이유로 경찰의 활동 영역은 확대된다. 활동 영역의 확대는 권한의 확대를 요구한다. 권한의 확대는 권한의 법률화를 요구한다. 법률화가 되어야 활동영역과 권한이 명백해지기 때문이다. 행정부의 발전 과정은 영역의 확대, 권한의 확대, 법률규정의 확대를 통하여 이루어졌다. 경찰도 마찬가지다. 이렇게 경찰의 영역, 경찰의 법률적인 권한은 증가한다.

경찰의 권한 증대에 비례하여 견제장치, 감시체계를 만드는 것이 필요하다(이진수, 2017). 지금까지 주로 논의해온 견제와 감시체계는 이미 막강해진 경찰권한에 대한 견제와 감시체제였다. 앞으로는 미래에 강해질 경찰권한에 대한 견제와 감시체제를 이야기해야 한다. 필요성은 다르지만 견제와 감시체제의 기본은 같다. 경찰 내부적으로 담당 부서를 분리하는 방안, 내부 감찰이나 감시를 하는 방안, 다른 국가기관이 견제를 하는 방안, 옴부즈만과 같이 시민이 직접 감시하는 방안, 시민 중심의 새로운 감시기구를 만드는 방안 등이 있을 수 있다. 견제와 감시의 핵심은 공개와 참여라는 점은 변하지 않을 것이다.

3

◆

경찰과 정치

통치의 정당성과 경찰

경찰의 성격을 절반 이상 결정하는 것은 정치다. 정치는 입법과 정책, 인사와 예산으로 경찰의 성격을 규정한다. 다른 국가기관도 비슷하지만 특히 경찰은 정치의 영향을 많이 받는다. 좋은 정치가 있다면 좋은 경찰이 될 가능성이 높다. 정치가 수준이 낮으면 경찰도 낮은 수준의 정책을 펼 수밖에 없다.

민주정부는 경찰의 민주성과 인권중시 정책을 보장한다. 민주주의가 발전해야 경찰도 발전할 수 있다. 한국의 역사가 이를 보여준다. 시민 친화적, 인권 친화적 민주정부는 경찰개혁을 직접 추진하고 경찰혁신에 유리한 환경을 만들어 준다. 이에 반하여 비민주정부는 경찰개혁과 경찰혁신에 우호적이지 않다. 주요한 경찰개혁 과제는 외면하고 혁신에 대해서도 미온적이다. 경찰을 통제하고 이용하여 정권을 유지하려하기 때문이다. 2017년부터 시작된 개혁 역시 문재인 정부 들어서서 이루어질 수 있었다. 여기에서 쟁점은 바로 정치적 중립이다. 정치적 중립의 중요성은 이미 충분히 설명했다.

문제는 정치적 중립성이 정부에 의하여 일방적으로 결정되지 않는다는 것이다. 경찰관은 국가기관 구성원인 공무원이면서 제복을 입은 시민으로서 국가의 구성원이기도 하다. 경찰도 일방적으로 정권에 의하여 지배받기보다는 정부가 민주적으로 운영되도록 최선을 다해야 한다. 경찰개혁과 혁신의 최종 목표이기도 하다.

정부의 정당성은 출범의 정당성도 있지만 통치의 정당성도 있다(앙드레콩트 스퐁빌, 2010). 통치에 정당성이 없다면 아무리 시민의 다수에 의하여 출범한 정부라고 하더라도 정당성을 유지하지 못한다. 이 명제는 정부가 자신의 지지자만을 보고 자신의 철학과 공약대로만 행동할 수 없고 해서도 안 된다는 것을 말한다. 사회에서 형성된 건전한 상식에서 벗어나서도 안 된다는 것을 말한다. 모든 정부는 사회, 공동체, 국가가 이룩한 역사, 문화, 공감대, 교양 수준을 넘어설 수 없고 넘어서서도 안 된다.

통치의 정당성을 눈에 보이는 형태로 결정하는 기관은 바로 경찰이다. 시민들의 요구가 분출되는 집회 · 시위 현장에서 시민들과 부딪히는 기관이 경찰이기 때문이다. 사건 · 사고 발생시 가장 먼저 출동하여 현장을 수습하는 기관도 경찰이다. 범죄 피해자를 만나고 범죄자를 수사하는 기관도 경찰이다. 경찰의 행위는 국가 통치의 중요한 구성부분이다. 다른 행정은 이렇게까지 구체적으로 눈에 보이지 않는다. 경찰의 지혜롭고 능숙하고 친밀하고 윤리적인 행동은 통치의 정당성을 보완한다.

그렇다고 통치의 정당성을 경찰이 최종 보증하는 것은 아니다. 통치의 정당성은 행정부, 입법부, 사법부의 모든 기관이 시민의 자유와 인권, 안전과 평화를 최우선으로 지킬 때 이루어진다. 시민들의 삶의 질을 높이는 행정이 통일적으로 이루어질 때 통치의 정당성은 확보된다.

정부는 지지자들만의 정부가 아니다. 정부는 지지자들만이 아니라 자신을 반대한 대중들의 삶과 인권, 존엄성과 행복 역시 보장해야 한다. 민주주의는 다수가 소수가 될 수 있고 소수가 다수가 될 수 있는 체제이다. 우리도 정권교체를 여러 번 경험했다. 정권교체를 통하여 민주주의는 발전했고 사회의 문화 수준, 교양 수준은 오르락내리락 하지만 경향적으로 높아지고 있다.

민주주의가 발전하면 경찰의 정치적 중립은 더 잘 보장된다. 정부가 정치적 중립을 보장하고 경찰도 정치적 중립을 요구하기 때문이다. 정부의 정당성을 현장에서 대표하는 경찰은 민주정부를 뒷받침하기 위해서도 정치적 중립을 더 강화해야 한다.

정치와 갈등과 경찰

경찰의 성격을 규정하는 요소 중의 하나는 갈등 대처방법이다. 갈등의 최고인 거리의 갈등에 대한 경찰의 대응은 경찰의 이미지를 결정한다. 사회에 갈등이 적으면 경찰이 거리에서 이해당사자와 대치할 경우가 적다. 갈등이 많으면 경찰이 이해당사자와 직접 대치해야 할 경우가 많아진다. 직접 대치하면 사실행위, 실력행사를 할 가능성이 높아지고 충돌이 발생하게 된다. 충돌이 생겨 사람이 다치기라도 하면 갈등은 더 격화되고 새로운 국면으로 접어든다. 이해당사자 사이의 대립에 이해당사자와 경찰의 대립이 더해진다. 경찰로서는 문제를 해결할 지위와 능력, 의도가 없으면서 이해당사자가 되는 것이다. 이 또한 권한과 책임의 불일치 현상 중의 하나다.

현대 사회와 갈등의 확산

갈등이 확산되고 격화되는 것은 현대 사회의 중요 특징이다. 그 이유는 다층적이다.

갈등 확산의 경제적, 사회적 원인은 사회의 양극화다. 경제적으로 사회가 양극화되고 정치적으로 양극화되면서 상호 이해와 양보, 대화와 타협의 여지는 크게 줄었다. 양극화가 심화되면 구조적으로 불공정하게 된다. 구조적 불공정 상황에서는 당면한 문제를 해결할 수 없다. 자신의 이익을 아주 강하게, 극단적으로 주장하지 않고는 아무도 들어주지 않는다.

갈등 확산의 철학적 원인, 가장 근본적인 원인은 폭발하는 사람의 욕망이다. 자본주의는 욕망을 부추기고 이 욕망을 돈으로 변환시켜 성장하는 경제체제다. 욕망이 크면 클수록 자본주의는 더 발전한다. 자본주의에서 확대재생산, 성장은 필수다. 확대재생산 없는 자본은 자본이 아니고 성장 없는 자본주의는 자본주의가 아니다. 자본이 확대재생산을 하려면 소비를 해야 한다. 소비는 바로 인간의 욕망에 기초한다. 욕망이 늘어나야 소비가 늘어나고 소비가 늘어나야 자본주의는 성장한다.

현대인의 욕망은 과거 그 어느 때보다 다양하고 고도화되어 있다. 그리고 욕망을 즉각적으로 충족시킬 수 있다고 부추긴다. 자동차가 아직 멀쩡한데도 중고처리하고 새 차를 산다. 핸드폰은 2~3년 주기로 바꾼다. 옷은 남아돌 지경인데도 입을 것이 없다고 새로 구입한다. 부동산에 대한 집착은 빚을 끌어다 집을 사는 지경에 이르렀다. 현대 자본주의 사회는 욕망을 부추기는 사회다. 욕망을 미화하는 사회다. 사람이 곧 욕망인 사회다.

욕망의 폭발은 모든 이에게 공통된다. 나만 욕망이 있는 것이 아니다. 세상 모든 사람들에게 욕망이 있다. 욕망은 한이 없다. 산을 금으로 바꾸더라도 단 한 명의 욕망도 채울 수 없다. 하지만 물건과 서비스, 돈과 자원은 한정되어 있다. 무한한 욕망과 한정된 자원은 사람 사이의 충돌을 일으킨다. 갈등은 피할 수 없다. 개인은 개인끼리, 집단은 집단끼리 충돌한다. 최근 사람들이 더 자주 더 격렬하게 화를 내는 이유는 폭발할 정도까지 늘어난 욕망이 충돌하기 때문이다. 여기에 더해 구조적으로 불공정한 사정은 갈등을 악화시킨다. 감각적 욕망에 대한 본질적인 고찰이 없다면 갈등은 해결은커녕 완화시킬 수도 없다.

정치의 부재와 갈등

갈등 확산의 가장 가까운 원인은 정치의 부재다. 정부의 성격보다 정치의 유능과 무능이 갈등을 좌우한다. 정치의 생산성이 문제다. 정치가 높은 생산성, 효율성을 가지고 있다면 사회문제 중 대부분은 정치로 해결할 수 있다. 정치권은 정치 문제만이 아니라 사회 문제를 적극적으로 해결해야 한다. 갈등의 한복판에 있으면서 갈등을 해결해야 하는 것이다. 하지만 한국의 정치는 그렇지 못하다. 정치의 무능은 세계적인 추세인 듯하다. 무능함은 시간이 흐를수록 더 심각해지고 있다. 정치의 무능력은 정부의 성격보다 더 크게 사회와 경찰에 영향을 미친다.

정치의 무능은 경찰에게 직접 영향을 미친다. 정치의 무능은 경찰에게 정치로부터 상대적 자유로운 공간을 허락하지 않는다. 정치의 무능으로 정치가 사법화된다. 거리로 사람들이 나오고 고소·고발이 난무한다. 이렇게 되면 경찰이 정치를 대신하게 되고 정치에 대한 불신이 경찰에 그대로 이전된다. 이때 경찰이 정치권력과 함께 움직인다면 경찰에 대한 불신은 확대된다. 경찰이 자율성을 가지고 독자적인 행정을 한다면 경찰의 신뢰는 정치의 불신과 따로 움직인다. 민주사회의 자율적인 경찰상이 필요한 이유를 여기에서도 발견할 수 있다.

　경찰이 수사권을 확보한 지금 정치의 사법화는 더욱 경계해야 할 현상이다. 정치의 사법화는 정치로 풀어야 할 문제를 고소·고발을 통하여 형사 사건으로 만드는 것을 말한다. 형사사건이 되면 문제 해결 열쇠는 검찰이나 경찰이 쥐게 된다. 검찰이나 경찰이 정치인의 정치생명을 좌우하게 되는 것이다. 수사기관의 힘은 커지고 정치는 왜소해진다. 오히려 주객이 전도되는 상황이 벌어지는 것이다. 이를 용납할 수 없으니 정치가 다시 수사기관에 압력을 행사한다. 정치의 압력을 받으면 수사결과는 왜곡되거나 혹은 왜곡되었다는 외양을 띤다. 수사의 독립은 보장되지 못하고 정치적 중립은 휴지조각이 되어 버린다.

　정치의 사법화는 점점 더 심각해질 것이다. 사회의 양극화로 정치의 양극화가 심각해졌기 때문이다. 정치의 양극화는 상대방을 애국심을 가진 경쟁자로 보지 않고 말살해야 할 적으로 본다. 수사를 동원한 말살도 불사한다. 정치의 사법화에 대응할 수 있도록 경찰은 정치적 중립 가치의 중요성을 명확히 인식해야 한다.

자율성과 경찰

경찰개혁은 민주주의가 발전해야 가능하다. 하지만 정치가 경찰의 전부를 결정하는 것은 아니다. 정치에 관계없이 경찰 자신이 개혁과 혁신, 경찰의 지위와 역할, 그리고 경찰에 대한 국민의 신뢰에 책임을 져야 할 부분이 있다. 정치권력에 관계없이 일정한 공간은 주어져 있다. 민주주의가 발전하면 그 공간, 경찰이 책임져야 할 공간이 늘어난다.

정치에서 상대적으로 자유로운 분야에서 경찰은 자율적으로 정책 수립과 집행, 개혁과 혁신, 전문성과 효율성 제고, 대민접촉과 사후평가 등을 한다. 현장의 구체적인 내용은 정치권이 알지 못하고 알 수도 없다. 여기에서 중요한 것은 자율성 원칙이다. 경찰 자신의 입장에서 판단하고 행동하는 것이 필요하다. 정치는 경찰에 막대한 영향을 미치지만 경찰의 권한과 책임을 대신할 수는 없다. 경찰의 신뢰를 최종적으로 책임지는 것은 경찰이다. 자율성 원칙에 따라 행동할 때 경찰은 개혁과 혁신에서 권한과 책임의 균형을 달성할 수 있다.

자율성 원칙은 정치권력의 불법, 부당한 요구를 거절할 수 있는 기초다. 원래 불법, 부당한 정치권력의 요구는 민주주의가 발전하면 사라지게 된다. 민주정부는 경찰을 포함한 모든 국가기관과 공무원을 존중한다. 하지만 민주주의는 부침하기 마련이고 경찰을 존중하지 않는 정부가 들어설 수도 있다. 이때 부당한 정치권력의 요구를 배격하려면 "민주사회의 자율적인 조직"이라는 원칙에 철저해야 한다.

자율성 원칙의 조건

경찰의 자율성 원칙은 조건이 있다. 첫째, 유능하고 청렴하고, 개혁적이면서 정치적으로 중립적인 경찰 지도부를 만들어야 한다. 정치권력의 눈치를 보지 않고 경찰행정의 본래의 목적에 충실하면서 이를 실제로 잘 해내는 유능한 경찰 고위직이 필요하다. 지금까지 경찰이 신뢰를 잃어버린 것은 유능하고 개혁적인 경찰 고위직이 없었거나 부족했기 때문이다.

둘째, 민주사회에 적합한 경찰상을 확립해야 한다. 한국 경찰의 미래상은 민주사회의 경찰상이다. 민주사회의 영향을 받으면서 또한 민주사회를 적극적으로 만드는 경찰상이다. 나아가 민주사회의 권리를 누리는 경찰상이다. 민주사회의 경찰은 자신의 존립 근거를 항상 알고 있어야 한다. 경찰의 존립 근거는 민주사회 자체, 민주시민이다. 정치권도 아니고 일개 정부는 더욱 아니다. 지역사회, 민주사회, 민주시민에게 존립 근거를 구할 때 경찰은 자율성 원칙을 획득하게 된다. 이런 면에서『경찰의 역사와 정신』에서 바람직한 경찰상을 모색하려고 한 시도는 평가할 만한 일이다.

셋째, 자율성의 원칙을 견제와 감시, 비판을 봉쇄하는 것으로 오해해서는 안 된다. 국가기관인 경찰은 당연히 견제와 감시, 그리고 비판의 대상이다. 특히 다른 형사사법기관에 의하여 견제되어야 한다. 이러한 견제를 부당한 간섭이라고 오해하고 배척해서는 안 된다. 시민에 의한 직간접적 감시 역시 배격해서는 안된다. 경찰행정을 시민들에게 공개하여 시민들이 견제하고 감시할 수 있도록 해야 한다. 경찰의 존립 이유는 시민의 자유와 인권, 안전과 평화이므로 그 수혜자인 시민으로부터 비판과 평가를 받는 것은 당연하다. 나아가 중요 의사결정과 집행 과정에 시민들이 직접 참여할 수 있도록 해야 한다. 지역 경찰활동과 같은 경우에는 지역의 주민들과 함께 치안유지 등 경찰활동을 하는 것이 중요하다. 경찰활동의 큰 방향도 시민과 함께 결정하고 구체적인 치안유지활동도 시민들과 함께 해야 한다.

그림 7 | 자율성 3조건

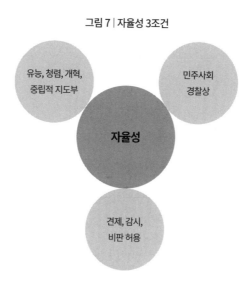

4

•

경찰과 사회

한국의 조건과 속성

정치와 더불어 사회 역시 경찰에 큰 영향을 미친다. 사회의 속성과 특징은 곧 경찰의 속성과 특징이 된다. 모든 사회는 보편성과 특수성이 있다. 사회의 보편성은 경찰조직의 보편성으로 나타난다. 경찰개혁 과제 중 정치적 중립, 자치경찰제, 인권 친화적 개혁, 전문경찰 등은 경찰의 보편성에 기초한 개혁이다. 과거사 정리는 한국의 역사가 반영된 것으로서 한국 사회의 특수성에 기초한 것이다. 보편성에 기초한 경찰개혁과 함께 특수성에 기초한 경찰개혁과 혁신이 필요하다.

한국 사회의 특수성은 지리적 조건과 역사에서 형성된 것이다. 김영명은 『신한국론』에서 한국과 한국인의 조건으로 단일성과 밀집성을 지적한다. 한국과 한국인의 속성으로 획일성, 집단성, 극단성, 조급성, 역동성을 든다(김영명, 2005).

김영명의 『신한국론』은 한국 사회의 특징을 날카롭게 보여준다. 한국과 한국인의 조건과 속성 그 자체는 좋거나 나쁜 이미지를 포함하고 있지 않다. 좋은 방향으로 유도한다면 모두 좋은 조건과 속성이 될 수 있다. 하지만 곰곰이 분석해 보면 좋은 이미지보다 나쁜 이미지가 많다. 좋은 이미지를 주는 것은 역동성 하나 정도다. 하지만 나쁜 이미지도 조심하고 이를 극복해 나간다면 좋은 결과를 낳을 수 있다.

단일성과 집단성은 나쁜 이미지를 가지고 있지만 경제성장이나 민주주의를 발전시키는 데 긍정적인 역할을 했다. 많은 사람들이 힘을 집중하여 당면한 과제를 해결하는 데 단일성과 집단성은 도움이 된다. 조급성과 역동성 역시 빨리빨리 문화를 낳았지만 정보통신에 기반한 스마트 행정, 수요자 중심의 서비스, 신속한 서비스, 광범위한 정보통신 인프라 구축 등 좋은 결과도 낳았다. 그 결과 한국의 행정서비스와 기업서비스는 세계 최고 수준이다. 인터넷을 이용한 업무처리도 세계 최고다. 한국인의 속성은 미래를 위하여 투자하고 세계 최첨단을 지향하는 문화를 낳았다.

한국 사회의 위험성

주의해야 할 점은 한국 사회의 위험성이다. 한국과 한국인의 속성이 김영명의 지적과 같다면 한국 사회는 굉장히 위험한 사회다. 그리고 더 위험한 사회가 될 가능성을 안고 있다. 단일성과 밀집성, 획일성과 집단성, 극단성과 조급성은 그 자체로 위험하다. 좁은 공간에 많은 사람들이 하나의 방향으로 급하게 달려가는 이미지를 준다. 한국의 역사는 이를 잘 보여준다. 고려시대부터 시작된 중앙집권제도는 한국 사회를 단일하게 만들었다. 좁은 국토에 하나의 핏줄, 하나의 이념, 하나의 체제, 하나의 종교, 하나의 사상이 생겨났고 사람들을 거의 전면적으로 지배했다. 다른 이념, 체제, 종교는 허용되지 않았다.

현대의 산업화와 민주화 과정도 같은 속성을 보여준다. 갈등에 기반한 급속한 산업화와 투쟁에 기반한 민주화는 획일성과 집단성, 극단성과 조급성을 강화했다. 박정희식 경제성장 전략, 산업화는 다른 방식의 근대화를 배제하고 이단시했다. 그 결과 산업화, 근대화에는 성공해 잘 살게 되었지만 사회의 갈등은 여전히 남았다. 다른 집단에 대한 관용과 포용, 여유는 허용되지 않았다.

민주화 역시 민주화 이후 적극적인 사회통합, 국민통합에 성공하지 못했다. 민주화는 한국인의 부정적인 속성을 완화, 치유할 수 있는 주요한 계기였다. 민주화는 다양성과 개인주의, 대화와 타협, 상대에 대한 존중과 여유를 핵심요소로 하기 때문이다. 하지만 민주화는 어느 정도 성공했지만 한국인의 속성을 바꾸지는 못했다. 민주화가 충분하지 않아서인지 아니면 한국인의 속성에 기반한 민주화이기 때문인지 아니면 두 가지 모두인지 알기는 어렵다. 하지만 민주화가 한국인의 속성을 바꾸지 못한 것은 사실이다. 가설이지만 투쟁에 기반한 민주화가 한국인의 속성을 강화했다고 볼 수 있다.

한국과 한국인의 조건과 속성은 한국 사회를 차별과 배제, 무한경쟁과 상호 불신의 사회로 만들 수 있다. 물론 좋은 방향으로도 작용할 수 있다. 지금은 긍정적인 측면과 부정적인 측면이 공존한다. 긍정적인 측면은 계속 생겨나게 하고 발전시켜야 한다. 부정적인 측면은 생겨나지 않게 해야 하고 생겨났다면 없어지게 해야 한다.

현대 한국 사회에서 조직은 쉽게 질타와 불신을 받으며 개인은 쉽게 좌절할 수 있다. 개인은 고통을 견디다 못해 극단적인 선택을 하기도 한다. 한국의 자살률이 세계 최고라는 것만큼 위험한 신호는 없다. 차별과 배제가 아닌 평등과 포용, 무한경쟁과 상호 불신이 아닌 협력과 신뢰에 기반한 사회를 만들어야 한다. 불신 속에서 신뢰를 만들어야 하는 과제를 모든 조직과 개인이 안고 있다.

경찰도 예외가 아니다. 경찰은 그 어떤 기관보다도 쉽게 질타와 불신을 받는 환경에 처해있다. 한국 사회의 성격이 경찰에 직접 영향을 미치기 때문이다. 높은 불신사회에서는 모든 국가기관, 기업 등 조직은 불신을 받는다. 불신의 핵심은 불공정성이다. 구조화된 불평등에서 비롯된 불공정성은 극복하기 어렵다. 불신을 받지만 그것이 경찰에게만 특수한 것이 아니라는 점에 유의할 필요가 있다. 한국을 위험한 사회로 만들 수 있는 속성에 대한 인식은 한국 사회의 위험성에 대한 대비를 경찰에게 요구한다.

초연결사회

현대 사회는 초연결사회다. 현대의 과학기술은 연결성을 극대화시켜 시간과 공간의 한계를 돌파했다. 정보통신혁명, 운송혁명은 각 단위의 연결성을 높여야 가능하다. 초연결사회는 사람들에게 지금까지 경험하지 못한 신속하고 다양한 서비스를 제공한다. 그런데 그만큼 많은 위험을 내포하고 있다. 모든 것이 연결되어 있으므로 하나라도 문제가 생기면 전체 시스템이 무너진다. 초연결사회는 초위험사회를 의미한다.

현재 한국과 일본 사이를 오가는 사람은 정상적일 때 1천만 명 정도다. 한국과 중국도 이와 비슷하다. 이 정도의 사람이 안전하게 오갈 수 있다는 것은 그 정도의 인프라를 한국, 일본, 중국이 갖추고 있다는 것을 말한다. 이 인프라는 여객운송, 물류, 숙박, 여행사, 식당, 커피점, 관광 등 수많은 인프라를 포함한다. 이들 인프라는 서로 긴밀하게 연결되어 있다. 물류만 하더라도 100만 명이 오갈 때보다 10배 이상의 비행기와 배가 필요하다. 그런데 시간과 공간은 제한되어 있다. 이 문제는 시간과 공간을 작게 분할하고 그 분할된 시간과 공간에 비행기와 배를 배치하고 이를 다시 연결함으로써 해결한다. 촘촘하게 더 많은 비행기와 배가 오가는 것이다.

인프라의 연결은 경제성장을 의미하고 새로운 산업을 의미한다. 사람들에게는 새로운 일자리와 생계를 의미한다. 지금은 한국 청년들이 일본이나 중국에서 일하는 것을 당연하다고 생각하는 시대다. 비행기와 배, 열차도 늘어났고 호텔, 여관도 늘었다. 식당, 관광 상품도 헤아릴 수 없을 정도로 많아졌다. 관련 분야에 일하는 사람들의 수도 엄청나게 증가했다.

한중일 삼국 관계가 조금이라도 악화된다면 이 많은 인프라와 사람들이 위기에 처하게 된다. 안보 위기든, 경제 위기든, 영토 위기든 위기는 피해야 한다. 하지만 질병은 피하기 어렵다. 바이러스에는 국경과 국적이 없다. 코로나19 사태는 이를 잘 보여준다. 코로나19로 한중일의 인적 교류와 물류는 중단되었다. 관련 인프라와 산업, 개인들이 엄청난 타격을 입었다. 과거와는 비교할 수 없을 정도의 피해다. 과거에는 국지적 피해였지만 지금은 전국가적 피해가 되었다.

초위험사회

초연결사회는 초위험사회를 의미한다. 과거와는 질적으로 다른 위험의 시대에 살고 있다. 위험의 규모와 범위가 대형화되었다.

한 지역의 사고가 전국의 사건이 되고, 중동의 질병이 한국을 파국으로 만든다. 코로나19는 전세계를 문자 그대로 멈추게 했다. 조그마한 컴퓨터 프로그램의 오작동이 전철을 멈추고 열차를 충돌시키고 발전소를 가동 중단시킨다. 태평양의 지진이 쓰나미를 만들고 쓰나미는 핵발전소를 파괴한다.

코로나19 사태는 현대 사회의 위험성을 가장 잘 보여준다. 전혀 예상하지 못한 상태에서 위험이 발생했다. 인간과 자연, 동물이 함께 연결되면서 변이가 발생한 것이다. 더 심각한 것은 코로나19의 전파속도였다. 순식간에 코로나19는 전세계에 퍼졌다. 유럽과 미국, 남미는 파국을 맞았고 다른 나라도 심각한 피해를 입었다. 1년이 지나도록 위기는 극복되지 않았다. 백신이 개발되었지만 그보다 더 빨리 변종이 발생했다. 백신보다 더 빠른 변종의 진화속도다.

현대 사회의 사고는 대형사고이고 인간의 실수와 결합하여 국가적 재난, 지구차원의 재난으로 발전한다. 사회 연결망이 극도로 강화되어 있기 때문이다. 현대 사회는 산업, 정보, 물류, 금융, 교통, 정보, 과학 혁명을 통하여 공간과 시간의 한계를 돌파했다. 한 지역, 한 분야의 사고는 곧 국가적, 지구적 재난이 된다. 편리한 생활을 위하여 도입한 시스템이 위험요소를 가지고 있다. 그 어느 때보다 더 많은 비행기, 배, 철도, 자동차가 하늘과 바다와 육지를 오간다. 시스템으로 통제하지만 시스템 속에 위험은 내포되어 있다. 코로나19 사태를 예견한 사람은 없었다. 똑같이 비행기와 선박 사고를 예상하는 사람도 없다.

여기에 더해 각국은 특수한 위험성을 따로 가지고 있다. 코로나19 사태 때 각국의 피해규모가 다른 것은 나라마다 역사, 문화, 정치, 경제, 사회, 전통의 차이가 있기 때문이다. 이러한 특수성은 위험을 증폭시킨다. 한국 사회의 위험성은 물적 장비의 노후화, 숙련인력의 부족, 규제 완화의 후유증으로 증폭된다. 물적 장비의 노후화는 IMF 이후 투자의 부진으로 새로운 장비가 마련되지 않아 비롯된 것이다. 과거의 위험한 장비로 계속 물건을 만들고 서비스를 제공하므로 사고가 자주 발생한다. 숙련인력 부족은 구조조정, 비정규직화, 고령화, 외주화로 인한 것이다. 숙련인력이 부족하면 돌발 상황이 발생했을 때 제대로 대처할 수 없다. 위험에 대한 현장 대응성이 떨어지는 것이다. 규제 완화는 한국 사회의 위험성을 증가시킨 주관적 요인이다. 김영삼 정부부터 시작된 규제 완화는 계속 이어지고 있다. 안전에 관한 규제조차 완화하는 바람에 더욱 위험해진 것이다.

현대 사회의 위험성은 경찰이 직접 위험을 방지하고 통제할 것을 요구한다. 위험에 대한 예방과 통제기능이 경찰에게만 필요한 것은 아니다. 국가적 차원의 예방과 대응, 사후처리 시스템이 필요하다. 그러나 일차적으로는 역시 경찰의 책임이다. 위험사회를 통제하지 못한다면 경찰은 제 역할을 한다고 보기 어렵다.

공동체 붕괴, 사회 안전망 붕괴

사회안전망 붕괴 역시 경찰의 변화를 요구한다. 한국 사회는 이미 저출산 고령화 사회다. 저출산 고령화 사회는 전통적인 유교에 근거한 사회안전망의 붕괴를 초래한다. 사회의 충격 흡수 중간지대가 급속히 사라지고 있다. 이를 대체할 만한 시스템은 아직 없다. 모든 계층이 불안에 떨고 있다. 청년, 중년, 노년, 남성, 여성 모두 미래에 대한 불안에 떨고 있다.

역사상 가장 풍요로운 사회이지만 역사상 가장 불안한 시대다. 한국은 단군 이래 최고의 번영을 구가하고 있다. 이처럼 많은 자본이 이처럼 많은 상품과 서비스를 생산한 적은 없었다. 의식주에 대한 공포, 질병에 대한 공포로부터 거의 벗어났다. 만일 코로나19 사태가 없었다면 질병을 이미 정복했다고 할 정도로 안전한 사회였다. 치안 수준 역시 해방 이후 가장 좋다고 할 수 있다. 물론 개인에 따라 느끼는 위험의 정도는 다르고 엽기범죄나 혐오범죄가 계속 발생하기는 하지만 세계적으로 보면 한국의 치안 수준은 최고 수준이다.

그럼에도 개인들은 불안에 떨고 있다. 생활이 조금이라도 나빠질까 두려워 은행에서 돈을 빌려 투자를 한다. 투자의 대상은 부동산, 채권, 증권, 금, 비트코인 등 가리지 않는다. 역사상 가장 많은 돈을 가지고 역사상 가장 많은 투자를 한다. 불안하기 때문이다. 미래에 대한 불안으로 투자를 하지만 투자 자체가 불안의 원인이 된다.

사회안전망이 무너졌기 때문이다. 국가가 사회안전망을 제공하지만 그것은 부분적일 뿐이다. 과거 가족과 공동체가 제공하는 안전과 평화, 안정과 만족감을 국가는 제공할 수 없다. 돌봄 노동은 정형화되어 딱 제한된 시간만 제공될 뿐이다. 가족은 심지어 범죄의 온상인 것처럼 보도된다. 풍요로운 시대에 마음을 둘 곳은 없다. 불안을 없애기 위해 과학, 기술, 기계, 상품, 서비스를 생산하지만 불안은 오히려 커진다.

사정을 더욱 어렵게 하는 것은 극심한 경쟁체제다. 극심한 경쟁체제는 공동체를 황폐화시키고 이기주의를 극대화한다. 평등을 강조하는 수저계급론과 극단적 능력주의가 결합하여 사회적 약자, 소외계층에 대한 박해를 당연시하는 분위기도 생겨나기 시작했다. 평등과 능력이라는 훌륭한 가치가 결합되어 좋지 않은 가치가 탄생하고 있다. 함께 사는 사회보다는 혼자라도 살아야 하는 가치관이 지배하고 있다.

사회안전망 붕괴는 국가에 대한 불신, 공동체에 대한 불신, 상호 불신을 야기한다. 초연결사회, 초위험사회에서 생활하려면 국가, 공동체, 시스템, 타인에 대한 믿음이 필요하다. 내일도 지하철이 정상적으로 안전하게 운행하고 지하철에 같이 탄 승객이 나를 폭행하지 않고 성추행하지 않을 것이라는 신뢰가 있어야 안심하고 출근할 수 있다. 비행기 여행도 그렇고 택배 배달도 같다. 이러한 믿음은 있다. 아직 공동체가 완전히 무너지지는 않았기 때문이다. 하지만 개인의 고통을 국가, 공동체, 시스템, 타인이 해결해주지는 못한다. 오히려 타인이 나를 공격하지 않을지 끊임없이 긴장해야 한다. 공격을 당했을 때 의지할 피난처가 없다.

현대 사회의 신뢰는 불신이라는 거대한 바다 위에 떠있는 빙산의 일부와 같다. 불신을 바탕으로 한 행동은 공동체의 붕괴로 이어진다. 자신의 고통조차 제대로 해결하지 못하기 때문에 공동체의 문제는 엄두도 내지 못한다. 그리고 공동체 문제를 해결하기에는 너무 바쁜 것이 현실이다. 현대 사회는 개인의 이익과 공공의 이익을 함께 생각하는 건전한 시민의 양성을 가로막는다. 경찰에 대한 불신도 이 연장선상에 있다. 현대 국가가 모두 겪는 문제다.

사회안전망 붕괴와 경찰의 역할

경찰은 이러한 사회안전망 붕괴에 대해 효과적으로 대응해야 한다. 사회안전망 붕괴는 당장 강력범죄, 잔혹범죄, 혐오범죄를 낳는다. 경찰은 이러한 범죄에 과거와는 다른 방식으로 접근해야 한다. 형사정책의 측면에서 접근하되 다른 부처와 함께 해야 한다. 공동체 붕괴, 사회안전망 붕괴로 인한 불안은 경찰만으로는 해결할 수 없다. 경찰은 다른 부처와 공동으로 치안수요에 대응하는 종합적인 정책을 수립해야 한다.

예를 들어, 여성이 밤늦은 시간까지 일해야 겨우 생활비를 마련할 수 있는 비정규직에 근무하는 사회 환경은 그대로 두고, 가정에서 문제가 발생하지 않기를 바라거나 가정 문제를 경찰이 해결하도록 요구하는 것은 정당하지 못하다. 여성이 야근을 마치고 가로등도 없는 어두운 밤거리를 걷지 않을 수 없는 노동 환경, 거리 환경을 방치한 채 경찰이 성폭력 문제를 근본적으로 해결할 수는 없다. 범죄에 대한 종합적인 대책이 필요하다.

경찰은 공동체의 유지와 사회안전망 확보를 위한 정책을 다른 부처와 공동으로 마련하고 시행해야 한다. 이웃에 대한 신뢰와 지역사회의 안전은 경찰 신뢰의 핵심적인 요소다. 경찰은 지역사회와 긴밀하게 협조하면서 지역 치안을 위하여 종합적인 정책을 마련해야 한다.

부패는 현상, 뿌리는 양극화

    부패, 사회 양극화와 불공정은 한국 사회가 극복해야 할 가장 중요한 문제다. 아니 세계가 극복해야 할 문제다. 개인 고통, 사회 갈등, 불신의 많은 부분이 여기에서 비롯된다. 부패는 현상이고 뿌리는 사회 양극화다. 사회 양극화로 불공정이 일상화된다. 최근 정의와 공정에 대한 요구가 높아진 것은 불공정이 일상화되었기 때문이고 불공정이 일상화된 것은 사회 양극화 때문이다.

    양극화는 경제의 양극화, 즉 빈익빈 부익부만을 말하는 것이 아니다. 경제의 양극화가 가장 바탕에 있는 토대임은 분명하다. 경제의 양극화가 미치는 영향은 넓고도 깊다. 인간의 의식과 행동 모두를 지배한다. 계급적 사고에서 벗어날 수 있는 사람은 거의 없다. 하지만 전부는 아니다.

    가깝고 직접적인 원인은 정치의 양극화다. 세계는 이미 정치의 양극화를 경험하고 있다. 모든 대통령, 수상의 염원이었던 "국민통합"은 이제 더 이상 의미가 없다. 미국은 트럼프 대통령의 등장 이후 그 어느 때보다 정치의 양극화가 심해졌다. 브렉시트를 선언한 영국도 정치의 양극화가 심각하다. 우리 역시 정치의 양극화로 고통을 겪고 있다. 선명하고 날카로운 주장은 있기 마련이다. 멋있는 주장이기도 하다. 하지만 사람들 대부분은 중간층에 머무른다. 중간층이 있을 때 극단적인 주장은 중화된다. 중간층이 있을 때 대화와 타협, 관용과 자제가 가능하다. 중간층이 있을 때 정권교체가 일어나도 예상하지 못한 피해는 일어나지 않는다.

    사회 양극화로 한쪽의 자연스러운 행위도 다른 쪽의 입장에서는 불공정한 행위로 보인다. 처음부터 출발점이 다르기 때문이다. 상대나 사물에 대한 태도는 4가지가 있다. 인정, 인욕, 회피, 제거가 그것이다. 양극화가 심해지면 여러 선택지 중에서 오로지 하나, 제거만을 선택한다. 극단적인 표현과 행위가 늘어난다. 자신이 인정하거나 참고 넘어가야 할 부분도 무시하고 오로지 상대방을 제거하려고 한다.

사회 양극화는 부패로 나타난다. 사회 상층부가 조직적, 제도적으로 부를 가져갈 수 있도록 시스템을 만들었기 때문이다. 정치권력, 자본권력, 법조권력, 관료권력, 언론권력이 힘을 모아 집단을 만들고 이들이 시스템에 따라 사회의 부를 가져간다. 시스템에 의한 부의 이전이므로 평화적이다. 눈에 보이지도 않는다. 그럼에도 불구하고 부자와 가난한 자의 격차는 갈수록 벌어진다. 경제가 놀라울 정도로 성장했음에도, 복지국가가 되었음에도 불구하고 부자와 가난한 자의 격차가 갈수록 벌어지는 것은 시스템이 그렇기 때문이다. 불공정하고 불평등한 구조이므로 항상 부패의 위험이 있다.

당면한 문제, 부패와 타락

부패는 경찰에 대한 시민 신뢰에 결정적인 영향을 미친다. 경찰의 정책 수립, 집행, 평가를 좌우한다. 경찰개혁 방향 설정에도 영향을 미친다. 경찰개혁의 목표 중의 하나는 깨끗한 경찰, 부패 없는 경찰이다.

먼저 경찰 자체의 부패를 해결해야 한다. 경찰 자체의 부패는 경찰 신뢰 추락의 직접적인 원인이다. 특히 경찰 고위직의 부패는 심각한 영향을 미친다. 경찰청장의 부패는 일선 말단 경찰의 부패보다 더 심각하다. 여기에서 부패를 단순히 뇌물 같은 범죄로 한정할 필요는 없다. 권한 남용과 같은 타락도 부패 중의 하나다. 부패와 타락은 경찰 불신의 핵심 원인이다.

경찰청장의 부패와 타락은 끊이지 않는다. 청렴하고 유능한 경찰청장이 우선 필요하다. 고위직의 부패 청산 의지는 일선 경찰에 그대로 전달된다. 일선 경찰은 현장에서 시민들을 만나고 문제를 해결하는 핵심 인력이다. 이들의 성실과 청렴은 경찰의 성실과 청렴이다. 지도부를 포함한 모든 경찰에 대한 교육과 각성과 노력이 필요하다.

다음으로 중요한 것은 부패문제를 처리하는 경찰의 능력이다. 부패문제가 발생했을 때 경찰이 철저히 진상을 파악하고 엄정하게 처리한다면 경찰의 신뢰는 높아질 것이다. 이와 반대로 제대로 처리하지 못하면 경찰의 신뢰는 추락한다. 그동안 경찰은 부패문제에 효율적으로 대처하지 못했다.

경찰은 거악에 대해서는 수사권이 없었다. 정경유착, 권력형 비리, 엘리트 카르텔의 부패에 대해서는 수사권이 없었기 때문에 실력을 쌓을 기회도 없었다. 이 분야는 검찰이 전담해 왔다. 하지만 검찰도 실패했다. 특별검사가 선임되었으나 한계가 있었다. 특별검사의 한계를 극복하기 위하여 상설 전문 반부패 수사기구가 구상되었다. 이것이 "고위공직자범죄수사처"다. 이렇게 거악에 대한 대처방안은 제도적으로 정비되었다.

남은 것은 공수처 관할 범죄가 아닌 부패범죄다. 공수처 관할이 아닌 범죄에 대해서는 검찰과 경찰이 수사권을 분점하고 있다. 부패범죄가 전적으로 검찰에 속하게 된 것은 아니다. 경찰도 부패범죄를 이제 자신의 책임으로 수사할 수 있게 되었다. 부패는 양극화에서 비롯되고 불공정의 표현이므로 부패에 대한 수사는 경찰을 포함한 수사기관에 큰 영향을 미친다. 검찰의 경우 정경유착, 권력형 비리, 엘리트 카르텔 부패를 제대로 수사하지 못하여 많은 불신을 받았다. 이 불신이 검찰개혁의 하나의 이유가 되었다.

경찰의 부패 대응은 경찰의 존립을 좌우할 정도로 중요하다. 앞으로는 더 중요해질 것이다. 우리 사회의 부패문제가 더 심각해지고 있기 때문이다. 최근 발생한 공무원, 공사 직원, 변호사, 검찰, 법원의 비리는 부패가 단순히 정치권력과 자본권력에서만 발생하는 것이 아니라 관료권력, 나아가 전문직까지 광범위하게 퍼지고 있다는 사실을 보여준다.

엘리트 부패 카르텔

한국의 부패가 확대되는 것은 기본적으로 자본권력, 기득권 세력이 지나치게 강하기 때문이다. 정치권의 일부는 자본권력과 손을 잡고 부패의 고리를 완성한다. 여기에 관료권력이 결합한다. 최고위급 관료들은 퇴임 후 관련 기업이나 법무법인에 취업하여 자신이 근무했던 부처를 상대로 로비를 한다. 그리고 사회에서 많은 돈을 벌고는 다시 고위직으로 복귀한다. 사회에서 많은 돈을 번 것을 두고 능력이라고 부른다. 실제로는 부패와 타락이다. 실제로는 회전문 인사이고 전관예우로 얽힌 부패와 타락의 악순환 고리다.

부패의 규모에 비해 부패를 통제하고 감시해야 하는 시민사회의 힘은 약하다. 사회적 약자와 강자의 힘이 극도로 불균형한 상태다. 이 불균형이 양극화로 나타나고 불공정으로 나타난다. 정치권력, 자본권력, 관료권력, 법조권력, 언론권력 등 엘리트 부패 카르텔의 지배는 당분간 계속될 것이다. 이미 사회 엘리트들이 자신들에게 유리하도록 사회 시스템을 만들어 놓았기 때문이다. 세계적으로 심각해지는 양극화, 부의 불평등은 세계, 국가, 공동체의 가장 큰 불안요소다.

　한국 사회의 부패는 국가와 경찰에게 부패에 대한 효과적인 대응체제를 갖출 것을 요구한다. 종합적인 부패대책은 국가 차원에서 마련되어야 한다. 종합적인 부패대책에서 경찰은 핵심적인 역할을 할 것이다. 부패는 곧바로 범죄로 나타나기 때문이다. 종합적인 부패대책의 일환으로 경찰은 자신을 자리매김해야 할 뿐 아니라 독자적인 부패대책을 수립해야 한다.

5

•

경찰과 신뢰

경찰청장 취임사에서 본 경찰의 신뢰

경찰에 대한 시민의 신뢰는 경찰개혁을 결정하는 핵심 요소 중의 하나다. 경찰개혁의 필요성을 압축하는 표현이다. 신뢰의 중요성은 경찰청장 취임사에서도 확인할 수 있다. 역대 경찰청장들은 경찰의 개혁, 혁신, 변화를 주장하면서 항상 신뢰를 이야기해왔다.

민갑룡 21대 경찰청장은 2018년 7월 24일 취임하면서 "국민들은 여전히 경찰의 일하는 모습이 미덥지 못하다고 느끼고 있습니다"라고 하면서 다음과 같은 취임사를 했다. 민갑룡 청장이 취임사에서 갈구하고 있는 것은 경찰이 개혁되었다는 국민들의 평가다. 이 말은 곧 그동안 경찰이 국민들로부터 시민의 경찰로 인정받지 못했다는 것을 의미한다. 경찰에 대한 신뢰가 부족했다는 점을 인정하고 개혁을 요구하고 있다.

지금 경찰은 전례 없이 중대한 변화기를 맞이하고 있습니다. 지난해부터 경찰의 변화를 요구하는 다양한 목소리를 겸허히 받아들여 진정한 국민의 경찰로 향하는 청사진을 밝히고 뼈를 깎는 개혁의 노력을 경주해 왔습니다. 이제 그간의 개혁과제들을 본격적으로 실행에 옮겨 경찰이 달라지는 모습을 국민에게 보여줘야 할 때입니다.

정책을 실행하거나 국민을 마주할 때마다 하나하나 투영해 나가는 것이 중요합니다. 한 걸음 한 걸음 부단히 앞으로 나아가서 이번에야말로 '우리 경찰이 시민의 경찰로 거듭났다'는 평가를 받아내야 합니다.

경찰은 공동체의 일원으로서 항상 시민과 함께 해야 합니다. 경찰의 힘은 시민의 지지와 협력으로부터 나옵니다. 경찰관 개개인이 철저히 시민의 관점에서 생각하고 법과 원칙에 따라 행동해야 합니다.

민갑룡 청장은 신뢰를 바탕으로 구체적인 개혁과제를 제시한다. 검경수사권 조정, 경찰수사의 중립·공정·전문성 확보, 자치경찰제, 지방분권, 경찰정신의 구현, 여성범죄전담 대응기구, 범죄피해자 보호, 사회적 약자 보호, 대내외 파트너십 구축, 공동체 치안, 절차와 과정의 공정, 경찰관 인권 보호, 존중하는 일터 마련 등의 과제를 제시하고 있다. 신뢰를 달성하기 위한 구체적인 과제를 제시한 것은 바람직한 일이다. 신뢰는 그냥 갈구한다고 얻어지는 것이 아니다. 어느 날 문득 하늘에서 떨어지는 것이 아니다. 구체적인 행동, 구체적인 개혁이 있어야 한다. 불신은 곧 구체적인 개혁이 이루어지지 않았다는 것을 의미한다.

경찰 신뢰에 대한 강조는 경찰청장의 취임사에서 계속 강조되었다. 해당 시기의 당면한 과제에 관계없이 경찰 신뢰는 끊임없이 강조되어 왔다.

이철성 경찰청장은 2016년 8월 24일 취임사에서 "국민과 함께하는 따뜻하고 믿음직한 경찰"을 주요 정책 과제로 제시했다. 그는 "우리 경찰이 국민의 안전 확보와 사회질서 유지라는 본연의 역할을 제대로 수행할 때만 국민의 신뢰와 마음을 얻을 수 있다고 생각한다.", "부패와 부조리를 털어내고 깨끗하고 반듯한 사회풍토를 조성해야 한다."며 "경찰의 법 집행과 치안활동 하나하나에 인권과 공정의 가치를 담아주기 바란다"고 했다.

신뢰의 위기에 직면한 경찰

강신명 전 경찰청장은 2014년 취임사에서 "경찰이 신뢰의 위기에 직면했다, 기본훼손과 신뢰상실의 악순환을 이제는 반드시 끊어내야 한다, 경찰의 존재 이유인 국민을 위해 '안전'과 '질서'에 몰입할 때 위기는 극복되고 실추된 신뢰는 회복된다, 그래야만 경찰의 미래가 있다"고 말한 바 있다.

이성한 전 경찰청장 역시 2013년 취임사에서 원칙 중심의 신뢰 치안을 실천과제로 제시했다. "법규를 준수하고 기본과 원칙을 지킬 때 신뢰가 쌓일 수 있다, 단속 일변도의 접근이 아니라 적극적인 설득과 합리적인 법 집행으로 법 수용도를 끌어 올리는 게 중요하다. 법 적용이 형평성을 상실하면 국민은 허탈감에 빠지고 경찰을 불신하게 된다. 법 집행의 대상이 누구든 정의와 양심에 따라 판단하고 결정할 때 신뢰 치안은 무르익을 것"이라고 했다.

김기용 전 경찰청장의 2012년 취임사도 비슷하다. "우리 경찰은 지금

신뢰의 위기에 처해 있다, 절체절명의 도덕성의 위기다, 무엇보다 국민 신뢰 회복이 급선무다, 제대로 된 경찰은 힘이 아니라 신뢰의 바탕 위에 만들어진다, 신뢰야말로 치안활동의 닻이자 북극성이다, 사회적 자본이 며 정도다."

이 정도면 경찰의 최고 목표는 "신뢰"라는 단 두 글자로 집중되는 것처럼 보인다. 신뢰를 받지 못하고 있다는 것이 경찰의 솔직한 평가이다. 김 창룡 현 경찰청장의 취임사(2020.7.24.)는 외부에 공개되지 않아 정확히 분석할 수는 없지만 언론보도에 의하면 "선배 · 동료 경찰의 쉼 없는 노력과 객관적인 안전도에도 불구하고 우리 경찰이 냉정한 평가를 받아 온 이유를 이제는 깊이 성찰해야 할 때"라는 표현에 비추어보면 역시 신뢰를 강조했다고 평가할 수 있다.

경찰에 대한 신뢰 수준

형사사법기관에 대한 국민신뢰도 추이 조사가 있다. 한국형사정책연구원이 실시한 조사다. 이에 의하면 경찰은 법원, 검찰과 달리 신뢰도가 상승하는 추세를 보이고 있다. 경찰은 2012년 46.9%로 3개의 형사사법기관 중 가장 낮은 수치를 보였다. 2015년에는 24.9%로 급격히 낮아졌다가 2016년에 역시 23.1%로 최저를 기록한다. 이후 극적인 반전이 생기는데 2017년에는 41.8%로 거의 두 배 정도 높아졌다가 2020년에는 49.2%를 기록하고 있다. 경찰에 대한 국민의 불신척도는 41.1%로 검찰과 법원을 포함한 3개 기관 중 유일하게 신뢰도 수치보다 낮은 것으로 나타났다. 신뢰도는 법원과 검찰을 앞선다.

중요한 것은 경향이다. 경찰의 신뢰가 빠른 속도로 높아지고 있는 것은 틀림없어 보인다. 2017년에 갑자기 높아진 것은 촛불혁명 당시 경찰의 평화집회 보장의 영향일 것이다. 그렇지만 다른 형사사법기관의 신뢰도가 높지 않은데 경찰만 신뢰도가 높은 것은 쉽게 이해하기 어렵다.

하지만 체감신뢰도는 통계와 다른 이야기를 한다. 체감신뢰도는 사건 하나하나에 크게 반응한다. 최근 엽기적인 흉악범죄, 잔혹범죄, 혐오범죄 등이 발생하면서 각 형사사법기관의 신뢰도는 출렁거리고 있다. 하지만 검찰의 신뢰도가 낮아지고 경찰의 신뢰도가 높아지고 있다는 점은 틀림없어 보인다.

표 7 | 각 형사사법기관에 대한 국민신뢰도 추이

기관		2012년	2015년	2016년	2017년	2019년	2020년
경찰	평균	2.99	2.82	2.79	3.26	2.95	3.09
	(%)	46.9	24.9	23.1	41.8	42.0	49.2
검찰	평균	3.01	2.51	2.32	3.11	2.75	2.65
	(%)	47.2	16.6	12.7	35.0	36.3	31.0
법원	평균	3.16	2.72	2.72	3.36	2.9	2.8
	(%)	50.5	24.2	23.4	45.6	39.6	35.3

〈기존 연구보고서를 5점 만점으로 환산한 결과 / 출처 : 한국형사정책연구원〉

다른 조사를 살펴보자. 갤럽이 조사한 2013~2014년 OECD 34개 국가의 지역경찰에 대한 신뢰도 조사에 의하면 한국은 59%의 신뢰도를 보인다. 이것은 최하위인 멕시코의 신뢰도 45% 바로 위로 뒤에서 두 번째의 신뢰도다(박병식, 2016). OECD 국가 중에서 가장 낮은 편이다.

월드 밸류 서베이World Values Survey가 조사한 주요 국가의 경찰에 대한 신뢰도 조사(2010~2014)에 의하면 한국은 58.3%의 신뢰도를 보인다. 이 수치는 위 갤럽의 지역경찰 신뢰도와 거의 일치한다. 아시아 국가 중 싱가포르(79.9%), 홍콩(79.6%), 필리핀(67.0%), 중국(66.6%), 타이완(62.1%), 인도(62.2%)보다 신뢰도가 낮다. 그래도 멕시코(28.4%)보다는 높다(박병식, 2016).

박성훈, 최이문의 2015년 조사에 의하면 형사사법기관에 대한 국민의 신뢰는 경찰 24.9%, 법원 24.2%, 교도소 19.1%, 검찰 16.6%, 보호관찰소 16.3%였다(박성훈 · 최이문, 2015). 형사사법기관의 신뢰와 관련하여 국민들이 중요하게 생각하는 것은 법집행의 공정성이었다. 조사대상자는 공정성과 관련해 '권력이 있는 사람들은 법을 위반해도 처벌받지 않는 경향이 있다'는 의견에 82.6%, '돈이 많은 사람들은 법을 위반해도 처벌받지 않는 경향이 있다'는 의견에는 82.8%, '같은 범죄를 저질러도 가난하고 힘없는 사람이 더 심한 처벌을 받는다'는 의견에는 78.0%가 동의했다. 한편 '신분이나 지위 고하에 관계없이 공정하게 법집행이 이루어지고 있다'는 의견에는 14.4%만 동의했다(박성훈 · 최이문, 2015).

경찰의 신뢰도가 2017년 이후 높아지고 있다는 사실은 경찰로서는 바람직한 현상이다. 형사사법기관 중 최소한 한 곳이라도 신뢰도가 높아지면 다른 기관에도 영향을 미친다. 하지만 경찰만 신뢰도가 높아지는 현상은 국가적으로 그리 바람직하지 않다. 형사사법기관은 하나로 연결되어 있다. 국가의 형사사법체제는 하나로 이어지는 절차다. 법원 재판 결과가 불신을 받고 있다면 기소가 잘못되었을 가능성이 크고 기소의 잘못은 검찰의 책임이다. 기소의 잘못은 수사의 잘못일 가능성이 크다. 수사에 대해서는 검찰이 책임을 져야하지만 대부분의 사건을 실제로 수사하는 경찰도 책임에서 자유로울 수 없다. 법원, 검찰, 경찰의 신뢰는 연동되는 것이지 따로 움직이는 것은 아니다. 형사사법체제에 대한 불신의 원

인이 법의 불공정한 집행이라는 국민의 인식을 보아도 형사사법기관의
신뢰는 하나임을 알 수 있다(김인회, 2016).

줄어드는 경찰공무원 징계

경찰공무원에 대한 징계를 살펴보자. 경찰공무원에 대한 징계 및 직
위해제는 지속적으로 감소하고 있다. 구체적인 수는 다음과 같다. 2010
년 1,154명, 2011년 1,260명, 2012년 1,166명, 2013년 860명, 2014년 856
명, 2015년 792명, 2016년 778명, 2017년 723명, 2018년 417명이다(뉴스1,
2016.9.26.보도, 서울신문 2015.5.13.보도, 전주일보 2018.10.17.보도, 한림미디어
랩 The H, 2019.6.24.보도). 10년이 되지 않은 기간 동안 절반 이상이 줄어들
었다. 이 기간 동안 경찰의 신뢰도가 높아지기는 했지만 그렇다고 두 배
이상 높아졌다고 보기는 어렵다. 한편 경찰의 청렴도는 경찰 신뢰의 일
부분일 뿐, 전부는 아니다. 신뢰가 낮다고 경찰의 청렴도가 낮다고 단언
하기는 곤란하다. 경찰의 신뢰도와 징계의 감소 사이에 발생하는 부조화
가 문제라고 보아야 할 것이다. 또한 징계건수도 중요하지만 징계의 내
용도 중요하다. 엄격한 징계집행이 되는지는 잘 살펴보아야 한다.

계속되는 경찰청장의 재판

검찰개혁의 필요성이 검사들의 비리와 범죄에서 비롯된 것처럼 경찰
개혁의 필요성 역시 경찰관의 비리와 범죄에서 시작된다. 경찰관 중 고

위직 경찰관의 범죄나 비리가 영향력 면에서 중요하다. 그중에서 경찰의 최정점에 있는 경찰청장과 지방경찰청장의 부패와 타락은 가장 중요하다. 경찰청장의 이미지가 경찰의 이미지를 사실상 결정한다. 치안센터의 순경, 출퇴근 시간의 교통경찰, 사고현장의 경찰도 경찰의 이미지를 만든다. 이들의 영향력도 작지는 않다. 현장의 실무가는 항상 중요한 법이다. 하지만 단기간에 결정적인 이미지를 만드는 자는 고위직 경찰들이다. 그중 경찰청장들이 가장 중요하다.

역대 경찰청장의 행보를 보면 경찰 불신의 원인을 찾을 수 있다. 경찰청장이 퇴직한 다음 가장 먼저 받는 것은 수사다. 수사를 받은 경찰청장은 재판을 받고 또 형을 선고받는다. 부패와 타락이 원인이다.

이철성 제20대 경찰청장과 강신명 제19대 경찰청장은 정보경찰을 동원해 선거에 부당하게 개입하고, 정권에 반대되는 세력을 사찰한 혐의로 재판을 받고 있다. 검찰은 2019년 6월 3일 공직선거법 위반과 직권남용 권리행사 방해 혐의로 강 전 청장을 구속기소하고, 강 전 청장 시절 경찰청 차장을 지낸 이 전 청장 등 7명을 불구속기소했다. 강 전 청장 등의 혐의는 2016년 4월 20대 총선 당시 '친박'을 위한 맞춤형 선거정보를 수집하고 선거 대책을 수립하는 방법으로 선거관여금지 규정을 위반한 것이다. 이들은 또 2012~2016년 대통령·여당에 반대 입장을 보이는 진보교육감 등을 '좌파'로 규정한 뒤 사찰하고, 견제·압박하는 방안을 마련하는 등 정치적 중립의무에 위배되는 위법한 정보활동을 지시한 혐의도 받고 있다. 경찰은 언론사 노조와 좌파 연예인 등 문화예술계 동향 파악 등 관련 문건도 작성한 것으로 조사됐다. 강신명 전 경찰청장은 보석으로 석방되어 불구속재판 중이다. 이철성 전 청장은 1993년 음주사고를 냈으나 경찰 신분을 숨겨서 징계를 받지 않았다.

3번이나 재판받는 조현오 경찰청장

조현오 제16대 경찰청장은 2014년 노무현 대통령 차명계좌 발언으로 징역 8월을 선고받아 실형을 살았다. 그리고 2015년 경찰청장 재직시 5천만 원의 뇌물을 받았다는 이유로 기소되었다. 이 사건은 1심에서 무죄를 선고받았지만 2017년 2월 16일 항소심에서 3천만 원을 받은 사실이 인정되어 징역 2년 6월과 3천만 원의 벌금을 선고받았다.

조현오 전 청장은 한 번 더 재판을 받는다. 무려 3번의 재판이다. 조현오 전 청장은 2010년 1월~2012년 4월 서울지방경찰청장과 경찰청장으로 재직할 때 정부에 우호적 여론을 조성하려는 목적으로 경찰청 보안·정보·홍보 등 휘하 조직을 동원해 온라인 댓글 약 3만 7000건을 달게 한 혐의(직권남용 권리행사방해)로 2018년 10월 구속 기소되었다. 1심에서 보석으로 풀려났으나 2020년 2월 14일 징역 2년의 실형을 선고받고 법정 구속되었다. 2심에서 보석으로 석방되어 재판 진행 중이다.

강희락 제15대 경찰청장은 2011년 '함바 비리' 브로커에게 돈을 받은 혐의로 구속되어 징역 3년 6월, 벌금 7천만 원, 추징금 7천만 원의 형을 선고받았다.

이택순 제13대 경찰청장은 경찰 간부를 검찰에 수사 의뢰한 경력이 있고, 박연차로부터 뇌물을 받은 혐의로 재판을 받아 징역 1년, 집행유예 2년을 선고받았다.

허준영 제12대 경찰청장은 2016년 용산역세권 개발사업 참여업체 관계자로부터 불법정치자금 1억원을 받은 혐의로 기소되어 2017년 3월 최종 징역 10월, 집행유예 2년의 확정판결을 선고받았다.

최기문 제11대 경찰청장은 퇴임 후 한화고문으로 김승연 한화회장의 폭행사건 때 축소, 은폐를 청탁했다가 2008년 징역 1년, 집행유예 2년을 선고받았다. 이 판결은 대법원에서 확정되었다. 2007년 3월 김승연 회장의 보복 폭행 사건이 발생하자 한화건설 고문으로 있던 최 전 청장은 당시 현직에 있던 경찰서장 등에게 사건을 축소·은폐하도록 청탁한 혐의로 기소됐다.

이무영 제9대 경찰청장은 2001년 수지김 피살사건 경찰 내사 중단 주도혐의로 기소되어 1, 2심에서 유죄를 선고받았으나 대법원에서 무죄를 선고받았다. 거의 유일하게 무죄를 받은 사례에 해당한다. '경찰대개혁 1백일 작전'을 실시하는 등 경찰개혁에 큰 의지를 보였던 이무영 전 청장은 지금도 왕성하게 경찰개혁 활동을 하고 있다.

경찰의 대표인 경찰청장의 성적표가 대략 이렇다. 최기문 제11대 경찰청장의 임기는 2003년부터 시작된다. 2003년부터 2018년까지 15년 동안 10명의 경찰청장 중 7명이 수사와 재판을 받았거나 받고 있다. 혐의사실은 차이가 있다. 강신명 전 청장과 이철성 전 청장은 개인 비리가 아니라 정보경찰을 동원해 선거에 부당하게 개입한 혐의를 받고 있다. 개인 비리는 아니지만 민주주의의 근간을 흔드는 범죄이고 정치적 중립 의무를 위반한 행위다. 결코 가볍지 않다.

경찰청장이 이 정도면 일선경찰이 아무리 노력하더라도 신뢰를 받기는 어렵다. 경찰에 대한 좋은 이미지를 형성하기 어렵다. 불과 2~3년 전의 일이다. 청렴하고 유능하고 정치적으로 중립을 지키며 권한을 남용하지 않는 청정한 경찰청장이 필요하다.

표 8 | 경찰청장과 수사·재판

임기	성명	혐의사실	재판결과
20대	이철성	공직선거법 위반과 직권남용 권리행사 방해	진행 중
19대	강신명	공직선거법 위반과 직권남용 권리행사 방해	진행중
16대	조현오	노무현 대통령 차명계좌 발언	징역 8월
		5천만 원 뇌물	2심 징역 2년 6월 벌금 3천만 원
		직권남용 권리행사방해	1심 징역 2년
15대	강희락	'함바 비리' 브로커에게 돈을 받은 혐의	징역 3년 6월, 벌금 7천만 원, 추징금 7천만 원
13대	이택순	박연차로부터 뇌물을 받은 혐의	징역 1년, 집행유예 2년
12대	허준영	용산역세권 개발관련 불법정치자금 1억 원 수수	징역 10월, 집행유예 2년
11대	최기문	김승연 한화회장의 폭행사건 축소, 은폐 청탁	징역 1년, 집행유예 2년

부족한 인권감수성

경찰에 대한 신뢰 수준을 결정하는 또 다른 요소는 인권감수성이다. 한국의 인권 수준은 아시아에서 가장 높고 세계적으로도 높은 편이다. 특히 시민들의 인권감수성은 세계 최고 수준이다. 국가기관이 시민들의 인권감수성을 따라가기만 해도 한국의 인권 수준은 세계 최고를 기록할 것이다.

경찰의 인권감수성에 관한 대표적인 사례는 2015년 백남기 농민 사망 사고에 관한 경찰의 태도였다. 2015년 백남기 농민이 경찰의 살수차에 의하여 쓰러지고 2016년 사망했다. 공권력의 과도한 집행에 의하여 시민이 희생된 것이다. 당시 경찰청장이었던 강신명은 백남기 가족들과 국민들에게 사과하는 것을 거부했다. 그는 사람이 다쳤거나 사망했다고 무조건 사과하는 것, 결과만 가지고 이야기하는 것은 적절하지 않다고 하면서 사과를 거부했다. 이러한 태도는 시민의 생명과 자유를 무겁게 생각해야 하는 공권력, 경찰의 기본자세가 아니다. 인권감수성의 문제다. 이런 생각이 경찰청장부터 일선 경찰까지 퍼져있다면 이것은 심각한 문제다. 공권력행사 과정에서 발생할 수 있는 불행한 사태를 피하려고 노력하고 사람의 생명을 중하게 여기는 분위기가 없다면 경찰은 시민의 신뢰를 받기 어렵다.

경찰의 태도가 국가를 대표하는 것은 아니다. 노무현 대통령은 이미 2005년 12월 27일 전용철, 홍덕표 농민 사망 사건에 대하여 사고 발생 후 12일 만에 사과했다. 노무현 대통령은 국민들에게 머리 숙여 사과드리고 책임자를 가려내어 응분의 책임을 지우고, 피해자들에게 적절한 절차를 거쳐 국가배상을 하겠다는 입장을 발표했다. 당시 허준영 전 경찰청장은 같은 날 "경찰이 그 소임을 다하지 못한데 대하여 깊이 자책하면서 국민 여러분께 진심으로 사과드립니다."라는 입장을 밝히고 이틀 후 사표를 제출했다. 하지만 사표제출 당시 "농민들의 불법 폭력시위에 대한 정당한 공권력 행사 중 우발적으로 발생한 불상사"(한겨레 2005.12.29.)라고 입장을 밝혀 사과의 진정성을 의심하게 했다. 이후 "멀쩡한 농민과 경찰이 거리에서 부딪혀 농민이 사망하고 수백 명의 경찰을 다치게 한 근본 책임은 관련 정책을 추진하면서 농민의 충분한 사전 동의를 구하지 않은 여당에 있다"(한겨레 2006.6.22.)고도 했다. 노무현 대통령의 인권감수성에 한참 미치지 못하는 인권감수성이다.

국가인권위원회 인권침해 상담, 진정 상위권

경찰의 인권감수성은 객관적인 통계에 의해서 확인된다. 국가인권위원회의 통계다. 경찰에 대한 국가인권위원회 인권침해 상담 건수는 다음과 같다. 경찰에 관한 인권상담 현황은 국가인권위원회 설립인 2001년 이후 30,904건으로 다수인 보호시설(71,266건) 다음으로 많다. 3위는 교육기관이다(8,712건).

표 9 | 경찰에 대한 연도별 인권침해 상담 추이(2019 국가인권위원회 통계)

연도	건수
2010	2,368
2011	1,844
2012	2,018
2013	2,235
2014	2,227
2015	2,121
2016	2,033
2017	2,281
2018	1,933
2019	2,404

경찰 인권침해 유형별 상담 현황에서 ①불리한 진술 강요/심야, 장시간 조사/ 편파 부당수사, ②폭행, 가혹행위/ 과도한 장구 사용, ③폭언, 욕설 등 인격권 침해가 높은 비중을 차지한다. 이 유형들은 상담 현황에서 61%를 차지한다.

국가인권위원회의 인권침해 진정 및 진정처리 결과 현황이 있다. 역시 경찰이 적지 않은 비중을 차지하고 있다. 경찰에 대한 인권침해 진정건수는 2001년부터 누계 21,161건으로 비중으로는 19.6%이고 순위로는 교정시설, 다수인 보호시설 다음으로 세 번째다.

표 10 | 경찰 인권침해 진정 현황 및 처리결과(2019 국가인권위원회 통계)

연도	진정건수	인용건수
2010	1,426	103
2011	986	58
2012	1,238	67
2013	1,444	80
2014	1,316	45
2015	1,548	77
2016	1,443	47
2017	1,182	34
2018	1,531	104
2019	1,249	45

인권침해의 진정건수가 크게 줄어들지 않는 것이 문제다. 10년 전에 비하여 큰 변화가 없다. 인용건수는 적지만 여전히 계속 발생하고 있다는 것은 유념해야 할 일이다.

통계에서 알 수 있듯이 인권경찰은 아직 정착되지 않았다. 경찰의 신뢰를 위해서는 민생치안경찰, 전문경찰보다 인권경찰이 우선되어야 한다. 경찰의 신뢰 회복은 조금씩 이루어지고 있지만 여전히 먼 길임을 알수 있다.

인권을 둘러싼 인식 차이

　인권만큼 단순하면서도 복잡하고, 작으면서도 거대하고, 부분적이면서도 전체적이고, 명확하면서도 모호하고, 현실적이면서도 이상적인 이론도 드물다. 인권의 출발은 간단했다. 하지만 인권은 발전 과정에서 거의 모든 현대 이론을 자신의 왕국으로 포섭했고 지금도 하고 있다. 끊임없이 확장하고 있는, 그 끝을 알기 힘든 이론이다. 너무나 다양해서 모든 계급, 계층이 자신의 인권이론을 갖고 있다고 할 정도다.

　인권은 특히 국가권력과 시민의 관계에 주목한다. 인권의 출발점이다. 국가로부터 시민을 보호하는 것에서 인권은 시작되었다. 영국의 마그나카르타가 인권의 시작이라고 인정되는 것은 국왕으로부터 시민을 보호하기 위한 최초의 시도였기 때문이다. 이 중 공권력을 담당하는 경찰을 통제하는 것이 인권의 출발점이다. 경찰이 가장 직접적으로 시민의 자유와 인권을 침해했기 때문이다.

　인권의 내용이 워낙 다양하기 때문에 인권에 대한 인식은 사람마다, 계층마다, 계급마다 다르다. 처해있는 상황에 따라 인권에 대한 강조점이 다르다. 인권에 대한 경찰과 시민의 인식도 다르다. 경찰 역시 인권의 중요성은 인정한다. 경찰이 인권의 중요성을 인정하는 것은 훌륭한 발전이다. 경찰개혁의 중요한 방향으로 인권을 내세우는 것 역시 훌륭한 선택이다. 경찰이 인권국가가 되는 데 기여하고 있다는 점도 인정된다. 다만 경찰이 보는 인권은 조금 다르다. 인권을 둘러싼 인식에 차이가 있는 것이다. 인권의 상대성을 강조하는 것이다. 그 표현으로는 다음과 같은 것이 있다.

> 범죄자의 인권도 중요하지만 무고한 피해자의 인권, 국민들의 인권
> 도 중요하다.
> 피의자의 인권도 중요하지만 피의자를 다루는 경찰관의 인권도 중요
> 하다.
> 인권도그마를 벗고 엄벌주의를 관철해야 한다.(박상용, 2013)

전직 경찰서장의 인권에 대한 인식이니 경찰 전체의 인식이라고 보아
도 무방할 것이다. 경찰에 대한 인권교육을 하면 가장 많이 듣는 말이다.
경찰도 인권이 중요하다는 것을 인정한다는 점에서 다행이다. 하지만 인
권을 여러 집단의 인권으로 분리한다는 점, 분리 후 상대의 인권과 자신
의 인권이 서로 대립한다고 인식한다는 점은 우려스럽다.

피의자 · 피고인의 인권과 피해자의 인권은 서로 제약하거나 대립하
는 반비례관계가 아니다. 피의자 · 피고인, 피해자 모두 시민들이다. 다
만 다른 처지의 시민들이다. 피해자에 대한 보상과 지원, 피해자의 재판
참여권 보장 등은 피의자 · 피고인의 인권보장과 관계없다. 피의자 · 피
고인을 가혹하게 처벌한다고 하여 피해자의 인권이 보장되고 피해자의
생활이 좋아지는 것은 아니다. 피해자에 대한 보상과 배려, 지원은 다른
법률과 다른 기관에 의하여 이루어진다.

사람의 인권, 존엄성은 평등

피의자 · 피고인과 피해자는 모두 같은 사회 구성원이고 인권의 근본
은 같다. 모두 국가가 보장해야 할 인권이고 총체적 인권의 일부다. 뿌리

는 하나다. 인간의 존엄성이 그것이다. 인간의 존엄성은 평등하다.

　오히려 피의자·피고인의 인권이 잘 보장될 때 피해자의 인권도 잘 보장된다. 피의자·피고인도 피해자가 될 수 있고 시민인 피해자 역시 법을 위반할 가능성이 있다. 잔혹한 범죄만 생각할 필요는 없다. 자동차 속도위반 등 가벼운 범죄도 수없이 많다. 정상적인 학술활동이 어느 날 범죄행위가 될 수 있을 정도로 범죄의 개념은 유동적이다. 민주주의를 위해 거리 시위를 하는 것도 자칫하면 법의 테두리를 넘을 수 있다. 범죄와 무관한 시민들이라도 친척 중에는 거의 대부분 범죄인과 피해자가 있다.

　피해자의 인권을 이유로 가혹한 공권력 집행을 정당화할 수는 없다. 피해자의 인권을 앞세워 공권력을 가혹하게 집행한다면 잔혹범죄, 엽기범죄, 패륜범죄를 저지른 범인은 다른 범죄인보다 더 가혹하게 처우해도 된다는 결론이 된다. 하지만 우리 헌법은 무거운 범죄에 대하여 국선변호인제도를 두어 오히려 두텁게 보호하고 있다. 공권력의 남용을 막기 위한 헌법적 결단이고 인권법의 귀결이다. 피해자의 인권은 따로 보호하고 지원하고 형사절차에 참여시킴으로써 높아질 수 있는 것이지 피의자·피고인을 가혹하게 처우한다고 향상되는 것은 아니다.

　피의자·피고인의 인권과 피해자의 인권은 모두 시민의 인권이다. 한쪽이 잘 보장될 때 다른 쪽도 잘 보장된다. 정비례관계다. 참여정부의 사법개혁은 피의자·피고인의 인권 보호와 함께 범죄피해자 보호에도 관심을 기울였다. 인권이라는 큰 틀에서는 두 집단의 인권이 같은 방향으로 발전한다.

　그렇다고 모든 사람들이 절대적으로 평등하다는 것은 아니다. 인간은 다양하다. 인간의 수준과 차원도 다양하다. 좋은 행위를 하는 사람, 도덕적인 삶과 봉사의 삶을 사는 사람들도 있고 나쁜 행위를 하는 사람도 있다. 높은 수준과 차원을 지향하는 사람들은 소중하고 귀중하다. 존귀하게 대우해야 한다. 그렇다고 낮은 수준과 차원에 있는 사람들에게 가혹한 대우를 하는 것이 정당화되지는 않는다. 이들에게는 그 행위에 맞는 대우를 해야 한다. 다만 그 대우가 잔인하거나 비인간적이어서는 안 된다.

인간의 존엄성을 평등하게 보장할 때 모든 사람들이 높은 수준과 차원을 지향할 수 있다. 인간의 존엄성은 다른 사람을 인간으로 대우하는 최소한의 기준이다. 최소한의 기준을 강조하는 이유는 최소한의 기준을 지키지 않으면 보통사람들도 인간의 존엄성을 잃기 때문이다.

경찰도 피의자·피고인의 인권을 지키면서 2005년 학교, 여성폭력 피해자 ONE STOP 지원센터를 열었다. 2015년 피해자 전담경찰관 제도와 성폭력대책과를 신설했다. 실제로 두 개의 인권은 함께 발전하는 것이다.

경찰의 인권도 같다. 피의자·피고인의 인권, 피해자의 인권이 잘 보장될 때 경찰의 인권도 보장된다. 피의자·피고인을 마치 물건처럼 대우한다면 경찰도 시민들로부터 물건처럼 대우받게 된다. 피의자·피고인도 시민이고 이들에게도 친척이 있다. 경찰의 인권은 피의자·피고인이 보장해 주는 것이 아니다. 국가가 보장해주는 것이다. 국가를 상대로 경찰관의 인권을 개선하기 위한 정책을 주문해야 한다. 과도한 경찰관의 업무를 해소하기 위해서는 경찰관 인력 증원, 예산 확충, 장비 보강 등이 필요하다. 경찰관의 직무환경 개선, 인간다운 생활의 보장과 같은 정책적 변화는 피의자·피고인이 해 주는 것이 아니다. 필요하다면 경찰관 노동조합을 만들어 안전하고 쾌적한 근로조건을 만들도록 노력해야 한다.

집회·시위와 경찰

　집회·시위의 원인은 경찰이 아니다. 하지만 거리에서 집회·시위대와 직접 부딪치는 것은 경찰이다. 집회·시위에 경찰이 대응을 잘 하지 못하면 경찰의 대응이 원인이 되어 다시 집회·시위가 발생한다. 시위대와 경찰의 사실행위, 실력행사로 사상자가 발생할 수 있다. 이렇게 되면 경찰의 과잉진압, 시위대의 폭력행사가 문제가 되어 또 다른 갈등이 발생한다. 일회성 갈등에 그치지 않고 지속적인 제도개혁을 요구하는 경우도 있다. 최루탄 추방운동, 물대포 추방운동이 그 예다.

　집회·시위에 대응하는 경찰의 행태는 경찰 자신에게 큰 영향을 미친다. 막지 못하면 치안이 위태로워지고 완벽히 막으면 과잉진압이 된다. 경찰의 집회·시위 대응은 여러 요소에 의하여 결정된다. 집회·시위의 주체, 집회·시위의 규모와 방식, 경찰의 규모, 현장의 상황 등 작은 요소부터 집회·시위의 역사와 전통, 정부의 성격과 정책, 경찰의 집회·시위 대응 전통 등 큰 요소까지 여러 요소가 영향을 미친다.

　민주주의가 발전하면 집회·시위에 대한 인식이 바뀐다. 정부를 공격하는 폭력행위, 불법행위라는 인식에서 국민의 기본권 중의 하나로 보기 시작한다. 특히 민주정부는 집회·시위에 대해 관용적이다. 한국의 민주주의는 집회·시위에 힘입은 바 크다. 집회·시위로 표현되는 직접민주주의, 거리의 민주주의로 한국의 민주주의는 발전해 왔다. 그만큼 많은 희생이 있었다. 희생자들은 당시에는 범법자로 처벌받았으나 지금은 민주화운동 유공자로 대우받는다. 우리 역사에서 1960년 4월 혁명, 1980년 광주민주화운동, 1987년 6월 민주항쟁, 2016년 촛불혁명은 집회·시위로 정권을 바꾸고 역사를 바꾼 경험이다. 한국의 민주주의는 시민들의 직접민주주의, 거리의 민주주의로 탄생한 것이다.

당연한 사실이지만 경찰은 이 사실을 숙고해야 한다. 경찰 직무의 특성상 경찰관들은 집회 · 시위에 적대적일 가능성이 높다. 경찰은 현장에 출동하여 시위대와 직접 대결한다. 물리력도 행사한다. 서로가 물리력을 행사하면서 충돌하고 부상을 입는다. 자신과 동료가 위험해지는데 평온을 유지하기는 쉽지 않다. 치안을 유지해야 하는 압박감도 있다. 다행히 현재의 시위는 1980~90년대의 시위에 비하여 매우 평화적이다. 집회 · 시위 주체와 경찰 모두 높은 질서 유지 능력을 갖고 있다.

집회 · 시위에 대한 인식 변화

집회 · 시위와 관련한 경찰의 인식은 다음의 내용을 반영해야 한다.

첫째, 집회 · 시위에 대한 폭력적인 진압은 더 큰 갈등을 낳는다. 경찰의 폭력이 독자적인 집회 · 시위의 원인이 되기도 하고 경찰의 폭력이 집회 · 시위를 악화시키기도 한다. 부분적인 문제가 전체의 문제로, 지역의 문제가 전국의 문제로 확산된다. 갈등이 해결되지 않고 오히려 확대된다. 폭력의 악순환이 시작되는 것이다. 만일 시위 진압과정에서 사상자라도 발생하면 모두에게 불행한 사태가 벌어진다.

둘째, 경찰의 폭력성은 경찰의 위기와 정부의 위기로 돌아온다. 우리 역사에서 4월 혁명, 6월 항쟁에서 확인한 내용이다. 더 가까이로는 2005년 시위 도중 전용철, 홍덕표 농민 사망사건 시 대통령의 사과와 허준영 경찰청장의 사퇴, 2016년 시위 도중 물대포에 맞아 사망한 백남기 농민 사건 등이 있다. 민주주의와 폭력은 서로 대척점에 있다. 집회 · 시위에 대한 대응에서 폭력은 자제되어야 한다.

셋째, 현대 자본주의 사회에서 갈등은 일상적인 현상이다. 사회의 양극화, 탐욕과 폭발, 정치권의 무능 등이 직접적인 원인이지만 바로 이 때문에 갈등은 지속될 것이며 더욱 확대될 것이다. 갈등은 사회문제 해결 과정에서 필연적으로 발생한다. 집회·시위는 갈등의 한 유형이다. 갈등의 원인을 해결하지 않으면 집회·시위는 계속 이어진다. 또한 집회·시위는 사회문제를 해결하는 사회발전의 원동력이기도 하다. 사회의 민주화, 노동자의 권리 보장은 집회·시위에 힘입은 바 크다. 최근 여성들의 권익향상, 남녀평등 실현 역시 집회·시위의 힘에 근거한 것이다. 집회·시위의 자유가 국민의 기본권으로 인정된 이유는 여기에 있다.

넷째, 집회·시위는 법적 절차를 보충하는 역할을 한다. 법치주의가 아무리 발전해도 모든 문제를 해결할 수는 없다. 법적 절차는 문제해결의 효율적이고 강력한 수단이지만 단점도 있다. 시간이 오래 걸리고, 사회적 약자를 제도적으로 배제하는 경향이 있다. 그리고 단발성 문제만 해결할 뿐이다. 시민의 직접 참여도 배제되어 있으며 새로운 문제해결에는 효과가 적다. 나아가 결론은 불충분한 경우가 많다. 사회적 약자, 소외 계층의 절박한 요구를 담기에는 법적 절차는 불충분하다. 재판만이 아니라 입법도 사정이 비슷하다. 법적 절차의 불충분성을 보충하는 것이 바로 직접민주주의, 거리의 민주주의다. 집회·시위 과정에서 표현되는 시민의 의사인 것이다. 하지만 직접민주주의나 거리의 민주주의가 대의민주주의를 완전히 대체하지는 못한다. 직접민주주의는 대의민주주의를 대체한 적도 없고 다만 보충하는 역할만 한다. 직접민주주의, 거리의 민주주의에만 의존하면 질서와 안정을 상실할 위험이 있다.

그림 8 │ 집회·시위에 대한 인식 변화

집회 시위	폭력 진압은 더 큰 갈등 초래
	강경진압은 경찰의 위기, 정부의 위기 초래
	갈등은 일상적 현상
	법적 절차를 보충하는 기능

200 · 김인회의 경찰을 생각한다

제3장

경찰개혁 3대 원칙

1

◆

경찰권력의 분산과 견제

원칙 없는 개혁 없다

개혁에는 원칙, 방향이 필요하다. 원칙은 개혁이 제대로 시작되고 진행되고 평가될 수 있는 기본적인 틀을 제공한다.

첫째, 개혁원칙은 개혁을 옳은 방향으로 시작하도록 한다. 개혁은 개혁의 필요성만으로 시작되지 않는다. 정확한 방향설정이 필요하다. 개혁의 방향설정은 원칙에서 비롯된다. 그러면 무엇이 개혁의 원칙인가? 이것을 어디에서 찾을 수 있는가? 다행히 이 문제는 거의 해결된 것이나 다름없다. 새로 찾아다닐 필요가 없다. 먼저 헌법에서 원칙을 찾을 수 있다. 헌법은 국민주권주의, 자유민주적 기본질서를 규정한다. 우리가 의지해야 할 원칙은 바로 이것이다. 그 다음 헌법의 원칙을 구체화한 다른 권력기관 개혁의 원칙을 참조할 수 있다. 경찰은 당장 검찰의 개혁원칙을 확인하면 경찰의 개혁원칙을 정확하게 수립할 수 있다.

둘째, 원칙은 시작된 개혁이 잘 진행되도록 한다. 개혁은 시작도 중요하지만 제대로 진행하는 것이 더 중요하다. 개혁 진행 도중 여러 방해물을 만나기 때문이다. 방해물은 개혁반대세력의 등장 이상의 것을 말한다. 개혁반대세력보다 더 어려운 것은 현실이라는 벽이다. 현실은 변화에 저항한다. 세상 모든 현상이 그렇듯이 현실에서 가장 큰 힘을 발휘하는 것은 "관성의 법칙"이다. 사람만이 관성의 지배를 받는 것이 아니다. 개혁을 하면 조직과 인력, 예산이 변하게 된다. 인력과 예산은 더 많이 필요할 수 있다. 이 과정은 현실에 혼란을 초래한다. 재정에도 압박이 생긴다. 개혁도 중요하지만 현장의 혼란을 줄이는 것 역시 중요하다. 현장의 혼란은 곧바로 시민의 불편을 초래한다. 이 모든 것이 "관성"이라는 이름으로 변화와 개혁에 저항한다. 현실에 존재하는 "관성의 법칙"을 넘어 개혁을 진행하려면 필요성과 함께 원칙이 뚜렷이 서 있어야 한다. 원칙이 뚜렷이 서 있으면 조직, 인력, 예산의 한계를 슬기롭게 극복할 수 있다.

셋째, 원칙은 개혁 결과를 정확히 평가할 수 있게 한다. 개혁은 예상대로 진행되지 않기 마련이다. 수많은 난관이 있다. 이때 어려움을 이유로 개혁의 방향을 바꾸고 원칙을 바꾸어 버리면 작은 성공을 큰 성공으로 평가할 위험성, 실패를 성공으로 포장할 위험성이 생긴다. 자신이 선의로 한 말을 나중에 거짓말로 만들 수 있다. 피할 수 있는 충분한 기회가 있었음에도 이를 놓치고 결국 자신이 한 말을 거짓말로 만들게 된다. 참으로 어리석은 일이다. 원칙이 뚜렷하면 평가의 기준도 뚜렷해진다. 원칙이 흔들리면 평가도 흔들리고 거짓말을 하면서도 거짓인 줄 모르는 결과가 된다. 개혁을 하려면 먼저 원칙을 세워야 한다.

권력기관의 총체적 개혁

경찰개혁의 첫 번째 원칙은 경찰 권력의 분산과 견제다. 경찰개혁은 권력기관의 총체적 개혁 속에 존재한다. 경찰개혁은 경찰이라는 조직의 개혁임과 동시에 국가권력기관 총체적 개혁의 일부다. 이중의 의의를 가지고 있다. 국가권력기관의 개혁 원칙은 권력의 분산과 견제다.

경찰 자체의 개혁은 지금까지 있어왔고 앞으로도 계속될 것이다. 문제는 지금 이 순간 경찰개혁이 강조되고 추진되어야 하는 이유, 지금의 개혁 원칙과 토대다. 경찰개혁이 지금 이 순간 더 많이 강조되고 더 많은 추진력을 가지게 된 것은 검찰개혁 때문이다. 검찰개혁과 경찰개혁의 관계는 단순하면서도 심오하다. 경찰개혁을 검찰개혁의 부산물로 생각하면 단순하지만 자체적인 경찰개혁 관점에 서면 심오한 관계가 된다. 검찰은 검찰대로 권한의 분산과 견제가 이루어져야 하고, 경찰도 권한의 분산과 견제가 이루어져야 한다. 검찰과 경찰 사이에도 분산과 견제가 이루어져야 한다. 나아가 경찰의 기존 권한과 확대되는 권한 사이에도 권한의 분산과 견제가 이루어져야 한다. 이중 삼중의 권한 분산과 견제가 필요하다.

앞에서 이 원칙을 경찰개혁을 보는 관점 중의 하나로 설명했다. 이 원칙은 경찰개혁을 검찰개혁과 연결하여 보는 장점이 있다. 경찰개혁은 검찰개혁만큼 중요하지만 관심을 받지 못했고 지금도 비슷하다. 검찰개혁에서 파생된 과제로 경찰개혁을 보기 때문이다. 검찰개혁 과제 중의 하나인 수사권과 기소권을 분리하게 되면 수사권은 자동적으로 경찰이 담당하게 된다. 국정원의 대공수사권까지 경찰에 이관되면 경찰의 권한은 더욱 늘어난다. '검찰파쇼'를 피하려다 '경찰파쇼'를 초래할 수 있다.

경찰은 지금도 이미 충분히 막강한 권한을 가지고 있다. 여기에 검찰개혁, 국정원개혁으로 경찰에 권한을 더하니 경찰국가가 될 수 있다는 우려가 생길 수밖에 없다. 경찰의 권한이 커지는 만큼 이에 대한 분산과 견제가 필요하다. 이런 면에서 검찰개혁은 경찰개혁이라고 할 수 있다. 이 관점은 정당하다. 경찰개혁의 독자적인 필요성을 잊지 않는다면 지극히 정당한 관점이고 원칙이다.

이 원칙은 "국가권력기관의 총체적 개혁", "권력기관의 분산과 견제"라고 명명할 수 있다. 이 원칙은 경찰개혁에 대하여 검찰개혁과 같은 수준, 국정원개혁과 같은 수준의 크고 종합적인 개혁을 요구한다. 효율적인 행정, 친절한 경찰, 전문성 있는 경찰을 넘어서서 권력기관의 분산과 견제라는 대형 개혁을 요구하는 것이다.

검찰은 수사권과 기소권의 분리 과정에 들어섰다. 지금은 검찰과 경찰이 수사권을 분점하고 있지만 장기적으로 검찰은 기소권만 가진 기관으로 남게 될 것이다. 이것은 검찰의 본질을 변화시키는 개혁이다. 검찰 조직 전부를 바꾸는 개혁이다. 경찰도 근본에서부터 조직의 위상과 역할을 바꾸는 개혁이 필요하다.

국정원개혁도 국정원의 성격을 바꿀 정도의 큰 개혁이다. 국내정보를 더 이상 수집하지 않고 대공수사권을 행사하지 못하는 것은 국정원 조직의 성격을 바꾸고 역할을 바꾸는 큰 개혁이다. 국정원 직원들의 대량 이동도 예상된다. 국정원의 성격을 바꿀 정도의 개혁을 하지 않으면 국정원은 개혁되지 않는다. 국가권력기관으로서 정당성을 갖지 못한다. 경찰도 같다. 경찰의 성격을 바꿀 정도의 큰 개혁이 되어야 한다. 그래야만 국가권력기관 모두가 정치권력이 아닌 시민을 위한 조직이 될 수 있다. 시민의 자유와 인권, 안전과 평화를 지키는 조직이 될 수 있다.

형사사법체제의 균형 개혁

경찰개혁은 나아가 형사사법체제 개혁과 관련되어 있다. 형사사법체제는 경찰, 검찰, 법원이라는 기관으로 구성된다. 경찰개혁은 검찰개혁과 보조를 맞추어야 하지만 법원의 개혁과도 함께 해야 한다. 권력기관 사이의 견제와 균형, 행정부와 사법부의 감시와 견제 시스템이 필요하다. 형사사법체제 개혁이라는 큰 틀의 개혁에서 검찰개혁도, 경찰개혁도 진행되고 있다. 법원개혁도 마찬가지다. 이들 사이에 균형이 이루어지지 않는다면 형사사법체제 개혁은 제대로 될 수 없다. 한쪽이 너무 빨라서도 안 되고 또 너무 늦어서도 안 된다.

균형을 잃으면 곤란하다. 하나의 기관에 권한이 집중되면 견제와 감시, 균형이라는 민주주의의 기본 원리가 작동되지 않는다. 과도기라고 하지만 한 기관에 지나친 힘이 쏠리는 것은 위험하다. 과도기라고 하지만 그 기간 동안 시민들의 자유와 인권, 안전과 평화는 위험해진다. 그리고 한번 정해진 제도는 "관성의 법칙"이 적용되어 유지하려는 경향을 보인다.

1954년 만들어진 형사소송법은 검사를 수사의 주재자로 규정했다. 제정 형사소송법 체제가 65년 이상 지속될 것이라고는 누구도 예상하지 못했을 것이다. 당시에도 이 체제가 있을 수 있는 하나의 체제이며 나라가 발전하면 바뀔 수 있다고 생각했다. 65년 동안 정권은 여러 번 바뀌었다. 대통령도 여러 명 탄생했다. 민주혁명도 4월 혁명, 6월 항쟁, 촛불혁명 등 3번이나 있었다. 이보다는 작지만 시민의 힘이 분출된 항쟁은 많이 있었다. 부마항쟁과 광주항쟁은 그중에서도 특히 중요한 위치를 점하고 있다. 대통령이 4명이나 교도소에 간 경험도 있다.

이런 변화 속에서도 제정 형사소송법 체제는 바뀌지 않았다. 제도는 고정되면 좀처럼 바뀌지 않는다. 가장 늦게 바뀌는 법이다. 과도기라고 하더라도 조심해야 한다. 과도기라고 하더라도 다시 개혁하려면 개혁 동력이 있어야 하고 이론과 실무가 있어야 하고 기회가 있어야 한다. 민주정부는 당연히 필요하다. 형사사법체제 개혁을 바탕으로 한 국가 전체의 개혁프로그램이 필요하다. 경찰개혁은 국가개혁의 일부다. 다른 개혁과 함께 보조를 맞추어 균형을 잡고 개혁을 추진해야 한다.

2018년 6월의 합의

경찰개혁이 국가권력기관 개혁의 일환이고 형사사법체제 개혁의 일부라는 주장을 증명하는 증거가 있다. 행정안전부 장관과 법무부 장관이 2018년 6월 12일 합의한 "검·경 수사권 조정 합의문"이 그것이다. 당시 검찰개혁, 경찰개혁의 성과로 대대적으로 홍보되었다. 지금도 언제 어디서든 쉽게 확인할 수 있는 합의문이다. 이 합의문은 경찰개혁이 검찰개혁과 함께 진행되어야 한다는 점, 경찰개혁이 국가권력기관 개혁의 일부로서 다른 개혁과 균형을 맞추어 진행해야 한다는 점, 경찰개혁이 형사사법체제 개혁의 일부라는 점을 가장 잘 보여준다. 이 합의문에서 경찰개혁과 관련한 부분은 다음과 같다.

　5. 자치경찰제에 관하여
　　가. 수사권 조정은 자치경찰제와 함께 추진하기로 한다.
　　나. 대통령 직속 '자치분권위원회'(위원장 정순관)가 중심이 되어 현

행 제주 자치경찰제의 틀을 넘어서는 자치경찰제 실현을 위한
계획을 조속히 수립하고, 경찰은 2019년 내 서울, 세종, 제주 등
에서 시범실시, 대통령 임기 내 전국 실시를 위하여 적극 협력
한다.

다. 자치경찰의 사무·권한·인력 및 조직 등에 관하여는 대통령
  소속 자치분권위원회의 결정에 따르되, 경찰은 다음 각항에 관
  한 구체적 이행계획을 자치분권위원회에 제출한다.

  ① 자치경찰의 정치적 중립을 확보하기 위한 광역시도에 관련
    기구 설치 및 심의·의결기구인 '자치경찰위원회' 설치 계획

  ② 비수사 분야(지역 생활안전·여성청소년·경비·교통 등) 및 수
    사 분야의 사무 권한 및 인력과 조직의 이관계획

라. 수사 분야 이관의 시기, 이관될 수사의 종류와 범위는 정부 관련
  부처와 협의하여 결정한다.

마. 국가경찰은 자치경찰제 시행 이전이라도 법령의 범위 안에서
  국가경찰사무 중 일부를 자치단체에 이관한다.

6. 수사권 조정과 동시에 경찰이 실천해야 할 점

  가. 경찰은 수사과정에서의 인권옹호를 위한 제도와 방안을 강구
    하여 시행한다.

  나. 경찰은 사법경찰직무에 종사하지 아니하는 경찰이 사법경찰직
    무에 개입·관여하지 못하도록 절차와 인사제도 등을 마련하
    여야 한다.

  다. 경찰은 경찰대의 전면적인 개혁방안을 마련하여 시행하여야
    한다.

먼저 이 합의문의 형식을 살펴보자. 이 합의문은 국가를 대표하여 행정안전부 장관과 법무부 장관이 서명했다. 행정안전부 장관은 경찰개혁을 대표하고 법무부 장관은 검찰개혁을 대표했다. 이 합의문은 단순히 두 부처의 합의문이 아니라 정부 전체의 합의문이었다. 이 점을 강조하기 위하여 합의문 작성 현장에 행정부를 대표하여 이낙연 국무총리가 참석했다. 청와대를 대표하여 조국 민정수석이 참석했다. 검찰개혁과 경찰개혁에 전국가적 역량이 동원된다는 사실을 상징적으로 보여주었다.

더 중요한 사실은 이 합의문의 내용에 따라 검찰개혁이 실제로 진행되었다는 점이다. 검찰개혁은 국가의 전역량이 동원되어 이 합의문대로 추진되었고 입법화되었다. 국가가 스스로 약속을 지킨 것이다. 검찰개혁을 통해 향후 입법은 이 합의문에 의하여 이루어질 것이라는 점을 증명했다. 그렇다면 경찰개혁도 당연히 이 합의문대로 이루어졌어야 했다. 하지만 실제는 그렇지 못했다.

합의문과 경찰개혁

이 합의문은 경찰개혁과 관련하여 다음의 사실을 명백히 하고 있다.

① 경찰개혁은 자치경찰제가 핵심이다. ② 자치경찰제는 수사권 조정과 함께 실시한다. ③ 자치경찰제는 자치분권의 관점에서 실시한다. ④ 현행 제주자치경찰의 틀을 뛰어넘는 대규모의 자치경찰제를 실시한다. ⑤ 자치경찰에 수사권도 이양한다.

이 다섯 가지 명백한 사실은 경찰개혁이 검찰개혁 수준의 대대적인 개혁이 되어야 한다는 점을 웅변한다. 수사권 조정으로 검찰개혁을 추진하듯이 자치경찰제로 경찰의 개혁을 추진한다는 것을 말하고 있다. 경찰개혁의 핵심 과제는 자치경찰제라고 못박고 있다. 자치경찰제의 구체적인 내용도 설명하면서 신속한 실시를 강하게 요구하고 있다. 경찰개혁이 검찰개혁을 매개로 국가권력기관 개혁의 일부, 형사사법체제 개혁의 일부라는 점을 명확히 하고 있다.

이 합의문 중 경찰개혁 부분은 이행되지 못했다. 경찰개혁에 검찰개혁만큼 전국가적 역량이 동원되지 않았다. 자치경찰제에 대한 관심은 거짓말처럼 사라졌다. 경찰권한의 분산과 견제라는 관점은 사라졌다. 합의문은 지켜지지 못했다. 검찰개혁을 말할 때에는 합의문을 강조했지만 경찰개혁을 추진할 때는 합의문을 무시했다.

합의문에서 밝힌 방향은 여전히 유효하다. 형식적으로 여전히 문재인 정부의 대국민 약속이다. 내용적으로 검찰개혁과 경찰개혁의 구체적이고 올바른 방향을 담고 있다. 국가권력기관의 개혁을 통하여 권력기관 권한의 분산과 견제를 추구하는 방향은 여전히 옳다. 이 합의문을 다시 살려 경찰개혁의 원칙으로 삼는 것이 필요하다.

2

◆

지방자치의 완결성

자치경찰의 의의

경찰개혁의 두 번째 원칙은 지방자치의 완결성을 높이는 것이다. 국가 권력기관 개혁의 원칙인 권력의 분산과 견제를 위해서도, 경찰 자체의 개혁을 위해서도 지방자치의 완결성을 높이는 개혁을 원칙으로 삼아야 한다. 지방자치의 완결성을 높이는 경찰개혁은 자치경찰제다.

자치경찰제는 경찰개혁의 핵심이다. 이 점은 이미 위에서 살펴보았다. 특히 2018년 6월의 행정안전부 장관과 법무부 장관의 합의문은 이 점을 가장 잘 보여준다. 자치경찰의 의의에 대해서는 앞에서 8가지로 살펴보았다.

이를 요약하면 3가지로 정리할 수 있다. 첫째, 자치경찰은 검경수사권 조정과 같은 수준으로 경찰권한을 분산하고 견제하는 핵심 과제라는 점, 둘째, 자치경찰은 자치분권 시대에 지방자치를 완성하는 중요 과제라는 점, 셋째, 자치경찰은 민생치안을 담당하는 경찰 자체의 개혁과제라는 점이 그것이다. 자치경찰의 의의에 비추어보면 자치경찰 없는 경찰개혁은 생각할 수 없다. 자치경찰이 없다면 국가권력기관 개혁을 완수했다고 할 수 없다. 자치경찰을 본격적으로 높은 수준으로 실시하는 것은 당위이고 필연이며 시급한 과제다.

그림 9 | 자치경찰의 3가지 측면

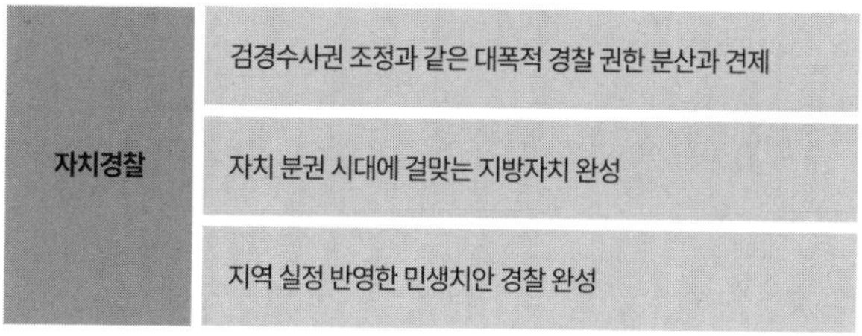

자치경찰	검경수사권 조정과 같은 대폭적 경찰 권한 분산과 견제
	자치 분권 시대에 걸맞는 지방자치 완성
	지역 실정 반영한 민생치안 경찰 완성

문재인 정부 국정과제

문재인 정부는 지방자치, 분권발전에 관심이 높은 정부다. 대통령 직속으로 두 개의 위원회를 둘 정도로 자치와 분권에 많은 관심을 가졌다. '대통령 직속 자치분권위원회'와 '대통령 직속 국가균형발전위원회'가 그것이다.

문재인 정부의 자치분권에 대한 관심은 정부 초기 마련한 국정과제에 잘 나타나 있다. 문재인 정부는 국정과제로 권력기관의 민주적 개혁이 포함된 "국민이 주인인 정부"와 함께 분권발전의 핵심 과제로 "고르게 발전하는 지역"을 설정했다. 분권발전은 3대 전략과 11개 과제로 구성되어 있다. 구체적인 내용은 다음과 같다.

〈분권발전 국정과제 ― 정책기획위원회〉

풀뿌리 민주주의를 실현하는 자치분권
획기적인 자치분권 추진과 주민 참여의 실질화
지방재정 자립을 위한 강력한 재정분권
교육 민주주의 회복 및 교육자치 강화
세종특별시 및 제주특별자치도 분권모델의 완성

골고루 잘사는 균형발전
전 지역이 고르게 잘사는 국가균형발전
도시경쟁력 강화 및 삶의 질 개선을 위한 도시재생뉴딜 추진
해운 · 조선 상생을 통한 해운강국 건설

사람이 돌아오는 농산어촌
누구나 살고 싶은 복지 농산어촌 조성
농어업인 소득안전망의 촘촘한 확충
지속가능한 농식품 산업 기반 조성
깨끗한 바다, 풍요로운 어장

여기에서는 자치분권 국정과제가 얼마나 충실하게 실현되었는가는
평가하지 않는다. 자치분권 국정과제 평가는 이 분야 전문가들의 몫이
다. 여기에서 강조하고 싶은 것은 자치분권이 국정과제로 올라갈 정도로
중요한 과제였다는 점, 그리고 자치경찰이 자치분권의 핵심 중의 하나
라는 점이다. 자치경찰이 자치분권의 핵심이라는 점은 2018년 6월의 장

관 합의문에서 확인된다. 자치경찰에 대한 설계 책임은 '대통령 직속 자치분권위원회'에 속해 있다. 자치분권과 자치경찰이 긴밀하게 결합되어 있으므로 자치경찰 설계를 '대통령 직속 자치분권위원회'가 담당한 것이다. 당시 정부는 지방자치의 수준을 높이기 위한 자치경찰 실시를 이미 약속했다.

지방자치 수준을 높이기 위한 자치경찰의 필요성은 법률에서도 나타난다. 위에서 본 바와 같이 『지방자치분권 및 지방행정체제개편에 관한 특별법』은 자치경찰을 의무적 시행 대상으로 규정하고 있다. 이 법 제12조 제3항은 "국가는 지방행정과 치안행정의 연계성을 확보하고 지역특성에 적합한 치안서비스를 제공하기 위하여 자치경찰제도를 도입하여야 한다"라고 규정하고 있다.

3

◆

권력기관 총량 동결

권력기관 창설, 통합, 증원 동결

경찰개혁 원칙의 세 번째 원칙은 권력기관 총량 동결 원칙이다. 개혁 과정에서 전체 권력기관의 권한이 더 늘어나서는 안 된다. 권력기관 개혁은 권력기관의 권한을 분산하고 견제하고 감시하는 것이다. 권한을 분산하고 견제하고 감시하는 이유는 권력기관들이 시민의 자유와 인권, 안전과 평화를 침해할 위험이 있기 때문이다. 따라서 권력기관 개혁을 하면서 새로운 권력기관을 창설하거나 권력기관을 견제장치 없이 통합하거나 권력기관 직원들을 늘리는 것은 주의해야 한다. 이 원칙을 놓치면 권력기관 개혁이 오히려 반대의 결과를 낳을 수 있다.

효과적인 행정과 수사를 위해 특별한 기구를 구상할 수는 있다. 하지만 그 기구는 제한된 관할 또는 제한된 권한을 가져야 한다. 그리고 견제와 감시체제를 갖추어야 한다. 특별기구로는 대표적으로 '고위공직자범죄수사처'가 있다. 공수처 역시 권력기관이므로 권한 남용의 위험이 있다. 시민의 자유와 인권, 안전과 평화를 위태롭게 할 위험이 있다. 그렇지만 그럴 위험이 그리 높지는 않다.

먼저 인적 수사대상이 제한되어 있다. 대통령, 국회의원, 대통령 비서실 등 고위공직자로 대상이 한정되어 있다. 물적 대상, 즉 범죄도 권한 남용범죄, 부패범죄로 한정되어 있다. 그 결과 규모도 매우 작다. 지금의 검찰과 비교하면 100분의 1 수준이다. 나아가 검찰과 경찰에 의한 견제장치도 있다. 검사와 경찰은 공수처 검사나 직원에 대하여 수사권이 있다. 여기에 더해 공수처장 임명에 여러 견제장치가 있다. 공수처장에 대한 국회의 견제도 있다. 공수처에 대한 견제장치는 충분하다고 할 수 있다. 공수처에 대한 견제장치는 다른 특수 수사기관에 대한 견제장치의 모범이 될 가능성이 크다.

향후 우리에게 필요한 특별 수사기관으로 화이트칼라 범죄, 금융범죄, 증권범죄 전담수사기관을 생각해 볼 수 있다. 현대 사회에서 금융과 증권은 매우 중요하다. 이를 둘러싸고 엄청난 화이트칼라 범죄가 일어나고 있다. 2008년의 경제위기는 금융위기에서 시작되었다. 금융위기, 경제위기는 국민의 세금인 구제금융으로 이어진다. 하지만 이 과정에서 잘못을 범한 금융CEO, 증권회사 고위직이 처벌받는 경우는 드물다. 미국은 일찌감치 이 문제에 봉착했다. 금융범죄, 증권범죄는 갈수록 대형화되는데 금융범죄, 증권범죄를 저지른 CEO는 처벌받지 않고 회사는 같은 행위를 계속한다(제이 에이싱어, 2019). 우리도 비슷하다. 금융이 경제를 좌우하는데 여기에 수많은 사람들이 투기를 하고 조작을 하는 것이 현실이다. 화이트칼라 범죄, 금융범죄, 증권범죄에 대한 수사 필요성은 매우 높다. 이를 위해 전담수사기관을 구상해 볼 수 있다. 그렇지만 화이트칼라 범죄, 금융범죄, 증권범죄 전담수사기관에 대해서도 견제와 감시체제는 마련해야 한다. 권한을 남용할 가능성이 있기 때문이다.

권한 남용의 역사

권력기관의 권한 증가를 경계하는 이유는 권력기관의 권한 남용이 쉽게 벌어질 뿐 아니라 치명적인 결과를 낳기 때문이다. 권력기관의 권한 남용은 조금만 방심해도 쉽게 벌어진다. 이를 우리는 역사에서 확인할 수 있다.

우리 역사에서 권력기관들은 권한을 남용하여 무고한 시민의 자유와 인권, 안전과 평화를 침해해 왔다. 수많은 과거사 사건이 이를 증명한다. 선량한 시민을 간첩으로 만들었던 간첩조작 사건이 이를 증명한다. 고문과 가혹행위, 폭행과 협박으로 가혹하게 민주 활동가와 재야인사를 탄압했던 사건이 이를 증명한다. 민주화운동과 민중생존권 투쟁은 박해를 받았다. 그 지도자들은 가혹한 수사를 받았고 가혹한 재판을 받았다. 이들 사건은 과거사 사건이 되어 진상규명의 대상이 되었다. 진상이 규명되자 재심을 통하여 무죄를 선고받았다. 민청학련 사건, 인혁당 사건, 태영호 사건, 송씨 일가 사건, 부천서 성고문 사건, 박종철 열사 고문치사 사건 등 일일이 열거하기도 어렵다.

그 뿌리는 더 거슬러 올라간다. 일제 강점기의 일본 경찰의 행태가 권한 남용의 사례다. 독일 나치시대 경찰의 권한 남용이 그 사례다. 독일 나치 시대 반나치활동은 단심으로 사형까지 처해졌다. 유명한 '백장미단' 사건은 독일 뮌헨대학에서 대학생들이 유대인 학살의 실체를 폭로하는 반나치 전단을 뿌린 사건이다. 대학생들은 모두 단심으로 사형을 선고받았고 사형은 곧바로 집행되었다. 우리에게는 『아무도 미워하지 않는 자의 죽음』으로 알려져 있다.

권력기관의 권한 남용은 쉽게 벌어지는 문제도 있지만 그 결과가 참혹하기 때문에 더 주의해야 한다. 한국 판사들이 가장 부끄러워 한다는 인혁당 사건에서 8명은 사형에 처해졌다. 되돌릴 수 없는 결과다. 나중에 재심에서 무죄를 선고받아 명예는 회복되었지만 목숨은 회복되지 않는다. 징역형을 선고받아 형을 산 사람의 인생은 절대로 회복되지 않는다. 젊어서 공부하고 연애하고 결혼하고 애를 낳고 애를 키우고 사랑하고 직장을 가지고 집을 가지고 행복을 누릴 수 있는 기회 자체를 박탈당한다. 수많은 과거사 사건에서 우리는 회복되지 않는, 되돌릴 수 없는 결과를 보고 있다. 권력기관의 권한 남용은 참으로 무서운 것이다.

권력기관 권한 확대가 낳는 문제

권력기관 권한 확대는 세 가지 방향으로 이루어진다. 첫 번째 확대는 새로운 기관의 창설이다. 두 번째 확대는 기관의 합병이다. 세 번째 확대는 기관 자체의 확대다. 세 가지 방향 모두 권력기관의 확대로서 문제가 있다.

첫째, 새로운 권력기관의 창설은 전형적인 권력기관 권한 확대 사례다. 중앙정보부가 1961년 창설된 것이 대표적인 사례다. 철저한 견제와 감시 체제가 뒷받침되지 않으면 시민의 자유와 인권, 안전과 평화는 위협받는다.

권력기관의 권한은 모호한 경우가 많다. 권력기관을 이용해 통치하는 비민주정부에서는 더욱 그렇다. 새로운 권력기관 창설은 중복되는 권한을 모두 자신의 것으로 만들고 다른 기관을 종속시킬 가능성이 있다. 국가기관은 서로 협조하면서 서로 견제해야 한다. 일방적으로 협조하거나 견제하는 관계는 없다. 민주주의의 발전 과정에서 국가기관 사이의 균형과 견제가 강조된다. 코로나19 사태에서 보듯이 국가기관이 협조하지 않으면 방역은 제대로 효과를 볼 수 없다.

형사사법기관도 같다. 최근 시민들이 잔혹범죄, 엽기범죄, 혐오범죄에 대해 종합적인 대책을 요구하고 있다. 종합적인 대책을 마련하려면 국가기관들이 서로 협조해야 한다. 법원도 이에 응하여 양형위원회를 통하여 양형을 올리거나 내리거나 정책적 결정을 한다. 협조를 바탕으로 하되 권한이 남용되지 않도록 견제와 감시를 하는 것이 중요하다. 새로운 권력기관이 권한을 집중하는 것은 경계해야 한다.

둘째, 권력기관의 합병은 새로운 거대 권력기관을 만드는 것이므로 권력기관 권한 확대 사례에 해당한다. 권력기관 합병에는 조직의 합병도 있지만 권한의 합병도 있다. 조직은 그대로이지만 다른 기관의 권한을 흡수하는 경우가 여기에 해당한다. 하나의 권력기관이 많은 권한을 가지면 권한 남용의 위험이 높아진다. 내부에서 여러 가지 방법으로 견제를 시도하지만 내부 견제는 불충분한 경우가 대부분이다. 권한이 증가하는 만큼 견제와 감시 장치를 마련할 필요가 있다. 검찰의 수사권 일부와 국정원의 대공수사권을 경찰이 이관받은 현재 이 원칙을 다시 확인할 필요가 있다.

셋째, 권력기관 자체의 권한 확대의 대표적인 예는 새로운 부서 창설과 인력 증원이다. 새로운 부서 창설은 제2차 세계대전 패전 전 일본의 고등경찰 창설이 대표적인 사례다. 일본 제국주의의 물리력이었던 일본 경찰은 특별고등경찰을 창설하면서 사회를 전면적으로 지배하게 된다. 정보와 행정과 수사가 결합되면서 일본 사회와 식민지는 특고의 영향력 아래 놓이게 되었다. 그 결과는 일본에서는 민주주의 압살, 한반도에서는 독립운동 탄압과 조선인 수탈로 나타났다.

인력 증원 역시 권한 확대를 의미한다. 한국 경찰은 법집행자이면서 행정가들로서 일선 업무가 많다. 인력에 비하여 업무는 많았다. 그동안 부족한 경찰력은 전투경찰, 의무경찰로 대체해 왔다. 이런 이유로 경찰 인력 증원에 대해서는 반대가 심하지 않다. 하지만 경찰 인력 증가는 경찰권한 증가로 이어진다는 점을 잊어서는 안 된다. 특히 전투경찰, 의무경찰이 필요했던 것은 소위 시국치안, 정권안보를 위한 것이었으므로 의무경찰을 모두 경찰관으로 대체한다는 발상은 이상한 발상이다. 인구 대비 적정한 경찰인력에 대한 구체적인 근거가 필요하다. 막연히 경찰관이 부족하다는 이유로 경찰관을 많이 뽑아서는 안 된다. 과학적인 검토가 필요하다.

2016년 연구 중「경찰인력 증원 및 운용 평가」연구가 있다. 이 연구는 2013년부터 5년간 매년 4,000명씩 총 2만 명을 증원하여 민생치안 분야에 우선 배치한다는 인력증원 방침 아래 2013~2015년 동안 실시된 경찰 인력 11,281명의 증원과 2016년 1,901명 증원 예정 사실을 분석했다. 증원 관련 소요예산은 2013~2016년에는 약 1조 원, 그 이후에는 매년 1.2조 원이 될 것으로 추정되었다. 연구결과 몇 가지 점이 지적되었다.

첫째, 구체적인 정책목표와 연계되지 않은 채 증원규모가 산정되면서 경찰인력 증원의 순효과net effect를 평가할 만한 기준이 모호한 상황이다. 정책목표가 달성되었음에도 경찰관 증원이 계속 이루어지고 있는 경우도 있었다. 따라서 정부(경찰청)는 경찰인력 증원의 적정 규모를 산정할 때 기초가 되는 정책목표를 주요 기능별로 보다 구체화할 필요가 있다. 그리고 경찰인력 적정 규모의 도출을 위한 체계적·과학적 방법론에 기초하여 인력운영계획을 제시할 필요가 있다.

둘째, 급격한 인력증원 일정에 맞추다보니 신임순경 교육 시 실질 교육기간이 축소되고, 그에 따라 신임순경의 전문성 및 안전성 저하 문제가 초래되었다.

셋째, 지역경찰관서 인력증원을 통한 실질 순찰기능 강화에 한계가 있었다. 실제 순찰인력의 증원은 미미했고 지역간 지역경찰 배치의 불형평성 문제가 발생했다. 실질 치안수요 및 치안비용 추정에 기반하여 지역경찰을 재배치해야 한다는 원칙에 충실하지 못한 결과가 나타났다(한재명, 2016).

경찰관 증원은 막연한 감으로 추진해서는 곤란하다. 권력기관의 권한 확대를 초래하기 때문이다. 과학과 통계에 기반한 증원이 되어야 한다. 치안수요와 치안의 변화를 함께 고려하면서 추진해야 한다. 막연한 경찰관 증원은 치안서비스의 확대가 아니라 경찰권한 확대라는 결과를 초래할 수 있다.

그림 10 | 경찰개혁 3대 원칙

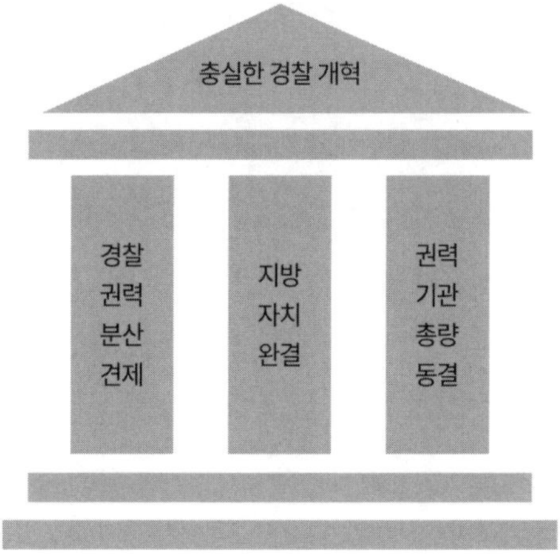

충실한 경찰 개혁

경찰
권력
분산
견제

지방
자치
완결

권력
기관
총량
동결

김 인 회 의

경 찰 을

생 각 한 다

제4장

경찰개혁 5대 과제

1

◆

자치경찰제

자치경찰의 역사적 정통성

자치경찰제는 경찰개혁의 핵심이다. 국가권력기관인 경찰의 권한 분산과 견제의 핵심 방안이면서 지방자치를 완성하는 개혁방안이다. 역사적으로도 자치경찰제는 이중의 의의를 띠고 계속 논의되어 왔다. 김대중 대통령의 국민의 정부 때부터 구체적인 법안이 발의되기 시작했다. 노무현 대통령과 이명박 대통령 때에도 시도되었다. 이런 과정을 거치면서 자치경찰은 한국 경찰개혁의 핵심으로 떠올랐다. 자치경찰 논의는 검경수사권 조정과 함께 논의되었는데 검경수사권 조정은 검찰개혁의 대표과제로, 자치경찰은 경찰개혁의 대표과제가 되었다. 정치권도, 경찰도 검경수사권 조정과 자치경찰을 동시에 실시하는 것에 광범위한 공감대가 있었다.

자치경찰에 대한 최초의 논의는 정부 수립기에 벌어졌다. 1948년 7월

17일 정부조직법 제정 당시 미군정청과 민정당국 사이에 경찰의 정치적 중립을 위한 지방자치화가 검토되었다. 하지만 국토의 협소성, 공산주의자들의 준동에 대한 우려, 빈약한 지방재정 그리고 건국 초기의 신속한 업무수행 필요 등을 이유로 무산된 바 있다(대통령자문 정책기획위원회, 2007).

1955년 9월 11일 정례 국무회의에서는 시·도지사 소속하에 3인의 시·도경찰위원회를 두고(위원 1인은 시·도지사가 당연직) 시·도경무청은 시·도경찰위원회의 집행기관으로 하는 경찰법안을 의결했으나 국회에 회부하지 못하고 폐기하였다(대통령자문 정책기획위원회, 2007).

자치경찰에 대한 본격적인 논의는 1960년 4월 혁명으로 시작된다. 4월 혁명으로 구성된 제4대 국회는 1960년 5월 24일부터 '경찰중립화 법안 기초 특별위원회'를 구성하여 경찰개혁을 본격화했다. 당시의 주제는 경찰의 관리 문제, 자치경찰제 도입 문제, 경찰관 자격 문제, 범죄수사 주체 문제 등이었다. 핵심은 자치경찰제였다. 이에 대해서는 경찰의 역사 부분에서 자세히 살펴보았다. 이후의 논의는 이 틀에서 벗어나지 않았다. 자치경찰 논의가 4월 혁명에서 논의되었다는 사실에서 민주정부와 지방자치, 자치경찰의 친화성을 알 수 있다. 실제로 경찰개혁, 특히 자치경찰개혁은 박정희, 전두환, 노태우 정부 당시에는 논의조차 금기시되었고 김영삼 정부도 다루지 못했다. 지방자치가 실시되고 민주적인 김대중 정부가 들어선 이후 자치경찰은 본격적으로 논의되기 시작했다.

역대 정부의 자치경찰제 방안

　김대중 대통령의 국민의 정부는 자치경찰제를 처음으로 구상하고 시도한 정부였다. 경찰청(경찰제도개선기획단 ⇒ 경찰개혁위원회)은 1999년 5월 광역자치단체 단위의 자치경찰 도입을 전제로 일본 경찰제도를 모델로 하는 경찰법 개정안을 발표한 바 있다. 하지만 수사권 조정과의 연계 추진에 대한 검찰의 반대 등 이해관계기관과 정치권의 대립 끝에 논의가 중단되었다. 경찰청과 소속기관의 직원 전원 및 전국 경정(또는 총경) 이상의 경찰관은 국가공무원으로 하고, 광역자치단체를 기준으로 시·도경찰청 공무원은 지방공무원으로 하면서 상호교류가 가능하도록 하되, 시도에 경찰위원회를 합의제 행정관청으로 설치하는 내용이었다. 소요경비는 지방자치단체가 부담하도록 하였다. 이후 경찰청(자치경찰기획단)이 1999년 11월 다시 마련한 경찰법 개정안에서도 광역단위의 자치경찰제 실시를 추진한 바 있다(경찰청b, 2020).

　노무현 대통령의 참여정부는 자치경찰제를 법안으로 완성해 국회에 제출했다. 대통령 소속 '정부혁신지방분권위' 산하 '지방자치경찰특별위원회'와 행정자치부 소속 '자치경찰제 실무추진단'이 주도하여 정부안을 만들었다. 기초자치단체 단위의 자치경찰법안이 2005년 11월 국회에 제출되었다. 하지만 광역에도 자치경찰을 도입하도록 하는 의원발의안과 대립되면서 17대 국회 임기만료로 자동 폐기되었다.
　구체적인 내용은 기초자치단체 단위에서 자치경찰의 도입을 조례에 의하여 선택할 수 있도록 하고, 생활안전·지역교통·경비업무 등 일반 예방경찰의 일부 기능을 국가경찰로부터 인수하면서 지역적으로는 국가경찰과 병존하는 안이었다. 시·도에는 치안행정위원회를, 시·군에는 지역치안협의회를 두고, 국가는 재정지원을 할 수 있도록 하였다(경찰청b, 2020).

참여정부가 최종안을 결정하기 전 검토한 자치경찰 방안은 다음과 같다(대통령자문 정책기획위원회, 2007). 있을 수 있는 자치경찰제 방안을 모두 논의했다는 점을 알 수 있다.

제1안(주민생활 중심의 자치경찰 창설방안) : 현행 국가경찰제도의 골격을 유지하면서 이와 별도로 시·군·구청장 소속에 자치경찰을 설치하는 방안이다. 지역교통, 기초질서, 생활안전 등 행정서비스를 주로 담당한다.

제2안(시·도지사 직속기관 형태의 자치경찰 설치방안) : 합의제 행정기관인 시·도경찰위원회와 독임형 집행기관인 시·도경찰청으로 자치경찰을 구성하는 방안이다. 경찰위원은 시·도지사가 임명하나, 지방경찰청장은 대통령이 임명한다. 그 업무는 수사·정보까지 포함한 광범위한 경찰사무를 담당한다. 이 안은 당시 야당이 제출했던 안이다.

제3안(기초자치단체 단독 경찰운영 방안) : 시·군·구청장 소속 자치경찰을 설치하고, 업무도 포괄적인 경찰업무를 수행한다. 대부분의 국가경찰 기능이 이관된 자치경찰 형태이다.

제4안(단체장이 경찰책임자 인사에 관여하는 방안) : 현재 국가경찰기관을 그대로 유지하되 지방경찰청장이나 경찰서장의 인사 시 자치단체장이 개입토록 하는 방안이다.

2004년 7월 개최된 국정과제 보고회의는 위 4가지 안을 검토한 후 제 1안이 "현실적으로 볼 때 가장 적합한 안"이며 "자치단체장의 권한 비대화 방지 및 주민생활 중심의 지역치안을 자치단체가 책임과 자율 속에서 처리할 수 있다는 점에서 강점이 있다"라고 평가하고 채택했다(대통령자문 정책기획위원회, 2007). 이 방안은 자치경찰의 의의에 비추어 보면 불충분한 안이다. 하지만 현실성 때문에 채택되었다. 현재 상황과 비교해 보면 국가경찰과 별도로 시·군·구청장 소속으로 자치경찰을 설치한다는 점에서 차이가 있다. 조직의 신설을 통한 경찰권한의 분산과 견제에 어느 정도 기여하고 있다.

추진일정과 관련해서는 "자치경찰 소요인원은 출범시에는 50%를 국가기관에서 이관하고, 나머지는 유사직군 특채 및 신규채용으로 충당"하도록 하고 "2004년 하반기 국회통과를 전제로 할 때 2005년 하반기에 시범실시를 하고, 2006년 하반기 민선 4기 출범에 맞춰 전면 실시하는 것을 계획으로 보고"했다(대통령자문 정책기획위원회, 2007).

이명박 정부도 기초자치단체 단위의 자치경찰을 추진했다. 행정안전부(자치경찰제 실무추진단)는 기초자치단체 단위에서 자치경찰을 도입하는 방안을 2008년 5월 확정했다. 이후 대통령 소속 '지방분권촉진위원회'와 '지방행정체제개편위원회'가 이관을 받아 전국 기초자치단체를 축소하는 지방행정체제 개편안과 함께 국회에 제출했다. 하지만 지방행정체제 개편안이 무산되면서 18대 국회 임기만료로 자동폐기되었다. 자치경찰이 생활안전, 지역교통, 경비업무 등 일반 예방경찰의 일부 기능을 지역적으로 병존하는 국가경찰과 공동사무로 하고 구체적 역할 분담은 업무협약을 통해 결정하도록 하는 내용으로 지방자치단체에서 도입을 선택할 수 있도록 하는 안이었다. 지방자치단체에 자치경찰위원회와 자치경찰대를 설치하고, 재정은 지방자치단체가 원칙적으로 조달하나 일부를 국가가 지원하도록 하였다(경찰청b, 2020).

박근혜 정부는 자치경찰에 대해서 가장 소극적이었던 정부로 평가된다. 박근혜 정부의 대통령 직속 자문기구인 지방자치발전위원회는 2014년 11월 확정한 내용으로, 희망하는 기초자치단체 단위에서 주민생활 밀착형 사무에 제한하는 안을 제출했다. 시·군·구에 자치경찰단과 심의의결기구인 자치경찰위원회를 설치하고, 지방소비세와 과태료, 범칙금 등으로 재원을 조달하도록 하였다. 법률안으로 제출되지는 않았다(경찰청b, 2020).

문재인 정부의 자치경찰제

문재인 정부의 자치경찰제는 앞에서 본 바와 같이 2020년 7월 당정청 협의를 통해 별도 조직 신설 없이 경찰사무와 지휘권을 분리하는 방안을 채택했다. 별도 조직을 만드는 이원화 모델은 자치단체 소속 자치경찰 조직을 신설하는 데 따른 경찰 고위직 증가, 초기 비용 과다, 경찰관 지방직 전환에 따른 충원 어려움 때문에 채택되지 않았다. 경찰조직은 그대로 두고 경찰사무를 국가경찰사무와 자치경찰사무로 구분한다. 시·도자치경찰위원회에 자치경찰사무의 지휘권을 부여하고 시·도지사에게는 하위직 자치경찰의 인사권을 부여한다. 따라서 국가경찰사무는 경찰청장, 자치경찰사무는 시·도자치경찰위원회, 수사사무는 국가수사본부장이 시·도경찰청장을 지휘·감독한다. 경찰신분은 국가직을 유지한다. 조직은 분리하지 않으나 자치경찰사무에 대한 지휘·감독권 및 인사권의 일부를 시·도에 부여함으로써 경찰권의 분산과 자치분권성을 담보한다고 한다. 자치경찰제는 『국가경찰과 자치경찰의 조직 및 운영에 관한 법률』에 의하여 2021년 1월 1일부터 시행되었다.

문재인 정부의 자치경찰제는 그동안 논의되어 온 자치경찰제에 비하여 자치분권의 의미가 가장 약하다. 경찰의 권한 분산이 가장 적게 이루어졌다고 평가할 수 있다. 자치분권을 강하게 주장해 온 시민사회의 요구와 거리가 있는 방안이라고 할 수 있다.

첫째, 자치경찰사무는 있는데 자치경찰은 없다. 자치경찰의 조직과 인력이 존재하지 않는데 경찰권 분산이 이루어질 가능성은 낮다(민변, 2020). 제주자치경찰보다 더 못한 존재로 자치경찰을 만들지 않을까 우려된다. 제주자치경찰은 2006년 설립 이후 조직의 발전이나 권한의 확대 없이 국가경찰의 보조기관에 머무르는 한계를 보였다. 실질적인 자치경찰의 역할을 하지는 못한 것이다. 그 이유는 여러 가지가 있겠지만 제주자치경찰에 대한 관심이 부족한 것이 큰 이유일 것이다. 그렇지만 제주자치경찰은 최소한 눈에 보이는 실체를 가지고 있다. 새로 도입된 자치경찰은 눈에 보이는 실체가 없다. 자치경찰 건물도, 자치경찰 조직도, 자치경찰관도 없다. 다만 국가경찰이 자치경찰의 사무를 처리하는 것이다. 국가경찰관이 국가경찰사무와 자치경찰사무가 겹칠 때 어느 사무를 먼저 집행할지는 명확해 보인다. 조직과 인력이 없는 상태에서 자치사무의 독립성은 보장되기 어렵다.

둘째, 일선 경찰관에 대한 인사권이 국가경찰에 있다. 자치경찰사무를 수행하는 일선 경찰관에 대한 지휘·감독권 및 이를 담보할 승진이나 보직인사권이 국가경찰인 시·도경찰청장에게 있다(민변, 2020). 시·도지사에게는 하위직 자치경찰의 인사권만 있다. 지휘·감독권은 인사권에 의하여 담보된다. 자치경찰의 자율성은 보장되지 않는다. 자치경찰사무와 국가경찰사무가 경합할 때 국가경찰사무가 우선될 가능성이 높다.

셋째, 조직과 인력은 물론 자치경찰의 독립적인 재정분권도 찾아보기 어렵다(민변, 2020). 재정분권은 자치분권의 절반 이상을 차지한다. 재정이 분권되어야 예산도 분권되고 행정도 분권될 수 있다. 재정분권이 없는 자치경찰제는 지속되기 어렵다.

너무 조심스러운 자치경찰

결론적으로 너무 조심스럽고 소극적인 자치경찰제라고 할 수 있다. 자치경찰 도입에 따른 예산 증가 및 인력 이동 등 충격을 너무 깊이 고려해 자치를 최소화한 방안이다. 자치경찰제는 해방 이후 경찰의 근본을 바꾸는 큰 개혁이므로 과감한 개혁은 불가피하다. 자치경찰 개혁의 의의를 생각해보면 예산과 인력은 차후의 문제라 할 수 있다. 그럼에도 불구하고 예산과 인력을 이유로 자치경찰 도입을 최소화한 것은 전도된 사고방식이다.

검찰개혁과 비교하면 차이가 크다. 검찰개혁 중 수사권과 기소권 분리, 공수처 설치 등은 한국의 형사사법체제를 바꾸는 큰 개혁이다. 이 개혁을 진행하는 데 예산이나 조직, 인력은 크게 고려되지 않았다. 예산은 조직을 새로 만드는 것이 아니므로 대폭적인 투입은 없다고 볼 수 있다.

하지만 조직과 인력의 변화는 불가피하다. 검찰의 수사권이 줄어들게 되므로 당연히 검사 인력의 감소와 재배치, 검찰 수사관의 재배치 등은 피할 수 없다. 이들의 수가 경찰보다는 적다고 하더라도 적지 않은 수이므로 상당한 진통은 불가피하다. 그럼에도 불구하고 이를 관철했다. 검찰이 공판중심의 검찰이 되려면 지금의 조직구조를 확 바꾸어야 한다. 사정이 이러함에도 개혁을 단행한 것은 개혁의 의의, 필요성이 강했기 때문이다. 경찰개혁의 의의, 필요성도 당연히 강하다. 하지만 경찰에 대해서는 과감한 개혁을 선택하지 않았다. 모순이다.

그렇지만 처음으로 자치경찰제를 시작했다는 점은 주목할 만하다. 지금까지는 논의만 무성했고 결실이 없었다. 이제 자치경찰제의 문을 열었다. 그 의의가 명백해지려면 향후 본격적인 자치경찰제 도입 계획 또는 로드맵이 문재인 정부 임기 동안 제출되어야 할 것이다.

과감한 권한 이전

자치경찰제는 국가경찰제를 근본에서 바꾸는 큰 개혁이다. 과감한 권한 이전이 필요하다. 인력을 기준으로 살펴보자. 이번 경찰개혁에서 자치경찰은 1명도 선발되지 않는다. 자치경찰관은 국가경찰에서 선발하든지 아니면 새로 선발하든지 해야 하는데 자치경찰조직이 없으니 새로 경찰관을 뽑을 필요도 없다. 경찰관 모두 국가경찰이다. 예산과 인력은 아무런 변동이 없다. 과감한 권한과 인력의 이전은 전혀 없다.

일본과 비교해 보자. 일본의 국가경찰인 경찰청은 경찰관, 왕궁호위관, 사무관, 지관, 기타 소요의 직원을 두며 직원의 임명·승인·징계 그 밖의 인사관리에 관한 사항은 국가공무원법이 정하는 바에 따르도록 하여 정원에 관한 규정은 따로 없다. 지방경찰직원의 정원은 조례로 정하나, 그중 경찰관의 정원에 대해서는 정령으로 정한 기준을 따라야 한다. 2107년 현재 경찰직원의 정원은 296,667명으로 국가경찰인 경찰청 정원이 7,848명이며 288,819명이 자치경찰인 도도부현 경찰 정원이다(유주성, 2018). 일본의 국가경찰은 지방자치경찰을 7개의 관구별로 나누어 관리 감독한다. 지방자치경찰관 중 지방경무관(한국의 총경급에 해당)으로 승진하는 지방자치경찰은 곧바로 국가경찰공무원으로 신분이 바뀌게 된다(신현기, 2017).

인구 차이를 고려하면 일본에서는 우리 경찰관 수와 거의 비슷한 수의 경찰이 자치경찰공무원으로 활동하고 있다. 우리 경찰인력은 앞에서 본 바와 같이 2019년 기준 122,913명이다. 이들은 모두 국가경찰이다. 최소한 절대다수의 인력이 자치경찰이 되어야 자치경찰이 시행되었다고 평가할 수 있다.

일본의 경우 대부분의 경찰사무는 도도부현 자치경찰을 통해서 수행하고 있다. 국가경찰은 반드시 법령에 의해 규정된 사항들 이외에는 관여하지 못하게 하고 있다(신현기, 2017). 구체적으로 경찰청은 국가공안에 관계된 사항, 전국적 관점에서 대처할 사항, 기술적·능률적 측면에서 전국적 통일이 필요한 사항 등에 관한 사무만을 관장한다(최돈수, 2018).

미국 역시 자치경찰인 도시경찰이 경찰의 근간이다. 시와 카운티에 근무하는 도시경찰은 전체 경찰관의 75%를 차지한다(대통령자문 정책기획위원회, 2008). 미국은 연방경찰이 있기 때문에 자치경찰이 75%를 차지하는 것으로 보인다. 유주성에 따르면 2013년 기준 자치단체 경찰기관의 수는 12,000여 개이고, 자치경찰에서 고용하고 있는 경찰관은 약 50만

명, 일반직은 약 12만 5천 명이다(유주성, 2018). 우리의 자치경찰이 미국식 자치경찰을 지향하고 있는 이상 경찰관의 75% 정도는 자치경찰로 하는 과감한 인식 전환이 필요하다.

보충성 원칙

자치경찰을 과감하게 시행해야 한다는 사실은 보충성 원칙에서도 찾을 수 있다. 보충성 원칙은 "공적 책무public responsibilities는 원칙적으로 주민에게 가장 가까운 공공단체가 우선적으로 집행해야 한다"는 원칙을 말한다(한귀현, 2012).

보충성 원칙은 세 부분으로 구성된다. 첫째, 모든 의사결정은 가능한 한 개인, 개개의 시민에게 가까운 곳에서 행해져야 한다. 요컨대 하위에 있는 사회단위일수록 우선되어야만 한다는 것이다. 둘째, 상위에 있는 사회단위는 하위의 사회단위가 어떤 권능을 행사할 능력이 없는 경우, 하위의 사회단위를 보조, 보충하는 입장에 선다는 것이다. 이 경우 보조 내지 보충 기능은 상위 사회단위의 의무가 된다. 셋째, 상위의 사회단위가 하위의 사회단위를 보조하는 경우 그것은 부족한 부분을 보조 내지 보충하는 한도에 그쳐야만 한다는 것이다(한귀현, 2012).

보충성 원칙은 지방자치의 핵심 원칙이다. 지방자치와 관련한 핵심 법률에 명시적으로 규정되어 있다. 『지방자치법』 제10조는 다음과 같이 보충성의 원칙을 밝히고 있다.

③ 시 · 도와 시 · 군 및 자치구는 사무를 처리할 때 서로 경합하지 아

니하도록 하여야 하며, 사무가 서로 경합하면 시·군 및 자치구에
서 먼저 처리한다.

『지방자치분권 및 지방행정체제개편에 관한 특별법』 제6조(사무배분
의 원칙) 역시 다음과 같이 규정하고 있다.

① 국가는 지방자치단체가 행정을 종합적·자율적으로 수행할 수 있
도록 국가와 지방자치단체 간 또는 지방자치단체 상호간의 사무
를 주민의 편익증진, 집행의 효과 등을 고려하여 서로 중복되지 아
니하도록 배분하여야 한다.

② 국가는 제1항에 따라 사무를 배분하는 경우 지역주민생활과 밀접
한 관련이 있는 사무는 원칙적으로 시·군 및 자치구(이하 "시·
군·구"라 한다)의 사무로, 시·군·구가 처리하기 어려운 사무는
특별시·광역시·특별자치시·도 및 특별자치도(이하 "시·도"라
한다)의 사무로, 시·도가 처리하기 어려운 사무는 국가의 사무로
각각 배분하여야 한다.

지방자치의 보충성 원칙은 국제적으로 인정받고 있다. 보충성의 원칙
을 지방자치와 관련하여 표현한 것은 1985년 7월 제정, 1988년 9월 발효
된 유럽평의회의 유럽지방자치헌장European Charter of Local Self-Government이
다. 이 헌장은 지방자치의 바이블로서 유럽뿐만 아니라 세계적으로 높은
평가를 얻고 또한 권위를 획득하고 있다(한귀현, 2012).

우리 법률체계만이 아니라 세계적 차원에서도 보충성 원칙은 지방자
치의 근본원칙이다. 당연히 자치경찰에 적용되어야 한다. 국가경찰사무

중 치안사무와 이와 관련된 사무는 당연히 자치경찰의 사무가 되어야 한다. 그것도 과감하게 이루어져야 한다.

시·도 단위 자치경찰제

그렇지만 모든 사무가 시·군·구 단위로 이관될 필요는 없다. 현대사회의 특징 중의 하나로 시·군·구의 통합 흐름이 있다. 급부능력, 특히 행정과 재정능력의 확보를 위해서 시·군·구의 통합이 요구되고 있는 것은 부인할 수 없다(한귀현, 2012). 시·군·구를 통합함으로써 얻는 효율성은 확실히 존재한다.

자치경찰 역시 반드시 시·군·구 단위, 즉 기초자치단체 단위로 결정할 필요는 없다. 수사를 포함한 경찰행정의 효율성을 생각해야 한다. 이런 이유로 우리의 역사에서 자치경찰에 대해 시·군·구 단위와 시·도 단위가 경합을 벌여왔다.

먼저 확정되어야 할 것은 시·군·구 단위와 시·도 단위에 관계없이 권한이 과감하게 이전되어야 한다는 것이다. 권한이 과감히 이전되지 않는다면 어느 단위로 이전되더라도 효과는 없다.

권한 이전의 단위 결정은 세심해야 한다. 경찰행정의 경험, 수사의 필요성, 행정경찰의 필요성과 효율성, 경찰권한의 분산이라는 점 등을 종합하여 판단해야 한다. 이 모든 점을 고려하면 시·도 단위, 즉 광역단위의 자치경찰이 더 나은 방안이라 판단된다. 광역단위 자치경찰제는 연방제 수준의 자치분권이 필요하고 광역 단위로 균형발전을 모색하는 현재의 흐름을 반영할 수 있다.

검찰개혁 수준의 큰 권한의 분산과 견제를 시행하려면 광역 단위가 적절하다는 점 역시 중요하다. 만일 시·군·구 단위, 기초단위로 자치경찰을 구상한다면 수사를 포함한 경찰권한의 상당 부분은 국가경찰에 남을 수밖에 없다. 이런 이유로 문재인 정부의 경찰개혁 역시 지방경찰청 단위, 즉 시·도 단위의 자치경찰을 표방하고 있다. 2016년 8월의 합의문에도 "광역시도에 관련 기구 설치 및 심의·의결기구인 '자치경찰위원회' 설치 계획"이 포함되어 있다.

다만 경찰 직무 중 수사가 아닌 행정경찰 분야는 광역의 시·도 단위를 군이 고집할 필요는 없다. 행정경찰 권한은 광역 시·도 자치경찰에서 기초자치단체인 시·군·구 단위로 이전될 수 있다. 시·도 자치경찰은 광역의 지역경비, 광역수사, 광역교통, 광역질서유지에 집중하며, 시·군·구 자치경찰은 방범, 질서유지, 교통, 민생치안사범 수사·단속 등의 기능을 담당하도록 하는 방안도 구상할 수 있다(김성호, 2012). 시·도 자치경찰과 시·군·구 자치경찰 사이의 권한 배분은 보충성 원칙과 효율성 사이에서 적절한 지점을 찾으면 된다.

자치경찰로 경찰위원회, 국가수사본부 문제 해결

자치경찰은 경찰개혁의 핵심이면서 출발점이다. 자치경찰의 문제를 해결하면 다른 개혁들은 자연스럽게 해결된다. 다른 개혁과제들은 자치경찰제를 바탕으로 하기 때문이다.

첫째, 경찰권력의 분산과 견제는 자치경찰을 통해서 가장 확실하게 해결된다. 이미 여러 차례 설명했다.

둘째, 지방자치는 자치경찰을 통하여 새로운 단계로 진입한다. 지방자치는 행정자치, 교육자치 수준에서는 시행되고 있다. 자치경찰만 되면 형식적으로는 지방자치가 완성된다. 이 역시 강조했던 부분이다.

셋째, 자치경찰은 경찰위원회의 강화를 요구한다. 자치경찰이 되면 이에 대한 통제가 중요하게 된다. 통제는 시민들의 직접 통제가 가장 좋지만 제도로는 자치경찰위원회가 해야 한다. 그런데 자치경찰이 제대로 시행되지 못하고 국가경찰의 영향력이 남아 있으면 자치경찰위원회는 형식적으로 구성되고 운영될 뿐이다. 국가경찰 중심으로 자치경찰을 운용하고 국가경찰이 자치경찰을 통제하기 때문이다. 자치경찰을 높은 수준에서 실시하면 자치경찰위원회의 지위와 역할을 강화하지 않을 수 없다

넷째, 자치경찰은 국가수사본부의 문제점을 해결할 수 있다. 국가수사본부는 국가경찰체제 내에서 경찰의 권한을 행정경찰과 수사경찰로 조직적으로 분리하는 구상에서 출발한다. 국가경찰체제는 그대로 두고 다만 국가행정경찰과 국가수사경찰로 분리하는 것이므로 여전히 중앙집권적이다. 철저한 권한 분산이 아닐 뿐 아니라 지방자치에도 역행한다. 높은 수준의 자치경찰로 수사권을 포함한 경찰행정을 자치경찰에게 이관한다면 국가수사본부와 같은 새로운 조직의 창설 없이 경찰권한을 충분히 분산할 수 있다. 물론 국가경찰에도 수사권이 남아 수사업무는 여전히 담당할 것이다. 하지만 국가경찰은 자치경찰의 수사권을 제외한 범죄에 대해서만 수사권을 갖는다. 자치경찰의 수사를 구체적 사건까지 지휘하는 권한은 없다.

다섯째, 자치경찰은 정보경찰의 문제를 완화할 수 있다. 정보경찰이 문제가 되는 것은 경찰행정이나 수사를 위한 정보를 수집하기 때문이 아니다. 경찰행정정보나 수사정보는 경찰활동에 당연히 포함된다. 문제는

경찰행정정보나 수사정보가 아닌 소위 경찰의 임무와 무관한 '정책정보'다. "정책정보, SRI(특별첩보요구, Special Requirements for Information)는 청와대, 정부부처 등이 수요자이고, 경찰청의 경찰활동과 직접 관련이 없는 것"(양홍석, "경찰개혁위원회 정보경찰개혁 권고안 주요내용", 오병두, 2018 재인용)이다. 이들 정보는 국가경찰만 생산할 수 있다. 정책정보는 전국을 대상으로 하기 때문이다. 자치경찰은 전국을 대상으로 정보의 수집, 분석을 할 수 없다. 국가경찰 역시 정보활동을 하지만 제한된 관할을 가질 뿐이다. 자연스럽게 정보경찰의 필요성은 줄어든다.

여섯째, 자치경찰은 경찰을 선진화한다. 경찰위원회 강화를 통한 문민통제 확립, 시국치안이 아닌 민생치안 중심의 경찰, 국가경찰의 비효율성을 극복한 현장 중심의 경찰, 정치적 중립이 보장된 경찰, 민주적 정당성이 강화된 경찰을 만든다.

2

◆

경찰위원회

경찰위원회는 두 번째로 중요한 경찰개혁 과제다. 경찰위원회는 이중의 역할을 한다. 하나는 지방자치를 충실하게 하여 경찰권력 분산의 역할을 한다. 다른 하나는 경찰에 대한 문민통제를 통해 경찰의 군대화를 방지한다. 이러한 역할을 제대로 하려면 경찰위원회의 구성이 중요하다. 경찰위원회는 국가경찰위원회와 시 · 도자치경찰위원회로 구성된다.

경찰위원회의 구성

국가경찰위원회는 행정안전부에 설치된다. 위원장 1명을 포함한 7명의 위원으로 구성하되, 위원장 및 5명의 위원은 비상임으로 하고, 1명의 위원은 상임으로 구성된다. 임명 과정 및 자격은 다음과 같다.

위원은 행정안전부장관의 제청으로 국무총리를 거쳐 대통령이 임명한다.

행정안전부장관은 위원 임명을 제청할 때 경찰의 정치적 중립이 보장되도록 하여야 한다.

위원 중 2명은 법관의 자격이 있는 사람이어야 한다.

위원은 특정 성性이 10분의 6을 초과하지 아니하도록 노력하여야 한다.

[결격사유]

1. 정당의 당원이거나 당적을 이탈한 날부터 3년이 지나지 아니한 사람

2. 선거에 의하여 취임하는 공직에 있거나 그 공직에서 퇴직한 날부터 3년이 지나지 아니한 사람

3. 경찰, 검찰, 국가정보원 직원 또는 군인의 직에 있거나 그 직에서 퇴직한 날부터 3년이 지나지 아니한 사람

4. 「국가공무원법」 제33조 각 호의 어느 하나에 해당하는 사람(공무원 결격사유)

시·도자치경찰위원회는 특별시장·광역시장·특별자치시장·도지사·특별자치도지사 소속으로 합의제 행정기관이다. 그 권한에 속하는 업무를 독립적으로 수행한다. 시·도자치경찰위원회 위원의 구성 및 자격요건은 다음과 같다. 결격사유는 국가경찰위원회와 같다.

[구성]

1. 시·도의회가 추천하는 2명

2. 국가경찰위원회가 추천하는 1명

3. 해당 시 · 도 교육감이 추천하는 1명

4. 시 · 도자치경찰위원회 위원추천위원회가 추천하는 2명

5. 시 · 도지사가 지명하는 1명

[자격]

1. 판사 · 검사 · 변호사 또는 경찰의 직에 5년 이상 있었던 사람

2. 변호사 자격이 있는 사람으로서 국가기관 등에서 법률에 관한 사무에 5년 이상 종사한 경력이 있는 사람

3. 대학이나 공인된 연구기관에서 법률학 · 행정학 또는 경찰학 분야의 조교수 이상의 직이나 이에 상당하는 직에 5년 이상 있었던 사람

4. 그 밖에 관할 지역주민 중에서 지방자치행정 또는 경찰행정 등의 분야에 경험이 풍부하고 학식과 덕망을 갖춘 사람

시 · 도자치경찰위원회의 구성에서 핵심은 지방자치의 의의가 제대로 살려지는가이다. 지방자치의 실질화라는 관점에서 시 · 도자치경찰위원회의 문제를 살펴본다.

먼저 구성인원 자체가 적다. 지역 주민의 의사가 직접 반영되지 못하고 간접적으로 반영되는 것 역시 문제다. 시 · 도의회 의원이 직접 참여하지 않아 시 · 도의회의 의사가 간접적으로 전해진다. 시 · 도지사가 지명하는 자의 숫자도 적다. 이런 구성으로는 지방자치에 충실한 자치경찰을 기대하기 어렵다.

시민 중심의 런던자치경찰위원회

이 점은 런던자치경찰위원회와 비교해 보면 확실히 드러난다. 영국 런던경찰은 1829년 국가경찰로 창설되었다. 오랜 기간 국가경찰로 유지해 오다가 2000년 자치경찰로 전환했다. 런던경찰은 자치경찰위원회 구성에서 자치경찰의 특징을 잘 드러내고 있다.

런던자치경찰위원회 위원은 모두 23명이다. 이 중 12명이 런던시의회 의원을 겸직한다. 런던시의회 의원 중 1명은 런던시 부시장으로서 당연직이다. 나머지 11명은 선임 당시 런던시의회 의원의 정당별 분포비율에 따라 선출된다. 런던시의회는 25명의 시의원으로 구성되어 있으니 절반이 런던자치경찰위원회를 겸직한다(문성호, 2004).

나머지 11명 중 1명은 국무부장관이 직접 임명한다. 6명은 런던시의회 의원 출신 자치경찰위원과 치안판사 중에서 선임된 자치경찰위원 합동 선정위원회에서 공개 모집광고 절차를 거쳐 선임한다. 나머지 4명은 런던의 치안판사 중에서 선임된다. 치안판사 중에서 선임될 때에는 런던 치안판사 법원 운영위원회에서 추천한다(문성호, 2004). 영국의 치안판사는 정식 법률가가 아니다.

런던자치경찰위원회는 런던지방정부 산하의 한 직능기관이지만 1999년의 런던지방정부법에 근거한 법령상의 독립기관이다. 런던자치경찰위원회는 경찰활동 수행에 대한 정책과 전략 차원의 책임은 지지만 개별적인 작전사항에 대해서는 관여할 수 없다(문성호, 2004).

런던자치경찰위원회가 이렇게 많은 구성원을 두는 것은 자치경찰 운영에 책임을 지기 때문이다. 런던자치경찰위원회는 소위원회를 두고 있다. 소위원회에는 회계감사 소위원회, 민경협의 담당 소위원회, 조정 및 경찰활동 소위원회, 동등기회 및 다양성 소위원회, 재정소위원회, 인력자원 소위원회, 경찰보수 소위원회, 기획업무성과심의 소위원회, 직업윤리 및 경찰비리민원 소위원회, 자치경찰청장 계급 인사의 행동윤리 소위원회(총경 혹은 경무관 계급이상), 업무표준 소위원회 등이 있다. 그리고 사무국과 재무국으로 구성된 사무처가 있다(문성호, 2004). 실질적인 업무를 하는 기관임을 잘 알 수 있다. 물론 런던경찰청은 일상적인 경찰작전 및 경찰운영에 관한 한 자치경찰로 전환되기 이전과 마찬가지로 자치경찰위원회로부터도 독립성을 유지하면서 업무를 장악하고 있다.

영국은 내각제 국가로서 의회가 행정을 담당하는 시스템이다. 의원들이 직접 자치경찰위원회에서 활동하는 것이 당연하고 자연스럽다. 우리는 대통령제 국가로서 내각제가 아니므로 의원들의 참여, 정치인의 참여는 원칙적으로 배제되어 있다. "정당의 당원이거나 당적을 이탈한 날부터 3년이 지나지 아니한 사람"은 경찰위원회 위원이 될 수 없다.

하지만 정치 현실에서는 내각제적 요소가 굉장히 강하다. 중앙정부의 장관과 차관은 정치인들이 대부분이며 많은 위원회의 구성에 정당이 깊숙이 개입한다. 사실상 정당이 위원 임명을 좌우하면서 형식적으로만 정치인을 배제하고 있을 뿐이다. 정당의 영향력이 갈수록 커지는 현실에서 시·도의회의 영향력을 의도적으로 배제하는 것도 바람직한 방향이 아니다. 나아가 시·도지사가 치안을 종국적으로 책임을 진다면 시·도지사의 위원 임명권도 강화해야 한다. 이렇게 하려면 위원의 수를 늘려야 한다. 그리고 시·도자치경찰위원회의 업무가 실질화되기 위해서도 위원의 증원은 필요하다.

시·도자치경찰위원회는 지방자치, 치안자치가 이루어지는 방향으로 구성이 개선되어야 한다. 먼저 위원의 수를 증원하고 자치경찰위원 선임

방식 및 자격에서 시·도의회와 시·도지사의 비중을 높여야 한다. 업무도 대폭 강화해야 한다. 현재 경찰청의 경무국과 감사관의 역할은 자치경찰위원회에서 자체적으로 해야 한다(문성호, 2004). 위원들의 수가 적으면 국가경찰의 영향력이 커질 수 있다는 점도 염두에 두어야 할 것이다.

3

◆

인권 친화적 경찰

공권력 통제의 기준

경찰개혁의 세 번째 과제는 인권 친화적 경찰개혁이다. 경찰은 공권력 행사기관이므로 인권옹호기관이라고 부를 수는 없다. 공권력을 행사하다보면 시민들의 인권을 침해하기 마련이다. 인권이 중요하기는 하지만 권력기관인 경찰을 인권옹호기관이라고 하는 것은 틀린 말이다. 이 점은 검찰도 같다. 인권옹호기관이라는 명칭이 어울리는 기관은 법원이고 국가인권위원회다.

경찰은 인권옹호기관은 아니지만 인권 친화적 기관이 되어야 한다. 경찰은 공권력을 시민과 가장 가까운 곳에서 행사하는 기관이다. 경찰이 반인권적이거나 인권에 둔감하면 그 피해는 막대하다. 공권력은 절제되고 통제되어야 한다. 노무현 대통령은 2005년 12월 27일 시위 도중 경찰의 폭력에 의하여 농민이 사망한 사건에 대해 대국민 사과를 하면서 다음과 같이 말했다. 공권력에 대한 통제의 필요성을 이렇게까지 절박하게 표현한 경우는 찾기 힘들 것이다.

> 공권력은 특수한 권력입니다. 정도를 넘어서 행사되거나 남용될 경우에는 국민들에게 미치는 피해가 매우 치명적이고 심각하기 때문에 공권력의 행사는 어떤 경우에도 냉정하고 침착하게 행사되도록 통제되지 않으면 안 됩니다. 그러므로 공권력의 책임은 일반 국민들의 책임과는 달리 특별히 무겁게 다루어야 하는 것입니다.

공권력이 통제되어야 한다는 점은 누구나 공감할 것이다. 문제는 무엇을 기준으로 통제할 것인가 하는 점이다. 공권력 통제의 실질적 기준은 인권이다. 경찰을 비롯한 권력기관에게 인권을 아무리 강조해도 모자람이 없다.

인권이 강조되지 않으면 2005년 전용철 · 홍덕표 농민 사망 사건, 2009년 세입자 2명, 전철연 회원 2명과 경찰특공대 1명이 사망한 용산참사 사건, 2016년 백남기 농민 사망 사건 등에서 보듯이 참담한 결과가 나올 수 있다. 이 사건들에서 시민들의 자유와 인권, 안전과 평화는 크게 침해되었다. 경찰 역시 크게 다쳤다.

수사과정의 인권 보장

경찰의 모든 활동은 시민의 자유와 인권, 안전과 평화와 깊은 관계가 있다. 여러 활동 중 지금 더 중요한 것은 수사과정의 인권 보장이다. 검경수사권 조정으로 경찰이 수사권을 독자적으로 행사할 수 있게 되었기 때문이다. 권한이 증가했기 때문에 인권에 기초한 통제는 더욱 필요하게 되었다.

수사과정의 인권 보장은 수사절차의 개혁을 말한다. 수사의 대상에는 제한이 없다. 그래서 대통령도, 대법관도, 장관도 수사의 대상이 될 수 있다. 우리는 4명의 대통령을 수사한 다음 재판에 회부해 법정에 세운 경험이 있다. 대법원장과 대법관이 사법농단 사태로 수사와 재판을 받고 있다. 대통령 비서실장, 장관 출신으로 수사와 재판을 받은 사람은 부지기수다. 경찰청장도 수사와 재판을 받는 것이 한국의 현실이다. 이처럼 수사의 대상에는 제한이 없다.

하지만 수사의 방법은 제한이 있다. 공권력 행사이므로 냉정하고 침착하게 통제되어야 한다. 수사절차는 과도해서는 안 된다. 수사 자체가 사람에게 고통을 가하는 것이기는 하지만 인간의 존엄성을 짓밟고 사생활, 프라이버시를 침해하고 가정을 파멸로 이끌어서는 안 된다. 수사 방법은 인권이라는 기준에 의하여 통제되어야 한다.

공권력 통제의 기준인 인권은 법률로 구체화된다. 인권법은 권력기관이 불가피하게 시민의 자유와 인권, 안전과 평화를 침해할 때에는 그 요건과 절차를 명확히 규정한다. 인권법은 헌법에서 시작된다. 헌법은 수사 절차를 인권적 측면에서 자세히 규정한다. 경찰, 검찰 등 공권력과 관계있는 헌법의 인권 규정은 다음과 같다.

제12조 ① 모든 국민은 신체의 자유를 가진다. 누구든지 법률에 의하지 아니하고는 체포·구속·압수·수색 또는 심문을 받지 아니하며, 법률과 적법한 절차에 의하지 아니하고는 처벌·보안처분 또는 강제

노역을 받지 아니한다.

② 모든 국민은 고문을 받지 아니하며, 형사상 자기에게 불리한 진술을 강요당하지 아니한다.

③ 체포 · 구속 · 압수 또는 수색을 할 때에는 적법한 절차에 따라 검사의 신청에 의하여 법관이 발부한 영장을 제시하여야 한다. 다만, 현행범인인 경우와 장기 3년 이상의 형에 해당하는 죄를 범하고 도피 또는 증거인멸의 염려가 있을 때에는 사후에 영장을 청구할 수 있다.

④ 누구든지 체포 또는 구속을 당한 때에는 즉시 변호인의 조력을 받을 권리를 가진다. 다만, 형사피고인이 스스로 변호인을 구할 수 없을 때에는 법률이 정하는 바에 의하여 국가가 변호인을 붙인다.

⑤ 누구든지 체포 또는 구속의 이유와 변호인의 조력을 받을 권리가 있음을 고지받지 아니하고는 체포 또는 구속을 당하지 아니한다. 체포 또는 구속을 당한 자의 가족 등 법률이 정하는 자에게는 그 이유와 일시 · 장소가 지체 없이 통지되어야 한다.

⑥ 누구든지 체포 또는 구속을 당한 때에는 적부의 심사를 법원에 청구할 권리를 가진다.

⑦ 피고인의 자백이 고문 · 폭행 · 협박 · 구속의 부당한 장기화 또는 기망 기타의 방법에 의하여 자의로 진술된 것이 아니라고 인정될 때 또는 정식재판에 있어서 피고인의 자백이 그에게 불리한 유일한 증거일 때에는 이를 유죄의 증거로 삼거나 이를 이유로 처벌할 수 없다.

제13조 ① 모든 국민은 행위시의 법률에 의하여 범죄를 구성하지 아니하는 행위로 소추되지 아니하며, 동일한 범죄에 대하여 거듭 처벌받지 아니한다.

② 모든 국민은 소급입법에 의하여 참정권의 제한을 받거나 재산권을 박탈당하지 아니한다.

③ 모든 국민은 자기의 행위가 아닌 친족의 행위로 인하여 불이익한 처우를 받지 아니한다.

헌법 규정은 형사소송법으로 구체화된다. 형사소송법은 수사와 재판을 규정하는 기본법이다. 하지만 형사소송법은 명칭에서 알 수 있듯이 재판을 주로 규정하고 수사는 재판과 관련한 부분에 한정해 규정하고 있다. 수사절차를 자세하고 세밀하게 규정하지 않고 있다. 형사소송법 개정 과정에서 수사절차를 통제하는 규정이 추가되고 있지만 수사절차를 처음부터 끝까지 모두 규정하지는 않는다. 아직 우리에게는 수사절차에 관한 법률이 없다.

수사절차를 처음부터 끝까지 자세하고 세밀하고 꼼꼼하게 규정할 필요는 매우 높다. 수사절차를 검찰이나 경찰 등 수사기관의 내부 규정에 맡길 수는 없다. 최근 검경수사권 조정으로 형사소송법이 개정된 후 수사준칙과 관련한 대통령령이 제정되었다. 『검사와 사법경찰관의 상호협력과 일반적 수사준칙에 관한 규정』이 그것이다. 대통령령으로 수사준칙을 정했다는 점은 수사절차를 법률로 규정해야 할 단계가 되었음을 말한다. 수사절차는 시민의 자유와 인권, 안전과 평화와 밀접하게 관련되어 있으므로 당연히 법률로 규정해야 한다.

『수사절차법』 제정

우리는 형사소송법의 일부, 『검사와 사법경찰관의 상호협력과 일반적 수사준칙에 관한 규정』의 일부를 기초로 수사절차를 통제하고 있다. 하지만 이러한 방식은 헌법이 요구하는 바도 아니고 친절한 방식도 아니다. 헌법은 공권력이 시민의 자유와 인권, 안전과 평화를 침해하는 경우 반드시 법률에 의하도록 하고 있다. 대통령령은 법률이 아니다. 법률만큼 강한 구속력이 없다. 그리고 형사소송법과 대통령령을 서로 참조하면서 수사절차를 견제하고 감시하는 것은 초심자로서는 쉬운 일이 아니다.

해결방법은 『수사절차법』을 따로 제정하는 것이다. 『수사절차법』은 영국의 『경찰 및 형사증거법 1984 Police and Criminal Evidence Act 1984』를 참고로 구상할 수 있다. 물론 『수사절차법』을 제정하게 되면 형사소송법도 크게 개정해야 한다. 법무부를 중심으로 행정안전부도 관여해야 하는 큰 작업이지만 피할 수는 없다.

『수사절차법』의 내용은 제1장 총칙, 제2장 수사의 개시, 제3장 통신수사, 제4장 임의수사, 제5장 압수와 수색, 제6장 검증, 제7장 체포 및 구속, 제8장 송치와 이송, 제9장 증거, 제10장 수배와 공조 등으로 구상할 수 있다(강성용 외2, 2012). 이 내용은 수사의 흐름에 따라서 배치한 것으로서 수사를 하는 사람도, 수사를 받는 사람도 쉽게 직관적으로 알 수 있게 되어 있다. 구체적인 내용은 형사소송법과 『검사와 사법경찰관의 상호협력과 일반적 수사준칙에 관한 규정』을 바탕으로 더 세밀하게 규정하면 된다. 물론 영국과 미국 등 외국의 사례도 충분히 참조해야 할 것이다.

외부 통제

경찰의 인권적 통제는 외부 통제를 통하여 완성된다. 경찰 내부의 감시체제도 중요하지만 경찰과 공권력에 대한 신뢰가 높지 않은 현실, 경찰의 비리와 부패가 계속 발생하는 현실은 경찰 외부의 통제를 요구한다. 외부의 통제가 내부의 통제장치를 거부하지는 않는다. 경찰 내부의 감사, 감찰, 징계, 윤리 등은 당연히 필요하다. 내부 통제장치가 잘 작동하면 자정작용을 할 수 있다. 다만 내부 장치이므로 한계는 불가피하다. 경찰 내부의 통제장치는 경찰 외부의 통제와 함께 작용할 때 더 많은 효과를 볼 수 있다.

경찰 외부의 통제는 크게 3가지다.

첫째, 정치권력과 다른 국가기관에 의한 통제가 있다. 민주적으로 선출되고 정당하게 권한을 행사하는 정치권력은 경찰행정에 대하여 통제를 할 수 있다. 입법부는 국정감사나 국정조사를 통하여 통제할 수 있다. 사법부는 경찰의 권한 남용 행위나 위법·부당한 수사에 대하여 재판을 통하여 통제할 수 있다. 검찰은 기소권으로 수사에 대해 통제할 수 있고 수사권으로 경찰의 비리나 범죄를 통제할 수 있다.

여기에서 특히 법원이 중요한 역할을 한다. 법원은 인권의 최후의 보루로서 경찰의 권한 남용을 적극적으로 통제해야 할 의무가 있다. 법원의 통제의 기준은 형식적인 법적 근거가 아니라 효율적인 감시·통제체제다.

유럽인권재판소는 프랑스를 피소국으로 한 1998년 Lambert 사례에서 개인의 통신의 자유를 침해할 수 있는 수사기관의 감청이 법률적인 근거를 갖추고 있는 것만으로는 충분한 것이 아니라고 판시했다. 개인의 권리에 대한 수사기관의 강제처분 행위가 비록 형식적인 법적 근거를 갖추었더라도, 수사기관의 권한 남용이나 자의적 행사를 방지하기 위해 필요한 효율적인 감시·통제장치를 두고 있지 않다면 수사상 강제처분에 대해 필요성이나 비례성 원칙을 고려하여 사전 혹은 사후적으로 충분히 통제할 수 없을 것이고, 이에 따라 개인의 권리는 사실상 언제라도 침해될 수밖에 없는 것으로 보아야 한다고 판시했다(유주성, 2012). 법원은 실질적 법치주의를 위하여 법률 규정을 포함하되 권력기관에 대한 효율적인 감시·통제체제의 구축 여부를 중요한 기준으로 삼아야 한다.

둘째, 고위직 경찰을 대상으로 한 전문 수사 및 기소기관으로「고위공직자범죄수사처」가 있다. 공수처는 경찰 전부를 대상으로 하는 것이 아니라 고위직 경찰에 한정하여 이들의 권한 남용과 부패를 수사한다. 물론 다른 고위직 공무원도 포함되어 있다. 공수처 수사와 기소 대상 경찰 고위직은 "경무관 이상 경찰공무원"이다. 그리고 이들의 범죄 중 권한 남용과 부패범죄를 수사한다. 나머지 경찰에 대한 통제는 검찰이 담당한다.

셋째, 경찰만을 대상으로 하는 외부 통제기관을 구상할 수 있다. 우리는 아직 이런 기관이 없다. 2017년 출범한 경찰개혁위원회는 "시민에 의한 민주적 외부 통제 기구 신설"을 권고한 바 있다. 기존 외부 통제기관의 한계를 솔직히 인정하고 경찰에 특화된 기구를 만들 것을 권고했다. 위법한 경찰권 행사만이 아니라 부당한 경찰권 행사 역시 통제해야 하므로 단순히 수사의 대상이 되는 비리나 범죄에만 한정하지 않는다.

경찰개혁위원회에 따르면 영국에서 오랫동안 운영하고 있는 '독립적

경찰감시기구IOPC, Independent Office for Police Conduct'를 모델로 제시했다고 한다(오창익, 2020). 영국은 2002년 『경찰개혁법』 제정을 통하여 2003년 독자적인 수사 권한을 가진 독립 경찰민원조사위원회Independent Police Complaints Commission를 출범시켰다. 경찰민원조사위원회는 2018년 혼합형 독임제 형태의 IOPC Independent Office for Police Conduct로 재편되었다. IOPC의 특징은 경찰의 기록 및 이첩에 의존하지 않고 독자적으로 수사를 개시할 수 있도록 업무권한을 확대하여 법제화한 데 있다. 여기에 더해 새로운 증거의 발견 등 특별한 사유가 있는 경우 종결된 사건 수사를 재개할 수 있도록 하였다(치안정책연구소, 2020). 최소 100명 이상의 직원을 두고, 경찰관에 대한 감찰, 경찰 관련 민원에 대한 조사 등을 하고, 특별히 경찰관의 범죄에 대한 수사권도 보장한다면, 경찰을 민주적 통제 아래 두는 가장 확실한 방안이 될 것이다. 구체적으로 경찰서마다 두는 청문감사관실 인력의 일부 규모만으로도 더 큰 효과를 볼 것이라고 일부에서는 보고 있다(오창익, 2020). 외부의 경찰전담전문 통제기관을 만들면 경찰에 대한 인권적 통제는 높은 수준에서 달성될 것이다.

그림 11 | 경찰에 대한 3가지 외부 통제

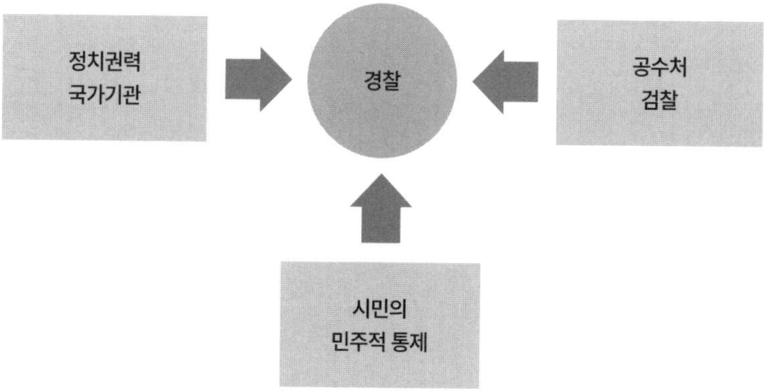

4

◆

전문성 제고

문제해결형 경찰

인권경찰과 함께 이루어져야 하는 경찰개혁 과제는 전문경찰이다. 인권경찰은 유능한 전문경찰과 함께할 때 현장에서 시민의 자유와 인권, 안전과 평화를 지킬 수 있다. 유능한 전문경찰의 덕목은 3가지다. 첫째, 문제해결형 경찰, 둘째, 공정한 경찰, 셋째, 비전을 가진 경찰이 그것이다.

첫째, 전문경찰이 되려면 문제해결형 경찰이 되어야 한다. 문제해결형 경찰은 당면한 문제, 현장의 문제만이 아니라 장기적인 문제도 해결할 수 있는 경찰을 말한다. 문제해결형 경찰은 우선 당면한 문제, 현장의 문제를 잘 해결해야 한다. 현장에 출동하여 현장 문제를 현장에서 해결할 수 있는 능력을 구비해야 한다. 문제해결 능력은 현대 위험사회에서 필수적이다.

그림 12 | 전문경찰의 3요소

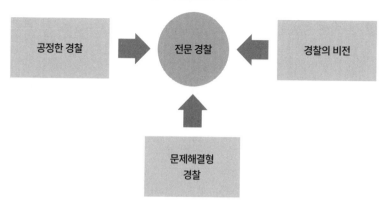

문제해결 능력 중 가장 먼저 갖추어야 할 것은 수사능력이다. 경찰도 오랜 기간 동안 수사를 직접 담당하면서 능력을 높여 왔다. 실제로 사건의 90% 이상을 경찰이 수사한다는 평가가 있다. 하지만 최종적인 수사는 검사의 몫이었다. 경찰은 수사에 책임을 지지 않았다. 형사소송법 개정으로 경찰이 수사의 주체가 된 이상 경찰은 자신의 수사능력을 빠른 시일 안에 입증해야 한다. 경찰수사에 대한 불신은 여전히 있다. 검경수사권 조정 결과가 현장에 안착하고 나아가 더 높은 수준으로 수사권이 조정되려면 경찰은 높은 수준의 수사능력을 증명해야 한다.

문제해결 능력은 정책을 수립하고 집행하고 평가하는 능력을 포함한다. 정책은 반복되는 같은 문제를 해결하는 가장 좋은 방법이다. 우연히 발생하는 일회적인 사건은 그 자리에서 해결하면 충분하다. 이때 해결방법은 딱히 정해져있지 않을 수 있다. 응용이 필요한 경우도 많다. 가장 효율적인 방법일 수도 있고 그럭저럭 효과적인 방법일 수도 있다. 반복되지 않기 때문에 가장 효과적이고 가장 인권적인 방법이 필요하지 않을 수도 있다. 그렇지만 반복되는 문제, 여러 현장에서 발생하는 문제는 일관된 해결방법이 필요하다. 가장 효과적이고 가장 적당한 방법과 절차가 필요하다. 이러한 역할을 하는 것이 바로 정책이다. 정책은 제도로 발전한다. 정책과 제도는 규정 마련과 조직 구성으로 이루어진다. 좋은 정책은 문제해결 능력을 높여준다. 나아가 정책은 사건 발생을 예방하는 기능을 한다. 예방치안은 정책으로 달성할 수 있다.

공정한 경찰

둘째, 전문경찰이 되려면 공정한 경찰이 되어야 한다. 공정성은 전문성 중의 일부다. 공정성 없는 전문성은 의심받기 마련이다. 공정성은 특히 경찰, 검찰, 법원 등 형사사법기관에 필수적인 요소다. 가해자와 피해자, 수사관과 피의자, 검사와 피고인, 법관 · 검사 · 피고인이 현장에서 서로 대립되기 때문이다. 한 사람의 생명, 인생을 걸고 벌어지는 대립이므로 매우 치열한 대립이다. 이때 결과의 정당성을 보장하는 하나의 축이 바로 어느 쪽으로도 기울지 않는 공정성이다. 공정성은 형사절차에서는 무기대등의 원칙으로 나타난다.

공정성은 언제나 필요한 덕목이지만 현대 사회에서는 더욱 필요하다. 경제의 양극화, 정치의 양극화, 사회의 양극화 때문이다. 극단적인 양극화로 일상생활에서 피해를 입는 계층, 계급이 속출하고 있다. 사회적 약자들은 사회가 공정하지 않기 때문에 약자들이 피해를 지속적으로 입고 있다고 본다. 현대 사회는 공정성의 항상적 위기 상태에 빠져있다. 이때 법집행기관으로서 경찰은 더욱 공정성에 관심을 가져야 한다.

공정성의 출발은 법 앞의 평등이다. 우리 헌법도 법 앞의 평등을 강조한다. 법 앞의 평등은 우리 사회의 마지막 보루다. 법 앞의 평등에서 주의해야 할 것은 정치권력과 자본권력이다. 우리의 민주주의 수준은 정치권력과 자본권력에 대한 특혜를 용인하지 않을 정도로 높다. 시민들의 수준이 공정성을 가장 중요한 가치로 인정할 정도로 높다. 하지만 현실에서는 정치권력의 압력으로, 그리고 자본의 힘으로 법 앞의 평등이 무너지는 경우가 비일비재하다. 큰 권력은 공정성을 크게 위협하고 작은 권력은 공정성을 작게 위협한다. 하지만 이러한 일이 누적되면 경찰의 공정성, 우리 사회의 공정성은 치명상을 입는다. 법 앞의 공정성이 무너지면 사건을 해결할 수도 없다.

공정성의 중간은 절차의 준수다. 절차는 공정성을 문자로 표현한 것이다. 절차를 무시하면 바로 공정성이 위태로워진다. 절차 준수는 경찰의 입장에서는 권한 행사의 요건과 방법을 지킨다는 것을 말한다. 시민의 입장에서는 자신을 방어할 수 있는 기회를 얻는다는 것을 말한다. 경찰에게도 공정하고 시민에게도 공정한 것이 바로 절차다.

공정성의 마지막은 약자에 대한 배려다. 법 앞의 평등과 절차의 준수만으로는 다양한 문제를 해결할 수 없다. 약자를 배려할 때 사람들은 실질적으로 공정하다고 느낀다. 약자는 동원할 수 있는 자원이 없기 때문이다. 재벌들은 수사를 받을 때 수십억 원을 사용하여 한국 최고의 변호사를 선임한다. 하지만 서민들은 그렇게 할 수 없다. 훌륭한 변호사를 선임하려면 상당한 출혈을 각오해야 한다. 변호사를 선임하지 못하는 경우도 많다. 헌법이 국선변호인제도를 두는 이유는 약자에 대한 배려를 헌법적 가치로 인정하기 때문이다. 빈자, 여성, 어린이, 노인, 장애인, 외국인, 비정규직 등 사회적 약자에 대한 배려가 없는 형식적 공정성은 실질적 불공정으로 이어진다.

경찰과 비전

셋째, 전문경찰이 되려면 비전을 가져야 한다. 즉, 현대와 미래 사회에 필요한 경찰상을 정확하게 수립하고 이를 공유해야 한다. 비전이 분명하면 비전을 달성하기 위한 믿음이 나온다. 비전에 대한 믿음을 바탕으로 비전 달성을 위한 구체적인 방법, 즉 이론적인 방법과 실무적인 방법이 도출된다. 비전 달성을 위한 방법론이 명확해지면 믿음은 확신으로 바뀌고 신념으로 바뀐다. 비전을 바탕으로 한 신념에 찬 경찰이 상황을 해결하는 유능한 경찰이 된다.

비전은 현대와 미래 사회에 필요한 경찰상을 수립함으로써 시작된다. 이런 면에서 경찰청이 『경찰의 역사와 정신』을 통하여 경찰의 비전을 제시하고 있는 것은 의미가 있다. 『경찰의 역사와 정신』은 경찰정신을 갖추기 위해 민주경찰, 정의로운 인권경찰, 봉사하는 민생경찰을 경찰상으로 제시하고 있다. 그리고 경찰정신의 토양으로 명예, 자율, 변화의지를 강조하고 있다. 『경찰의 역사와 정신』에서 강조하는 비전 제시는 계속 시도되어야 하고 앞으로 확대되어야 할 것이다. 비전이 없는 경찰은 미래가 없는 경찰이다.

전문경찰은 인권경찰과 충돌하지 않는다. 오히려 『경찰의 역사와 정신』에서 강조하는 바와 같이 경찰정신을 갖추기 위해서는 '정의로운 인권경찰'이 필요하다. 전문성이 강조되면 상대적으로 인권을 소홀히 하는 경향이 있다. 결과만 좋으면 과정은 문제되지 않는다고 생각하기 때문이다. 그러나 인권은 결과를 도출하는 과정에서도 보호되어야 한다. 문제 해결 과정이 오히려 인권을 침해할 수 있다는 점을 잊어서는 안된다.

성폭력 사건의 2차 가해 문제가 대표적인 사례다. 피해자에 대한 2차 가해는 모든 사건에서 조심해야 하지만 성폭력 사건에서는 더욱 조심해야 한다. 성폭력 사건에서 2차 가해가 어디까지 인정될 것인지는 논란의 여지가 있지만 확대되고 있는 것은 틀림없다. 법률 규정이 점점 더 구체화되고 있으나 여전히 불충분하다고 많은 이들이 보고 있다. 법률 규정에만 의존해서는 문제를 해결하기 어려운 경우가 많다. 이때에는 인권 친화적 관행과 인권 지향적 마음이 중요하다. 전문성이라는 이름으로 결과만 추구한다면 인권 지향적 마음을 잃어버릴 수 있다.

전문성 강조의 배경

현대 경찰, 미래 경찰에 전문성이 강조되는 이유는 현대 사회가 초연결사회로서 항상 위험을 내포하고 있기 때문이다. 그리고 현대 사회에서 개인의 고통이 증가하고 있기 때문이다. 위험의 증가와 개인 고통의 증가는 필연적으로 국가의 역할 증대를 불러온다. 국가의 역할 증대는 경찰의 역할 증대를 요구한다.

그렇다고 전문성이 반드시 새로운 경찰 조직의 창설, 경찰 인원의 증가를 의미하지는 않는다. 경찰의 전문성은 높아져야 하지만 예산의 한계도 있고 다른 권력기관과의 균형도 필요하다. 무엇보다도 경찰권한의 확대는 시민의 자유와 인권, 안전과 평화에 위협이 될 수 있다는 점을 명심해야 한다. 새로운 조직 창설이나 증원이 아닌 방식으로 경찰의 직무를 효과적으로 수행하는 것이 필요하다. 경찰의 전문성이 이를 가능하게 할 것이다.

5

◆

윤리적 경찰

윤리의 중요성

　윤리적 경찰이 경찰개혁의 마지막 과제다. 국어사전은 윤리를 "사람으로서 마땅히 행하거나 지켜야 할 도리"라고 정의한다. 이를 경찰윤리로 확대하면 경찰관으로서 마땅히 행하거나 지켜야 할 도리라고 할 수 있다. 그런데 이 정의는 너무 모호하다. "마땅히 행하거나 지켜야 할 도리"가 무엇인지 알 수 없다. 윤리의 내용을 정확히 알려면 윤리의 역할을 알아야 한다. 윤리의 역할과 내용을 정확히 알지 못하면 윤리는 명절날 하는 덕담이 되어 버린다.

　경찰은 윤리적 경찰이 되어야 한다. 현장 문제해결 과정, 범죄 수사과정에서 조작과 왜곡이 발생할 가능성이 있기 때문이다. 실제 군부독재와 권위주의 시대에 경찰은 사건조작에 적극 가담했다. 사건조작은 비윤리적이다.

먼저 목적이 비윤리적이다. 사건조작은 무고한 자를 처벌하여 크게는 정권의 안전을, 작게는 경찰의 안전, 자신의 출세를 도모한다. 자신의 출세를 위하여 무고한 자를 처벌하므로 이보다 더 비윤리적인 것은 찾기 어렵다. 윤리는 내면의 양심과 외면의 수치심을 중시한다. 무고한 자를 뻔히 알면서도 범인으로 몰아가는 사건조작은 양심과 수치심을 외면하는 행위다. 형벌의 원래 목적인 일반예방이나 특별예방은 안중에도 없다. 형벌을 사람을 파괴하기 위하여 사용한다. 그리고 진범은 처벌되지 않고 무고한 자의 원한만 쌓인다. 이중의 부정이다. 국가 공권력의 존재 이유를 훼손하는 비윤리적인 행위다.

다음으로 방법이 비윤리적이다. 사건조작과 과장, 가혹한 처벌을 하는데 동원되는 방법은 고문, 가혹행위, 폭행, 협박, 속이기, 비윤리적인 약속 등이다. 방법 자체가 잔혹하고, 반인간적이며, 반인권적이다. 엄격히 금지되어야 하는 범죄이며 비윤리적인 행위들이다. 시민의 자유와 인권, 안전과 평화를 보장해야 할 국가가 범죄를 저지르니 가장 비윤리적인 것이라 하지 않을 수 없다.

마지막으로 조직 자체가 윤리에 둔감해진다. 사건조작과 과장에는 조직 전체가 동원된다. 최소한 조직의 암묵적인 지지와 지원이 있다. 무고한 자는 사건조작과 과장에 필사적으로 저항한다. 한국 사회에서 빨갱이로 낙인찍히는 것보다 더 무서운 것은 없다. 무고한 자의 저항을 무너뜨리려면 노골적인 폭력 이외에 조직의 힘이 필요하다. 재판과정까지 조직 전체가 개입한다. 조직 자체가 범죄집단화되는 것이다. 조직이라는 이름 하에 범죄성과 비윤리성이 희석된다고 착각한다. 조직의 비윤리성은 개인의 범죄행위를 평범한 행위라고 착각하게 만든다. 한나 아렌트는 이를 '악의 평범성'이라고 표현했다. 이런 비윤리성 역시 시민들의 집단적 기억에 저장된다.

윤리의 3역할

윤리는 세 가지 역할을 한다. 권한 남용을 억제하는 역할, 제도의 미비점을 보완하는 역할, 개인의 삶을 충실하게 하는 역할이 그것이다.

첫째, 윤리는 권한 남용을 억제한다. 정치권력은 권한을 남용하는 경향이 있다. 시민의 의사가 주권이라는 형태로 정치권력에게 양도되었다고 생각하기 때문이다. 국가 형태와 정부 구성은 주권의 선택이다. 민주주의 국가에서 민주선거로 선출된 권력은 주권에 의하여 선택된 권력이다. 주권에는 제한이 없다고 보통 생각한다. 가장 강력하고 가장 배타적인 권리가 바로 주권이다. 이런 이유로 민주적으로 선출된 권력도 권한을 남용할 가능성이 있다. 제2차 세계대전을 일으킨 독일의 나치도 선거를 통하여 정권을 획득했다. 그리고 수권법이라는 법률을 통하여 권력을 차지했다. 주권은 이론적으로 가장 해로운 결정을 할 수도 있다(앙드레 콩트 스퐁빌, 2010). 물론 민주주의가 충분히 성숙한다면 불가능하겠지만 말이다.

하지만 주권과 정치에는 제한이 있다. 첫째, 주권과 정치는 자연과 이성의 법칙을 바꿀 수 없다(앙드레 콩트 스퐁빌, 2010). 과학기술과 경제법칙을 주권이 바꿀 수는 없다. 둘째, 주권과 정치는 개인의 권리를 침해할 수 없다(김인회, 2020). 대중은 제도를 만들지만 저항, 견제, 연합이라는 방식으로 주권과 제도에 제약을 가한다(앙드레 콩트 스퐁빌, 2010). 특히 정치를 통제하는 근원적인 힘 중의 하나는 시민의 저항이다. 시민은 민주적 방식으로 선출된 정부와 권력이라고 하더라도 저항할 수 있고 심지어 저항해야 한다(김인회, 2020). 복종도 필요하지만 저항도 시민의 덕목이다. 통치에 정당성이 없는 정부라면 당연히 저항해야 한다. 셋째, 주권과 정치는 윤리에 의하여 통제된다. 정치적 인간보다 윤리적 인간이 더 중요하다(앙드레 콩트 스퐁빌, 2010, 김인회, 2020). 합법적이라고 하여 모두 윤리적인 것은 아니며 법률로 윤리를 강제할 수도 없다. 윤리가 오히려 정부의 행태와 법률의 내용을 결정한다.

윤리는 주권과 정치를 통제하는 기본적인 힘이다. 윤리에 바탕한 시민운동은 강력한 힘을 갖는다. 주권과 정치를 통제하는 기본 힘인 윤리는 권력기관의 권한 남용을 통제하는 역할을 한다. 경찰과 검찰, 법원과 같은 형사사법기관들이 권한을 남용했을 때 시민들이 느끼는 불편한 느낌은 개인에게 윤리가 남아 있기 때문이다. 시민들은 개인이나 조직이 윤리적일 때 자연스러움과 편안함을 느낀다. 비윤리적이면 부자연스럽고 불편하고 양심에 거리끼고 수치심을 느낀다.

둘째, 윤리는 제도의 미비점을 보완한다. 모든 제도는 완벽을 추구하지만 사실은 완벽하지 않다. 제도를 사람이 운영하기 때문이다. 같은 제도를 가진 나라들이 서로 다른 문명 수준을 누리는 것은 제도를 운영하는 사람이 다르기 때문이다. 윤리적인 사람들은 제도의 미비점을 잘 메운다. 제도가 갖는 비인간적인 면도 사람의 수준에 따라 얼마든지 바꿀 수 있다.

한국의 공무원들은 친절하고 열심이고 유능하다. 다른 나라 공무원에 비하여 수준이 높다. 물론 일부 공무원들은 문제가 있다. 하지만 큰 틀에서 보면 교육과 교양 수준, 업무능력 수준, 친절함 수준은 매우 높다. 높은 공무원 수준은 질 높은 행정을 가능하게 하는 중요한 토대다.

제도는 항상 미흡하기 때문에 개혁되어야 하지만 개혁을 하더라도 완전해지기는 어렵다. 제도 개혁과 함께 제도를 운영하는 개인의 수준이 높아지면 행정 수준은 높아진다. 한국의 경찰 역시 같다. 윤리적인 경찰은 높은 수준의 경찰 행정, 만족도 높은 경찰 행정을 할 수 있다.

셋째, 윤리는 개인의 삶을 충실하게 한다. 윤리는 총체적인 삶이다. 윤리적인 삶은 좋은 삶이다(김인회, 2020). 윤리적인 사람은 삶도 충실하다. 자신의 직업에 충실한 것이다. 경찰과 같이 다른 사람을 위하여 봉사하는 삶을 사는 사람에게는 윤리가 더욱 필요하다. 윤리적인 사람은 자신의 완성을 추구하므로 봉사를 매우 중요하게 생각한다. 봉사 자체에 관심을 두고 봉사로 개인의 삶의 완성을 추구한다. 윤리적인 사람은 직업의 충실을 통하여 자신의 삶의 충실을 꾀한다.

경찰에게도 윤리가 필요하다. 윤리적인 경찰은 자신을 소중하게 생각하기 때문에 비리나 범죄를 저지르지 않는다. 양심이 있는 것이다. 윤리적인 경찰은 주위 동료를 중요하게 여기기 때문에 역시 비리나 범죄를 저지르지 않는다. 수치심이 있는 것이다. 양심과 수치심은 윤리적 삶의 출발점이다.

윤리를 강화하려면 윤리 교육이 필요하다. 윤리 교육이 형해화된 것은 틀림없지만 윤리 교육을 피할 수는 없다. 현장의 사정에 맞는 윤리 교육, 현대 사회의 윤리 교육, 더 정확하고 현실에서 도움이 되는 윤리 교육을 통하여 윤리적인 경찰이 탄생하도록 해야 한다. 윤리를 덕담 수준으로 낮추어 보는 시각은 비판받아야 한다. 윤리의 이론체계와 실천체계를 수립하고 이를 바탕으로 교육에 힘써야 한다.

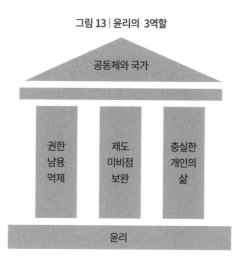

그림 13 | 윤리의 3역할

공동체와 국가

권한
남용
억제

제도
미비점
보완

충실한
개인의
삶

윤리

윤리의 5가지 단계

윤리는 인간의 삶을 총체적으로 규정한다. 5가지 단계가 있기 때문이다. 윤리적인 삶이 좋은 삶인 것은 윤리가 인간의 대부분을 규정하기 때문이다.

윤리의 첫 번째 단계는 법률 준수, 범죄 저지르지 않기다(김인회, 2020). 공동체 생활에 가장 필요한 덕목이다. 고대 사회에서는 살인을 하지 말 것(불살생), 도둑질을 하지 말 것(불투도), 배우자가 아닌 이성과 불륜을 저지르지 말 것(불사음), 거짓말·중상모략·욕설·쓸데없는 말을 하지 말 것(불망어, 불양설, 불악구, 불기어)으로 나타났다. 몸과 말로 저지르는 악행을 하지 말 것을 요구했다. 첫 번째 단계의 윤리는 공동체를 유지하기 위한 출발점이다. 그리고 자신을 악행으로부터 단속하는 것이다. 좋은 공동체를 만들고 좋은 공동체를 유지해야 자신도 혜택을 입는다. 윤리를 지키는 도덕적 삶을 살면 자신도 행복을 얻는다.

윤리의 두 번째 단계는 예의, 공손, 품위와 같이 다른 사람을 대하는 태도다(김인회, 2020). 예의, 공손, 품위는 사람을 만날 때 필요한 기본태도다. 예의, 공손, 품위가 없다면 사람을 만나는 것은 그 자체로 너무 위험한 일이다. 사람을 만날 때 우리는 암묵적인 규칙이 있는데 그 처음이 바로 예의, 공손, 품위다. 예의, 공손, 품위는 현대 사회에 더 필요하다. 현대 사회는 욕망을 찬양하고 충돌을 당연시한다. 공동체는 사라지고 있고 자유주의, 개인주의가 승리했다. 개인이 자신의 안전을 책임져야 하는 사회다. 이런 사회가 그나마 유지되려면 예의, 공손, 품위가 더욱 필요하다. 욕을 많이 하고 남 탓을 많이 하는 사회는 위험하다. 현대 사회가 딱 그렇다. 이 위험을 줄이는 것이 예의, 공손, 품위다.

윤리의 세 번째 단계는 존중, 공감, 신뢰의 단계다(김인회, 2020). 이 단계부터 사람은 내면에서 변한다. 상대방의 말과 마음을 듣고 이해하려고 한다. 공감대가 형성되는 것이다. 이를 통해 공동체는 안전한 공동체를 넘어 따뜻한 공동체가 될 수 있다. 공동체 중 가족이 여기에 해당한다고 할 수 있다. 가족에게 예의, 공손, 품위를 요구하지는 않는다. 이러한 질서는 기본적으로 갖추어져 있다. 가족에게는 존중, 공감, 신뢰가 필요하다. 자신이 위험과 어려움에 처했을 때 도움을 줄 수 있는 공동체는 존중, 공감, 신뢰를 가진 공동체다. 특히 신뢰는 이 단계에서부터 시작된다. 신뢰는 자신에게 매우 중요한 것을 상대방과 주고받을 때 생겨난다(김인회, 2020). 감정이면서 자본이기도 하다. 강한 신뢰, 사회적으로 공유하는 신뢰는 사회적 자본이 된다. 사회가 보다 안정적으로 운영되고 개인이 안전해질 수 있는 토대를 이룬다.

윤리의 네 번째 단계는 정체성 형성이다(김인회, 2020). 윤리가 고도화되면 윤리는 내면으로 향한다. 자신의 정체성을 형성하기 시작한다. 내면화된 윤리는 강한 힘이 있다. 자신을 변화시키고 주위를 변화시킬 수 있다. 자본주의가 고도화된 현대 사회는 사람을 내면으로 평가하지 않고 그가 가진 물건으로 평가한다. 돈이 사람 평가의 기준이다. 자본주의 사회에서는 돈을 많이 가진 자가 성공한 사람이다. 최고 부자가 가장 성공했고 가장 모범적이며 가장 훌륭한 사람이다. 그러나 이렇게 되면 욕망이 사람의 주인이 되어 버린다. 사람은 공허해진다. 결국 정체성을 상실한다. 현대 사회의 문제점 중 많은 부분은 개인의 정체성 상실로 인한 것이다. 정체성을 가지고 있다면 개인은 자신의 삶의 주인이 될 수 있다.

윤리의 다섯 번째 단계는 영적 생활 단계다(김인회, 2002). 윤리 자체는 영적인 생활은 아니다. 본격적인 영적인 생활은 아니지만 영적 생활의 출발점이고 기초다. 영적 생활은 사람을 더 높은 경지로 인도한다. 사람을 더 풍부하게 만든다. 사람은 완전한 무신론자가 되기는 어렵다. 영적 생활이 없다면 사람은 완성되기 어렵다. 여기의 영적 생활이 반드시 유일신 사상이 아님은 말할 것도 없다.

윤리의 5가지 단계를 살펴보면 윤리는 삶을 규정하는 핵심 요소임을 알 수 있다. 윤리 없는 삶은 없으며 윤리와 도덕이 없는 좋은 삶은 더욱 없다. 모든 현장에 윤리가 필요하다. 사람들이 사는 것 자체가 윤리와 떨어질 수 없다. 윤리가 있을 때 사람은 자신과 공동체에 충실할 수 있다.

윤리의 단계, 윤리의 모습을 알아야 좋은 삶을 살 수 있고 좋은 경찰이 될 수 있다. 좋은 경찰은 삶의 일부분이다. 좋은 삶을 일관되게 추구해야 좋은 경찰로서 일관되게 행동할 수 있다. 사람의 내면과 행동은 구분되지 않으며 가정과 직장도 구분되지 않는다. 좋은 경찰이 가정에서 좋은 가족이 되지, 나쁜 경찰이 좋은 가족이 되지는 않는다. 그 역도 같다. 윤리를 갖추었을 때 처음과 끝이 같은 좋은 경찰이 될 수 있다. 현장은 항상 바뀌고 지도부도 바뀌고 정치도 정책도 바뀌지만 좋은 삶은 바뀌지 않는 법이다. 윤리의 본질에 대해서는 나의 『윤리의 미래 – 좋은 삶』(2020)에서 자세하게 살펴보았다.

그림 14 | 윤리의 5단계

윤리의 7가지 도전

윤리는 좋은 삶의 출발점이고 기초이고 그 자체다. 그렇지만 현대 사회에서 윤리는 큰 힘이 없다. 모순이다. 윤리가 현대 사회에 적응하지 못하고 있기 때문이다. 더 정확하게는 현대 사회의 문제, 현대 개인의 고통을 해결하지 못하고 있기 때문이다. 현대 사회의 문제, 현대 개인의 고통은 윤리로서도 큰 도전이다. 윤리가 당면하고 있는 현대 사회의 문제 중 중요한 것은 다음 7가지다. 7가지 윤리에 대한 도전은 경찰에게도 직접 영향을 미친다. 현대 사회의 거대한 흐름이기 때문이다.

첫째, 기후변화의 윤리. 인간은 지구를 위협할 정도까지 과학기술을 발전시켰다. 기후변화로 표현되는 환경 파괴는 지구의 생존을 위협한다. 지구가 살아남지 못하면 인간을 포함한 모든 종류의 생물들도 사라진다. 환경 윤리가 중요하게 된 것이다. 그렇다고 인간다운 생활을 포기하기도 곤란하다. 환경과 인간다운 생활의 타협점으로 '지속가능발전'이 시도되고 있다. 바람직한 시도이지만 그 균형점을 찾기는 쉽지 않다.

둘째, 전쟁의 윤리. 인류는 핵전쟁의 위협 속에서 살고 있다. 핵 위협 또한 인간이 만든 위기다. 핵전쟁까지는 아니더라도 재래식 전쟁 위협도 크다. 세계 곳곳에서는 크고 작은 전쟁들이 계속 이어지고 있다. 우리가 사는 한반도는 세계 그 어느 곳보다 전쟁의 위험, 핵전쟁의 위험이 높은 곳이다. 지금까지 인류는 전쟁은 잘 예방해 왔다. 제2차 세계대전 이후 핵전쟁과 강대국간의 전쟁은 일어나지 않았다. 하지만 인간의 어리석음은 예측하기 어렵다. 윤리적이지 않으면 전쟁을 예방하고 평화를 정착시킬 수 없다.

셋째, 과학기술의 윤리. 과학기술은 인류의 발전을 이끌어 왔다. 눈부신 문명과 엄청난 성장, 편리하고 풍요로운 생활을 가능하게 했다. 하지만 과학기술의 부작용도 크다. 사람들은 항상 필요한 것보다 더 많이 생산하고 더 많이 개발한다. 물건보다 쓰레기를 더 많이 만들어낸다. 사람들은 과학기술에 필연적으로 따르는 위험성을 과소평가한다. 댐을 건설할 때 우선 생각하는 것은 홍수조절, 전기 생산이다. 댐으로 인한 환경파괴는 생각하지 않는다. 현대의 과학기술은 자본과 결합하여 더 규모가 커졌고 더 빨라졌다. 그만큼 더 위험해졌다. 자본과 결합한 과학기술은 그 부작용을 생각할 여유를 주지 않는다. 과학기술을 윤리적으로 통제하지 않는다면 유전공학, 인공지능, 로봇과학 등에서 큰 피해를 입을 수 있다. 과학기술이 이미 국경을 초월했다는 점 역시 중요하다. 국제적인 협조가 필요하다(김인회, 2020).

넷째, 정보의 윤리. 현대 사회는 정보사회다. 정보사회라는 것은 정보가 중요하다는 평범한 의미가 아니다. 정보가 정치, 경제, 사회 등 모든 분야를 지배하는 요소라는 의미다. 경제를 예로 들어 보자. 지금은 철광석과 석유 같은 천연자원도 중요하지만 정보는 더 중요하다. 세계적인 기업인 애플, 아마존, 페이스북, 트위터 등과 한국의 네이버, 카카오 등이 단적인 예다. 정보는 이미 생산수단이 되었다. 정보가 생산수단이 되면서 정치와 사회는 재편되고 있다. 이렇게 중요한 정보를 특정 기업이나 자본이 집적하고 있다. 정보를 바탕으로 새로운 경제를 주도하고 있다. 정보에 대한 자기결정권이 이렇게까지 중요해진 적은 없다. 정보에 대한 윤리적 통제가 필요하다.

다섯째, 질병에 대한 윤리. 질병은 현대 사회의 가장 큰 도전이다. 코로나19 사태에서 뼈저리게 확인하고 있다. 이전에도 징후는 있었다. 사스, 메르스 사태 등 징후는 있었지만 코로나19가 가장 정점에 있다. 질병이 발생했을 때 어떻게 대처할 것인가는 윤리적인 문제다. 방역체제, 의료체제가 제한되어 있기 때문이다. 한국이 코로나19 사태에서 다른 나라에 비해 나은 대처를 한 근본 원인은 시민들의 높은 의식수준 때문이다. 여기에는 당연히 윤리가 포함된다. 국제협력 문제 역시 윤리 문제다. 국제협력이 없다면 질병은 도저히 극복할 수 없다. 백신 개발, 보급, 접종 등을 국제사회가 함께 해야 한다. 이것은 국제윤리의 문제다

여섯째, 인구 감소와 윤리. 인구는 세계적으로 증가하고 있지만 한국에서는 줄어들고 있다. 인구가 감소하면 사람은 귀하게 대접받을 가능성이 높아진다. 하지만 현실은 그렇지 않다. 일자리가 없어지고 사람이 귀하게 대접받지 않으므로 인구가 줄어드는 것이다. 인구가 줄어들면 공동체는 위기에 처한다. 국가의 행정도 집중점이 달라진다. 사람을 바라보는 관점 자체가 바뀔 수 있다. 사람을 잉여로 볼 것인가, 노동력으로 볼 것인가, 존엄성을 가진 존재로 볼 것인가, 자본의 노예로 볼 것인가는 결국 윤리의 문제다. 인구 감소 시대에 윤리를 제대로 세우지 못하면 인구 감소를 앞당길 수 있다.

일곱째, 인권과 윤리. 인권의 등장은 윤리의 토대를 바꾸는 중요한 역할을 한다. 인권은 인간의 존엄성을 강조한다. 윤리는 개인에 대해 관심을 가지면서도 공동체를 중시한다. 공동체의 존속, 발전을 위해 개인의 의무를 강조하는 경향이 있다. 인권의 등장은 윤리를 강화함과 동시에 약화시키는 측면이 있다. 인권과 윤리는 같이 인간다운 삶을 위한 공동체의 역할을 강조한다. 타인에 대한 관심, 자애와 연민의 감정은 인권과 윤리의 공동기반이다. 인권과 윤리가 타인에게 향하면 공통점이 두드러진다. 그렇지만 인권과 윤리가 자신에게만 향하게 되면 차이점이 드러난다. 인권은 자신의 이익을 주장하는 경향을 띠지만 윤리는 양보, 자제, 인욕, 관용을 강조한다. 양보, 자제, 인욕, 관용이 없다면 개인들은 충돌과 갈등을 벗어날 수 없다. 지금은 개인의 시대, 개인 인권의 시대다. 인권과 충돌하지 않고 인권을 풍부하게 하는 윤리를 개발하는 것, 그리고 윤리

와 공조하는 인권 이론 개발은 중요한 과제다.

　윤리의 7가지 도전은 현대 사회와 개인들에게 큰 영향을 미친다. 당연히 국가행정에 영향을 미치며 경찰행정에도 영향을 미친다. 구체적인 경찰 개인의 행동에도 영향을 미친다. 현대의 도전에 경찰도 대응하고 있다. 우선적인 방법은 전문성 제고다. 현대 사회의 다양한 문제에 대해 전문성을 높임으로써 문제를 해결해야 한다. 바람직한 방법이고 적극 추진되어야 한다. 여기에 더해 윤리적 접근이 필요하다. 현대 사회의 문제는 사람들에게 큰 고통을 주기 때문이다. 고통은 윤리적인 삶, 좋은 삶을 통해서 해결할 수 있다. 풍요로움으로 인한 문제는 풍요로움으로 해결할 수 없다. 욕망은 충족시키려고 하면 할수록 욕망에 더 빠진다. 윤리와 함께 전문성이 있어야 사람들의 고통을 줄일 수 있다. 윤리의 도전인 현대 사회의 7가지 과제를 현장에서 분석하고 해결하는 것은 현장의 실무가들의 몫이다.

그림 15 | 경찰개혁 5대 과제

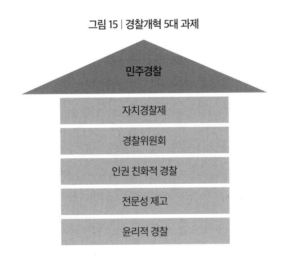

6

◆

두 가지 쟁점

이제 경찰개혁 과제 중 쟁점이 되는 남은 두 가지 문제를 살펴보자. 경찰개혁은 전혀 이루어지지 않은 것은 아니다. 앞에서 본 바와 같이 개혁은 진행되었다. 다만 충분히, 애초의 약속만큼 되지 않은 것이 문제다. 이루어진 개혁들이 과연 경찰권한의 분산과 견제라는 관점에서 본질적인 개혁인가, 나아가 국가권력기관의 재편이라는 기본 목적에 부응하는지를 살펴보아야 한다. 경찰개혁 과제 중 핵심이라고 주장하는 국가수사본부 창설, 정보경찰 개혁을 중심으로 이들 개혁이 차지하는 비중을 살펴본다.

국가수사본부

국가수사본부와 권한 분산

국가수사본부 창설로 행정경찰과 사법경찰(수사경찰)이 분리되었다. 구체적으로 경찰청에 '국가수사본부'를 설치하여 수사사무를 독립적으로 지휘·총괄하도록 하고, 경찰청장 등 행정경찰은 수사사건에 구체적으로 수사지휘를 하지 못하도록 하여, 행정경찰과 수사경찰의 분리를 도모하고 있다. 하지만 경찰권한의 충분한 분산은 아니다.

첫째, 수사경찰은 자치경찰로 분산되지 못했다. 자치경찰의 의의를 살리지 못한 것이다. 행정경찰의 지방자치 역시 불충분하다. 수사경찰과 행정경찰의 분리만으로는 자치경찰과 같은 정도의 권한 분산 효과를 볼 수 없다.

둘째, 국가수사본부의 독립성이 약하다. 국가수사본부는 경찰청 내 조직이다. 경찰청장 등이 자신을 보조하는 국가수사본부장에게 영향력을 행사하여 막강해진 경찰권을 직간접적으로 수행할 여지가 있다(최미경, 2020). 국가수사본부장은 치안정감으로 보하는데 외부에서 대상을 모집할 수도 있지만 경찰 내부에서 임명할 수 있다. 국가수사본부장을 내부에서 임명하는 경우 『경찰공무원법』에 의하여 경찰청장이 내부경찰을 대상으로 후보자를 추천하고 행정안전부장관의 제청, 총리 경유, 대통령이 임명하게 된다. 이렇게 되면 경찰청장의 영향력이 절대적이다. 외부 모집의 경우에도 경찰청장의 후보자 추천이 필요하다. 인사의 면에서 국가수사본부의 독립성은 취약하다. 한편, 경찰청은 국가수사본부를 완전히 독립한 수사청으로 설치하는 방안에 대해서는 반대한다. 경찰권한 분산과 확실한 독립 구조는 오히려 반대하고 있는 것이다. 이 점 역시 국가수사본부가 경찰청의 영향력에서 자유로울 수 없다는 간접 증거다. 물론 독립된 수사청 설치는 국가권력기관 총량 동결 원칙에 어긋나기 때문에 바람직한 방향이 아니다.

셋째, 경찰 실무에서 지구대 · 파출소의 112범죄신고 · 출동 단계부터 범죄자 · 수배자에 대한 추적 · 검거 · 수사하는 과정까지 범죄예방을 담당하는 행정경찰 업무와 수사를 담당하는 사법경찰 업무가 명확하게 구분되기 어렵다(최미경, 2020). 이 점은 경찰도 인정하는 바다. 즉 행정경찰과 수사경찰은 현실에서는 구분되지 않는다. 실제 현장에서는 경찰이 원스톱으로 문제를 해결할 것을 요구한다. 다른 행정기관도 같다.

넷째, 경찰청장의 수사지휘권이 포괄적으로 행사될 여지가 크다. 『국가경찰과 자치경찰의 조직 및 운영에 관한 법률』에 따르면 경찰청장은 개별 사건의 수사에 대하여 구체적으로 지휘 · 감독할 수 없다. 하지만 "국민의 생명 · 신체 · 재산 또는 공공의 안전 등에 중대한 위험을 초래하는 긴급하고 중요한 사건의 수사에 있어서 경찰의 자원을 대규모로 동원하는 등 통합적으로 현장 대응할 필요가 있다고 판단할 만한 상당한 이유가 있는 때"에는 국가수사본부장을 통하여 개별 사건의 수사에 대하여 구체적으로 지휘 · 감독할 수 있다. 경찰청장의 구체적 수사지휘권 행사의 요건이 추상적이므로 이를 더 구체화하지 않으면 국가수사본부의 독립성은 위태로워진다. 즉, 경찰권한 분산의 효과는 반감할 가능성이 있다(최미경, 2020).

결론적으로 자치경찰, 과감한 권한 이양의 자치경찰이 함께 하지 않는 한 국가수사본부 설치만으로는 경찰권한 분산의 효과는 충분하지 않다고 할 수 있다.

수사와 자치경찰

수사경찰, 즉 사법경찰은 사법작용의 일환이므로 지방자치의 본질상 자치경찰의 대상과 범위는 아니다(조성규, 2017). 보안경찰사무, 즉 경찰이 행하는 일반 경찰행정이 본질적으로 자치사무인 점과 구분된다. 사법경찰작용은 수사와 기소 업무로서 국가적 차원에서 이루어져야 한다고 독일과 프랑스 계통, 즉 유럽 대륙법 계통은 설명한다. 따라서 독일은 검사가 수사의 주재자가 되고 경찰이 수사의 지휘를 받는 구조를 취하면서 국가경찰체제를 취한다. 사법경찰은 이론적으로 중앙집중형이 될 가능성이 크고 경찰권한의 분산이라는 측면에서는 불완전하다.

한편 경찰 현장에서는 사법경찰과 행정경찰은 잘 구분되지 않는다. 영미법에서는 경찰의 임무에 수사 업무가 포함되어 있다. 수사와 위험 방지가 구분되지 않는 것이다. 그럼에도 불구하고 영미법에서 경찰의 강력한 권한이 크게 문제가 되지 않는 것은 자치경찰제가 광범위하게 실시되기 때문이다. 영미법계에서는 법을 집행하고 범죄를 진압하며 질서를 유지하는 치안서비스 제공이 경찰의 기능이다. 경찰의 기능을 굳이 사법경찰과 행정경찰로 구분하여 파악하지 않는다. 수사경찰을 포함한 제도적 의미의 경찰이 곧 실질적 경찰개념을 형성한다. 따라서 특별한 위임규정 없이도 수사경찰까지 자치사무로 포함시키는 데 아무런 모순이 발생하지 않는다(자치경찰추진본부, 2020).

특히 미국은 경찰활동을 개인의 생명·재산의 보호 및 사회의 안녕·질서의 유지에 국한하여, 그 책임을 지방자치단체가 부담하는 자치경찰제를 발전시켰다. 이 점은 대륙법 계통이 개인의 권리 보호와 사회질서의 유지뿐만 아니라 국가 시책의 추진까지 포함하여 경찰을 국가권력의 상징으로까지 확대한 국가경찰제를 발전시킨 것과 대비된다(조성규,

2017).

하지만 실제로는 대륙법 계통에서도 행정경찰과 사법경찰은 잘 구분되지 않는다. 프랑스에 있어서 하나의 기관이 동시에 행정경찰과 사법경찰의 임무를 담당하는 등 행정경찰과 사법경찰의 구별은 조직법적으로는 큰 의미가 없다고 설명되고 있다(이진수, 2017).

영미법계의 검경시스템을 추구하는 지금의 개혁과 행정경찰과 사법경찰의 분리는 서로 상응하지 않는다. 국가수사본부 주장자들은 미국의 연방경찰, FBI를 염두에 두고 있는 것처럼 보인다. 하지만 FBI는 자치경찰이 광범위하게 설치되어 있는 가운데 연방범죄에 대해서 제한된 관할을 가질 뿐이다. 자치경찰이 없는 우리와는 사정이 다르다.

사법경찰 독립은 검경의 합동수사기구

수사경찰과 행정경찰의 분리는 검경합동수사기구로 발전하게 된다. 수사경찰은 사법경찰인데 사법경찰은 사법작용을 하므로 검찰의 수사와 같은 역할을 한다. 그렇게 되면 검찰과 경찰은 사법작용이라는 이름으로 공동으로 수사해야 한다. 이런 과정을 거쳐 사법경찰 독립은 검찰과 경찰의 합동수사기구라는 구상으로 발전한다. 검찰과 사법경찰의 일체화가 최종 형태다.

검경합동수사기구의 형태는 여러 가지가 있을 수 있다. 우선적으로 생각할 수 있는 형태는 검사 상위의 공동수사다. 독일로 대표되는 대륙법계에서는 검사가 수사 주재자이고 검사가 경찰의 수사를 지휘한다. 형사소송법 개정 이전의 우리 법제다. 지금도 완전히 검사 우위의 수사체제를 극복하지 못했다. 검사의 경찰에 대한 수사통제권과 검사의 영장청구권이 있으므로 최종적으로 검사의 통제를 피하기는 어렵다. 이것은 대륙법계의 특징이다. 또한 경찰의 권한이 확대됨에 따라 검사의 통제가 더욱 필요하다고 볼 수 있다. 그렇다면 검경합동수사기구에서 검사 우위의 수사를 인정해야 한다. 이를 막을 수 있는 방법은 완전히 검사의 수사권을 배제하는 것인데 이것은 당장 실현하기 어려운 미래의 일이다. 지금은 검경수사권 조정이 겨우 이루어진 단계로서 새로운 제도가 2021년부터 시행된다. 제도 시행 경과를 확인하지도 않고 또 다른 개혁을 추진하는 것은 무리다.

검경합동수사기구는 수사권과 기소권이 완전히 분리된다면 검사 우위를 막을 수 있도록 구성할 수 있다. 수사권은 경찰이 행사하고 수사과정을 법률적으로 감독하고 영장을 청구하는 등의 일은 검사가 담당할 수 있다. 하지만 이런 일을 하는 데 합동수사기구는 필요 없다. 수사기능이 경찰에 전속하므로 따로 일반적인 합동수사기구를 둘 필요가 없기 때문이다. 예외적으로 화이트칼라범죄, 금융범죄, 증권범죄 등 제한된 관할의 범죄나 특별히 큰 사건에 대해서 일시적으로만 합동수사기구를 구상할 수 있을 뿐이다. 이때 관심은 합동수사기구의 관할을 어떻게 특정할 것인가 하는 점이다.

검경합동수사기구는 지금과 같은 수사권 분점 상태에서는 불필요하다. 수사권의 분점은 수사권이 중첩되는 경우를 피하기 위한 것이다. 수사권이 중첩되어 있지 않으므로 검경합동수사기구는 불필요하다.

사법경찰 독립론은 과거 검찰의 수사지휘권이 있을 때 검찰이 주장했던 이론이다. 사법경찰을 행정안전부에서 분리시켜 검찰의 산하에 두어 검찰의 힘을 더욱 강화하기 위한 것이었다. 이론적 배경은 수사가 사법작용이라는 것이다. 즉 사법경찰의 수사는 검사의 통제를 받아야 하고 검사의 통제를 받으려면 검사가 수사의 주재자가 되어야 한다는 것이다.

이런 의미의 사법경찰 독립론은 한국의 현실과 맞지 않다. 검찰권한의 분산과 견제라는 개혁이 아니라 검찰 강화론이다. 검찰개혁에 역행하는 이론이다. 국가수사본부와 같이 사법경찰이 독립되었을 때 경찰 내부의 통제가 미흡하다면 당장 검찰에 의한 통제를 생각해낼 가능성이 있다. 사법경찰 독립론은 언제든지 검찰 강화론이 될 위험이 있다.

역사에서 본 국가수사본부

경찰개혁, 검찰개혁의 역사에서도 국가수사본부 논의는 자치경찰제에 비하여 정통성과 중요성이 떨어진다. 국가수사본부 구상은 2012년으로 거슬러 올라간다. 2012년 대통령 선거를 앞두고 민주통합당은 「과도한 검찰권한의 적정화, 검찰의 정치적 중립성 확보, 견제와 감시 수사시스템 구축, 피의자 인권 강화」를 검찰개혁 4대 목표로 설정하고, 이 목표를 달성하기 위해 10대 실천과제를 추진하기로 밝혔다. 10대 실천과제는 다음과 같다. ① 고위공직자비리수사처 설치, ② 검·경이 함께 참여하는 국가수사국 설치, ③ 대검 중앙수사부 폐지, ④ 법무부의 탈 검찰화 및 검찰의 대통령실 파견금지 실질화, ⑤ 검찰총장 국회 출석 의무화, ⑥ 재정신청 대상을 불기소 처분된 고발사건까지 확대, ⑦ 국민이 기소의 타당성 등을 심사하는 검찰시민위원회 법제화, ⑧ 검사 감찰 제도 강화, ⑨ 검사작성조서의 증거능력 배제 및 피의자 요구시 녹음권 보장, ⑩ 공적 변호인 제도 도입으로 변호인 조력권 강화(오영근·박찬걸, 2012).

민주통합당의 국가수사국 구상은 경찰은 치안을, 국가수사국은 수사를, 검찰은 기소를 각각 담당하는 것으로 검찰권한을 분산한다는 것이었다. 민주통합당은 『국가수사국법』을 마련해 국회에 제출할 계획이었지만(오영근 · 박찬걸, 2012) 법안은 제출되지 않았다. 충분한 연구가 이루어지지 않았던 것이 이유 중의 하나로 보인다.

국가수사국 또는 국가수사본부 구상은 검찰개혁 과제의 하나로 제안되었다. 경찰개혁 과제가 아니었다. 경찰개혁 과제로는 여전히 자치경찰제가 핵심 개혁과제였다. 자치경찰제와 국가수사국 구상은 서로 배치되는 측면이 있었다.

국가수사본부 구상의 전제조건은 국가수사본부 추진을 가로막는 요소로 작용한다. 첫 번째 전제조건은 수사권을 경찰이 독자적으로 행사하려면 행정경찰로부터 완전히 독립된 사법경찰조직을 창설해야 한다는 것이다(오영근 · 박찬걸, 2012). 먼저 경찰의 분리가 필요하다. 그런데 국가수사본부 구상에 의한 경찰 분리는 국가경찰의 분리일 뿐이다. 즉 중앙집권적인 국가경찰이 새로 하나 생기는 것이다. 이는 지방자치에 제대로 부응하지 못하고 국가권력기관의 총량을 늘리는 문제가 있다.

두 번째 전제조건은 경찰수사의 비대화와 집중화를 통제해야 한다는 점이다. 이 때문에 검찰의 수사지휘권을 활성화시켜야 하고, 되도록 법관의 통제력을 확장하여 법률가에 의한 사법적 통제를 강화할 필요가 있다는 주장이 있었다(오영근 · 박찬걸, 2012). 이 주장을 발전시키면 검찰의 수사지휘권이 확대된다. 검찰개혁에 역행하는 것이다. 국가수사본부 구상이 더 이상 확대되지 못한 것은 이 때문이다.

세 번째 전제조건은 경찰 수사인력의 약 30%를 차지하고 있는 검찰의 수사인력을 사법경찰과 행정경찰로 분리하여 전자는 국가수사청으로, 후자는 경찰청으로 각각 편입하여 수사인력을 일원화해야 한다는 전제조건이다(오영근 · 박찬걸, 2012). 이 문제는 검찰과 경찰 모두의 반발을 살

수 있는 문제였으므로 조심스럽게 다루어져야 했다. 조직개편은 필연적으로 경찰의 권한 강화와 통제의 문제를 제기한다. 이런 이유로 국가수사본부 구상은 더 이상 발전하지 못했다. 지금의 국가수사본부 구상 역시 같은 문제를 안고 있다.

자치경찰의 수사권

경찰권한을 분산하려면 우선 자치경찰제를 실시해야 한다. 그리고 자치경찰의 틀 내에서 행정경찰과 사법경찰의 분리를 모색해야 한다. 시·도 단위에서 자치경찰을 실시하고 수사권을 대폭 이관해야 한다. 여기까지는 이미 2018년 6월의 합의문에서 약속했던 내용이다. 자치경찰에 이관해야 할 수사권의 범위는 포괄적인 것이어야 한다. 왜냐하면 자치경찰이 경찰의 기본 형태이고 보충성 원칙이 있기 때문이다. 그 방법은 국가경찰의 수사권을 특정한 다음 나머지 수사권을 일괄하여 자치경찰에 이양하는 것이다.

자치경찰제가 실시되면 국가경찰의 역할은 축소된다. 국가경찰은 전국 통일적인 정책의 수립과 집행, 일반적인 지휘 업무를 담당하게 될 것이다. 수사권은 자치경찰의 범위를 넘는 범죄에 한하여 행사하게 된다. 대공, 보안, 외사, 국제범죄, 조직범죄, 광역범죄, 테러 등의 범죄가 이에 해당한다. 그 외의 범죄에 대한 수사권은 모두 자치경찰에 이관된다. 현재 국가경찰의 수사권 중 일부는 여전히 검찰이 가지고 있다. 이 점은 수사권과 기소권 분리라는 원칙 하에서 장기적으로 해결해야 한다.

자치경찰에 대폭 수사권을 이관한 다음 자치경찰 내에서 행정경찰과 사법경찰의 분리를 고려할 수 있다. 그 방법 중의 하나는 행정경찰과 사법경찰의 조직 구성을 달리하는 것이다. 국가수사본부와 같은 구상을 자치경찰 단위에서 관철할 수 있다. 다만 자치경찰은 국가경찰과 같은 거대한 조직이 아니므로 행정권과 수사권 역시 크지 않다. 따라서 행정권으로부터 수사권을 지키기 위하여 국가수사본부와 같은 특별한 조직을 만들거나 대대적인 구조 개편은 필요 없을 수 있다. 행정경찰과 사법경찰을 구분하는 구체적인 방법은 자치경찰 단위별로 다르게 구상할 수도 있다.

정보경찰

개혁의 필요성

정보경찰 개혁은 항상 경찰개혁 과제 중의 하나였다. 정보라는 이름으로 사람들을 사찰하고 정치와 국가를 좌우했기 때문이다. 공작정치의 뿌리에는 정보가 있다. 이때 정보는 합법적으로 수집된 정보도 있고 불법적으로 수집된 정보도 있다. 과거 국내정보는 중앙정보부, 국가안전기획부, 국가정보원에서 생산했다. 문재인 정부에서 국정원개혁으로 국정원의 국내정보 수집은 금지되었다. 국내정보 수집과정에서 벌어진 사찰 문제, 정보정치·공작정치 문제, 국정원과 정보기관의 권한 남용, 불법행위가 문제되었기 때문이다. 이제 국내정보 생산은 경찰이 담당하게 되었다. 그렇다고 경찰이 국정원보다 더 깨끗하다고 장담할 수는 없다. 경찰역시 정치권력의 요구에 따라 정권안보, 권력안전을 위해 권한 남용과 불법행위를 한 역사적 경험이 있다. 경찰에게 정보수집 업무가 집중되는 것에 대한 경고의 목소리는 높다.

2017년 설치된 '경찰개혁위원회'는『경찰의 정보활동 개혁』권고안을 만들었다. 경찰개혁위원회도 정보경찰 문제의 심각성을 인식하고 있었다. 구체적인 내용은 다음과 같다.

① 경찰청 정보국의 기능을 '치안정보의 수집·작성·배포'에서 '공공안녕의 위험성에 대한 예방 및 대응' 기능으로 재편하고, 경찰의 정보활동은 경찰의 각 기능별 직무 수행을 위한 필요최소한 범위로 제한하면서 이에 대한 사후 통제를 강화할 것

② 민간을 대상으로 하는 사찰활동을 즉각 중단하고, 경찰청 정보국의 기구와 인력을 대폭 축소할 것

③ 개별적 경찰정보활동에 관한 구체적인 수권규정을 두면서 "구체적인 직무 범위와 권한, 직무수행 시의 인권침해 우려를 불식할 수 있는 방안 및 권한 남용 시의 엄중한 형사처벌 등"을 명시할 것

④ 경찰의 정보활동에 관하여 투명성과 공개성의 원칙을 준수할 것

경찰청에 따르면 2018년 2월 기준으로 정보경찰은 경찰청(본청) 131명, 지방청 601명, 일선 경찰서 2,638명 등 3,370명에 이른다(마경석, 2018, 오병두, 2018에서 재인용). 적은 수가 아니다. 이들의 대폭적인 축소를 경찰개혁위원회는 권고했다. 하지만 정보경찰의 대폭적인 축소 계획은 아직 없다.

정보경찰과 관련한 경찰개혁 성과로는 『경찰관직무집행법』, 『경찰법』 개정을 통한 정보활동 범위의 명확화가 있다. 즉 기존의 '치안정보'를 '공공안녕에 대한 위험의 예방과 대응을 위한 정보'로 대체하여 정보활동의 범위를 명확히 규정했다는 것이다. 경찰은 향후 계획으로 '범죄·재난·공공갈등 등 공공안녕 위험'에 대한 '사전예방' 활동에 충실하고 명칭을

'공공안녕정보국'으로 변경하여 준법 정보활동을 정착시키겠다고 한다. 냉정하게 보면 법률상의 변화에 그쳤고 조직의 변화, 현장의 변화는 부족하다. 정보경찰 개혁의 필요성, 경찰개혁위원회의 권고에 비하여 실제 개혁은 미흡하다.

정보의 구분

정보경찰 개혁 주장에 대해서는 항상 반론이 있다. 다음과 같은 반론이다.

> 정부 입장에서는 국가 경영을 위해서 정보가 필요하다. 이 정보는 누군가가 생산해야 한다. 과거 중앙정보부나 국정원이 불필요한 정보를 불법적으로 수집한 것이 문제였다. 정치인, 유명인을 사찰하고 공작정치를 한 것이 문제였다. 따라서 통치에 필요한 정보를 합법적으로 수집하고 국내 사찰이나 공작정치를 하지 않도록 하면 문제가 없다. 정보 수집 자체는 문제가 아니다.

이런 인식으로는 정보경찰, 정보기관을 개혁할 수 없다. 이런 인식이라면 국정원의 국내정보 수집을 금지할 이유도 없다. 이런 인식을 극복해야 정보경찰, 정보기관을 개혁할 수 있다.

정보경찰을 개혁하려면 먼저 정보를 구분해야 한다. 먼저 조직의 직무와 관련된 정보가 있다. 이것은 법률적으로도 현실적으로도 문제가 안 된다. 모든 조직은 조직의 업무 수행에 필요한 정보를 가지고 있어야 한다. 정보가 있어야 의사결정도 하고 정책도 수립하고 집행할 수 있다. 국가의사를 결정하는 대통령도, 대통령 비서실도, 국무총리도, 기획재정부도, 시·도지사도 모두 정보가 필요하다. 경찰도, 국정원도 정보가 필요하다. 국가기관이 아닌 기업도 의사결정을 하려면 정보가 필요하다. 국가기관이 자신이 취급하는 직무와 관련된 정보, 정책수립을 위한 정보를 수집하고 가공하는 것은 반드시 필요하다. 여기에서 핵심은 국가기관 자신의 직무와 관련된 정보만이 수집과 가공의 대상이라는 것이다. 합법적인 직무를 수행하는 과정에서 수집하는 정보는 당연히 합법적인 정보다.

경찰의 경우 '치안정보'가 여기에 해당한다. '치안정보'란 독자적인 의미가 있는 개념이라기보다는 '경찰이 취급하는 정보'로서 '경찰활동'에 종속한 것이다. 이를 '공공안녕의 위험성에 대한 예방 및 대응' 기능으로 바꾸어도 본질은 같다(오병두, 2018).

국가기관의 직무와 관련된 정보의 수집과 분석능력은 강화해야 한다. 예를 들면 인사를 할 때 사람에 대한 정보가 부족한 경우가 많다. 그래서 신원확인을 경찰이나 국정원이 담당해 왔다. 이것은 곤란하다. 경찰이나 국정원 업무가 공무원 인사에 대한 정보수집이 아니기 때문이다. 이 정보는 인사혁신처 등 인사를 담당하는 국가기관이 수집해야 한다. 국가기관의 정보수집 기능이 약하고 이를 강화시킬 생각이 없으니 경찰이나 국정원에 의존하게 되었다. 경찰과 국정원은 국가기관의 정보 요청에 응하여 정보를 수집하고 생산했다. 그 결과는 경찰과 국정원에 의한 정보의 독점이었고 국가기관의 정보 종속이었다.

합법적인 정보는 엄밀하게 제한되어야 한다. 경찰은 자신에게 필요한 치안정보, 자신의 직무와 관련된 정보가 얼마나 필요한지 정확하게 계산하고 이에 맞는 조직을 설계해야 한다. 그리고 직무와 관련된 정보 수집 및 분석 능력을 높여야 한다. 다른 국가기관도 같다.

정책정보의 문제

문제가 되는 것은 정보경찰 또는 정보기관이 생산하는 '정책정보'다. 양홍석 경찰개혁위원회 위원에 의하면 '정책정보는 청와대, 정부부처 등이 수요자이고, 경찰청의 경찰활동과 직접 관련이 없는 것'을 말한다(오병두, 2018). 정책정보는 우선 경찰의 직무상 경찰행정에 필요한 정보가 아니다. 청와대, 정부부처의 업무수행과 관련한 정보도 아니다. 청와대, 정부부처의 직무는 엄격하게 법률로 규정되어 있고 그 직무수행과 관련하여 정보를 수집할 권한을 이미 가지고 있다. '정책정보'의 근거는 불분명하다. 그 수집방법도 합법적이라고 할 수 없다. 이러한 '정책정보'가 통치나 정치에 이용되면 정보정치가 되는 것이다.

여기에 더해 '정책정보'에 관하여 정책결정자의 수요가 있다는 것과는 별개로 경찰 스스로도 정보공급자로서 '정책정보'의 수집과 전파에 큰 관심을 갖고 있다는 점 역시 지적되어야 한다. 정보경찰 혹은 정보기관이 제공하는 정보는 순수한 의미의 '정보'('첩보', information)가 아닌, 정보경찰의 '평가', 다시 말하면 '의견'이 가미된 '정보'intelligence의 성격을 띤다(오병두, 2018). 정보의 왜곡, 정보의 정치화가 발생할 가능성이 큰 것이다. 이러한 가능성은 정보경찰, 정보기관의 권한이 많을수록, 조직이 클수록 더 높다.

정보경찰 개혁 방향

정보경찰과 관련해서는 더 구체적인 개혁방안이 제안되고 실행되어야 한다(오병두, 2018).

첫째, '정책정보'에 대해서 하위 법령이 아닌 법률에 직접 위험방지·범죄수사 등 경찰의 임무와 무관한 '정책정보' 수집을 제한한다는 점을 명시해야 한다. 둘째, 입법적으로 경찰이 기존에 하였던 탈법적 정보수집행태를 행위 유형별로 열거하여 법적으로 금지할 필요가 있다. 셋째, 경찰 내부 통제로서 경찰청 감사관실의 정기 사무감사, 경찰위원회의 통제 등이 필요하고 사후적으로 시민감시기구에 의한 통제가 필요하다. 넷째, 정보수요자가 경찰에 대해 정보를 요구하는 경우 정보수요자 측에서 그 동기·사유·내용·형태 등을 주기적으로 공개해야 한다. 다섯째, '분리원칙'에 따라 정보경찰과 행정경찰의 내부 단절 시스템을 만들어야 한다. 이 원칙을 적용하면 정보경찰의 수는 획기적으로 감소할 것이다.

정보에 대한 인식 전환

정보경찰 개혁을 위해서는 근본적인 인식의 전환이 필요하다. 현대 사회는 정보사회다. 모든 행동, 말, 생각이 디지털 정보로 저장되고 수집되고 분석된다. 사람의 모든 것이 정보로 저장되는 것이다. 이런 현대 사회에서 정보기관이 정보를 제한 없이 무차별적으로 수집하는 것은 필연적으로 시민의 자유와 인권을 침해하는 결과를 낳는다. 정보의 수집과 분석은 과거보다 훨씬 더 위험해졌다

현대 사회에서 정보를 가장 필요로 하는 곳은 권력과 자본이다. 권력은 통치를 위하여 정보를 필요로 한다. 사람의 느낌, 인식, 마음, 심리상태, 행동, 사소한 실수, 범죄모의 등 모든 것을 파악할 수 있기 때문이다. 사람을 알면 지배하기 쉬워진다. 자본은 물건과 서비스를 팔기 위하여 정보가 필요하다. 정보가 있으면 그 사람에게 필요한 물건과 서비스를 제공할 수 있다. 정보수집은 권력과 자본에게 생존의 요소가 되었다.

상황을 더 어렵게 만드는 것은 정보를 정보기관이 어렵게 수집하지 않는다는 것이다. 플랫폼만 만들어 놓으면 사람들이 정보를 알아서 올린

다. 자신의 일기도 올리고 범죄계획도 올리고 범죄결과도 올린다. 현대인들은 정보의 소비자이면서 정보의 생산자이다. 그것도 자발적으로 아무런 대가 없이 정보기관과 정보회사에 정보를 제공한다. SNS에서 '좋아요'라고 표시하는 것도 하나의 정보다.

사람의 모든 것을 파악할 수 있을 정도의 엄청난 양의 정보의 생산, 정보를 저장하고 공개하고 소통하고자 하는 사람의 열의, 가만히 두어도 모든 정보를 저장하는 플랫폼, 그리고 저장된 모든 정보를 자동으로 분석할 수 있는 데이터 처리 기술 등은 개인의 자유와 인권, 안전과 평화를 위협한다. 정보는 엄격히 통제되어야 한다. 개인의 자유와 인권이라는 측면에서 엄격히 통제되어야 한다. 개인에게는 남들에게 알리고 싶지 않은 개인의 공간이 있다. 이 공간은 누구도 건드려서는 안 되는 개인의 고유영역이다.

특히 권력과 자본이 수집하고 분석할 수 있는 정보는 엄격히 제한되어야 한다. 개인에게 치명적인 결과를 낳을 수 있기 때문이다. 실제로 우리는 그런 사례를 자주 접한다. 통치에 유리할 것 같아서, 판단에 조금 더 도움이 될 것 같아서 다른 분야의 정보를 수집하는 것은 현대 사회에서는 정당화될 수 없다.

자치경찰과 정보경찰

정보경찰 개혁문제는 자치경찰과 깊은 관련이 있다. 자치경찰이 되면 정보경찰의 필요성은 대폭 줄어든다. 자치경찰이 과감하게 실시되면 경찰 행정에 필요한 정보는 자치경찰 단위에서 수집하게 된다. 자치경찰은 지역단위에서 지역사회의 안전과 평화를 확보하기 위한 치안정보와 수사정보를 수집한다(노호래, 2004). 국가적 단위의 정보 수집은 자치경찰의 관심사가 아니다. 전국 단위의 일괄적인 정보 수집은 자치경찰의 업무가 아니다. 정책정보 수요자의 입장에서도 자치경찰에게 정보를 요구할 근거가 없다.

자치경찰끼리 정보를 불필요하게 교환하고 집적할 필요 역시 없다. 자치경찰 업무 수행에 필요한 만큼만 다른 지역 자치경찰의 치안정보와 수사정보가 필요할 뿐이다. 이렇게 제한된 정보만을 교환하면 충분하다. 치안정보를 전국 단위에서 집중하고 집적할 필요는 없다.

국가경찰이 자치경찰에게 정보수집을 명하거나 자치경찰의 정보를 집중, 집적할 근거도 없어진다. 국가경찰과 지방경찰 관계는 국가위임사무를 제외하고, 종속적이거나 상하적인 관계가 아니라 대등한 관계다. 조직을 분산시키면 정보는 자연스럽게 분산된다.

국가단위 정보 수집 역시 같다. 국가경찰의 업무가 명확해지면 국가경찰이 수집할 정보도 명확해진다. 지금처럼 중앙집중형 경찰이면 전국과 전국민을 대상으로 한 정보가 필요하다고 주장할 수도 있다. 물론 이 주장도 성립하기는 어렵지만 말이다. 하지만 자치경찰이 분리되면 국가경찰의 업무는 단순해지고 명확해진다. 단순하고 명백한 업무를 가진 국가경찰이 포괄적인 정보, 정책정보라는 근거가 불분명한 정보를 수집할 근거는 없다. 자치경찰을 실시하면 정보경찰의 문제는 대부분 해결할 수 있다.

김 인 회 의
경   찰   을
생 각 한 다

제5장

개혁의 3대 토대

경찰개혁 과제가 명확해졌다. 이제 무엇을 토대로 개혁을 할 것인가를 살펴보아야 한다. 경찰을 포함한 개혁세력에게 개혁에 적합한 자산이 무엇인지 검토해야 할 때다. 개혁을 달성할 수 있는 토대, 자산을 알아야 개혁의 성공을 확신하고 개혁에 이르는 길을 만들 수 있다. 토대를 확인한 다음에는 실행이 필요하다. 개혁의 실행에는 로드맵과 개혁 절차, 개혁과제의 구체화 등이 포함된다. 이것은 실제로 개혁을 현장에서 추진할 리더십이 고민해야 할 과제들이다.

한국에서 경찰개혁을 포함한 권력기관개혁, 사회개혁을 가능하게 하는 힘은 세 가지에서 나온다. 민족주의, 민주주의, 세계주의가 그것이다. 이 세 가지 토대는 지금의 한국을 만든 힘이었고 앞으로도 한국을 만들 힘이다. 가난했던 '조용한 아침의 나라'를 부강하고 활력있는 선진국으로 만든 힘이다. 성공의 가장 바탕에 있는 토대들이다. 한국의 시민들이 역사를 통해 발전시켜 온 토대들이고 앞으로도 계속 변화하면서 강화될 토대들이다. 이 토대를 이해하지 못하면 한국을 이해할 수 없다. 개혁의 성공을 확신하는 이유도 이해할 수 없다.

그림 16 | 개혁의 3대 토대

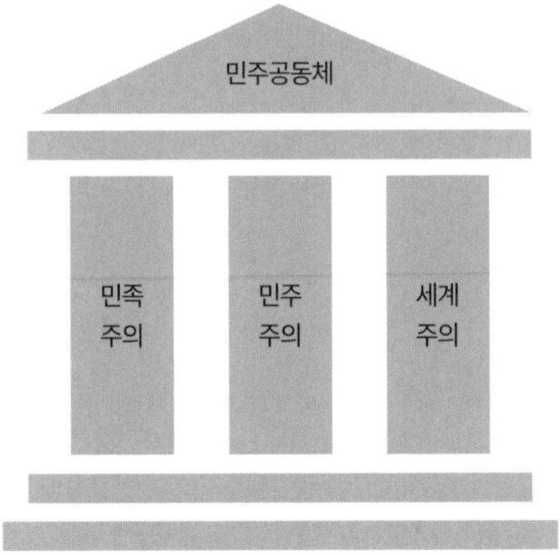

1

◆

민족주의

성장의 원동력

한국의 민족주의는 한국을 독립시켰고 한국을 발전시켜 왔다. 한국 발전의 가장 큰 원동력은 바로 민족주의다. 민족주의에 근거한 발전 과정에서 경제성장도 이루었고 민주주의와 인권도 발전시켰다. 한국의 민족주의는 다행스럽게 침략적 민족주의가 아니라 평화적 민족주의, 민주적 민족주의다.

한국인의 의식의 심층에 있는 것은 자강론, 스스로 강해져야 한다는 철학이다. 이것은 한국이 2번 반 망한 경험에서 비롯된다. 한국은 일제에 의해 한 번 망했다. 한국전쟁으로 두 번째 망했다. 그 다음 IMF로 반쯤 망했다. 이 경험은 자강론을 체화시켰고 경제 성장을 중요시하게 만들었다. 자강론은 일제 강점기를 거치면서 민족주의로 발전했다. 우리의 민족주의가 강한 경제성장을 요구하는 것은 자강론이 바탕에 있기 때문이다.

민족주의는 일제 강점기 독립운동을 이끄는 원동력이었고 해방 이후 국가형성, 국가발전, 경제성장의 가장 큰 동력이었다. 기업가들에게도 큰 영향을 미쳤다. 창업하면 "기업보국"이라는 말을 썼다. 서예가 정하건에 의하면 "기업보국"은 삼성의 고 이병철 회장의 기업관이었다고 한다 (김정환, 2014). 세계적 기업인 포스코의 창업정신은 "제철보국"이다.

한국 시민의 자강론, 경제중시 경향은 경제와 기업에서 세계 최고를 지향하게 만들었다. 한국의 제조업과 서비스 산업은 세계 최고 수준이다. 그와 동시에 행정도 세계 최고 수준을 자랑한다. 모든 노동자들이 장인의 수준으로 노동한다. 하지만 부정적인 측면도 있다. 장인은 아무나 되는 것이 아닌데 모든 사람에게 세계 최고 수준, 장인의 수준을 요구한다. 이것은 장시간 노동, 무급노동, 가혹한 환경을 초래한다. 한국 노동자의 노동시간과 산업재해도 세계 최고다. 노동개혁은 이런 단점을 극복하려는 노력이다.

민족주의는 산업화 성공의 토대였다. 물질적 풍요를 가져다주었다. 물질적 풍요가 바탕이 되니 개혁도 이야기할 수 있게 되었다. 산업화에 성공하자 다른 분야도 장인의 수준으로 높이려는 노력이 나타난다.

산업화 과정에서 한국인들은 근면성을 배웠다. 근면성은 높은 수준의 제품, 서비스, 행정을 가능하게 한다. 공동체를 위하여 노력하게 된다. 일에 대한 진지한 자세는 매우 중요하다. 일에 대한 진지한 자세는 자신의 직장을 최고 수준으로 만들려고 한다. 이를 통하여 자신도 정신적 수준을 높일 수 있다.

민족주의에 기초한 경찰상

민족주의는 한국의 미래 경찰상을 만드는 토대다. 친일경찰을 청산하지 못했던 경찰의 역사는 한국의 경찰이 민족주의에 기초해야 한다는 점을 잘 보여준다. 이런 이유로 『경찰의 역사와 정신』은 민족의 경찰을 강조한다. 앞에서 본 바와 같이 경찰은 경찰의 출발을 상해임시정부 시기로 소급한다. 민족의 독립과 건국 과정에 경찰이 희생한 점도 중시한다. 민주주의 탄압의 시기에 시민의 편에 선 경찰을 발굴하고 강조하는 것도 바로 민족주의에 기초한 경찰상을 수립하기 위한 시도다. 한국에서 민족주의는 민주주의와 깊은 관계가 있기 때문이다.

한국인들은 일제 강점기 동안 일제가 민족주의자와 민주주의자를 탄압했고 해방 이후 친일청산이 되지 못하여 민주주의가 발전하지 못했다고 인식한다. 경찰이 민족주의를 강조하는 것은 민족주의에 기초한 정당성 이외에 민주주의에 기초한 정당성도 확인하는 작업이다. 이 과정에서 민족주의를 협소한 반일주의로 이해하는 경향도 극복할 수 있다.

한국의 민족주의는 인권과 깊은 관련이 있다. 일제 강점기 동안 반민족 친일경찰에 의하여 조선인의 인권이 침해되었다. 해방 이후 청산되지 못한 친일경찰은 민주주의와 함께 시민의 인권을 침해했다. 4월 혁명 과정과 민주화운동 과정에서 경찰이 보인 반인권적 행태는 친일경찰을 청산하지 못한 결과이기도 했다. 민족주의에 기초하면 경찰은 인권지향적 개혁을 추진할 수 있다.

친일경찰을 청산하지 못한 것은 경찰의 한계였지만 지금은 영향이 거의 없다. 민족주의에 뿌리를 두고 민주경찰과 인권경찰을 지향하는 과정에서 일제의 잔재는 자연스럽게 청산된다. 세계 최고의 전문성을 갖춘

경찰이 되면 일제청산이라는 구호는 사라지게 된다.

한편, 민족주의가 중요한 자산이기는 하지만 이에 집착해서는 안 된다. 민족주의는 하나의 인식, 개념, 이데올로기일 뿐이다. 해체하면 실체가 없다. 실체가 없기 때문에 계속 변하고 나의 것이라거나 나의 본질이라고 할 만한 것이 없다. 인식, 개념, 이데올로기에 집착하면 맹신, 광신이 된다. 다른 사람을 다치게 하더라도 눈 하나 깜빡하지 않게 된다. 민족주의라는 이데올로기에 집착하지 않아야 극단으로 흐르지 않는다. 민족주의는 소중한 자산이지만 거리를 두고 관찰할 때 개인은 자유를 얻을 수 있다.

2

◆

민주주의

시민이 발전시킨 민주주의

　한국의 자강론은 민주주의로 나타난다. 한국은 일제 강점기 독립운동의 동력으로 민족주의와 함께 민주주의를 채택한다. 민주주의의 뿌리는 민족독립운동으로 거슬러 올라간다. 1919년 3.1운동 이후 한국의 지식인과 독립운동가들은 독립의 방향으로 왕조부흥이 아닌 민주공화정을 선택했다. 왕조가 멸망하면 보통 왕조부흥 운동이 일어나기 마련이다. 그런데 식민지 조선에서는 왕조 멸망 후 10년도 안 되어 민주공화정을 선택했다. 당시 한국인의 민주주의 의식이 얼마나 높았는지를 보여주는 하나의 증거다.

　민주주의가 한국인에게 본격 정착된 것은 민주화운동 때문이다. 1960년 4월 혁명, 1980년 광주민주화운동, 1987년 6월 민주항쟁, 2016년 촛불혁명 등은 한국의 민주주의를 만든 결정적 계기였다. 몇 차례 시민혁명으로 한국의 민주주의는 세계에서도 높은 수준에 도달했다. 민주주의 발전으로 시민들의 의식도 높아졌다.

민주주의는 완성된 제도가 아니다. 한국의 민주주의도 직선으로 발전하지 않았다. 후퇴와 정체를 겪었고, 점진적으로 혹은 폭발적으로 발전했다. 민주주의는 변화·발전하는 제도이지 완성된 제도는 아니다. 이 말은 계속 개혁이 필요하다는 것을 말한다. 민주주의는 국가권력기관의 개혁도 계속 요구한다. 민주주의는 개혁과 친하다.

민주주의는 권력기관의 분산과 견제를 추구한다. 이 명제는 너무나 유명하다. 민주주의는 왕에 집중된 국가권력을 분산하고 상호 견제하는 것에서 출발했다. 권력기관은 가만히 두면 권한을 확대하고 집중하는 경향을 띤다. 계속 개혁으로 권한의 확대와 집중, 남용과 부패를 막아야 한다.

내부의 민주주의와 공정성

민주주의는 기관 내부의 민주화를 요구한다. 민주주의가 발전하면 모든 조직과 기관은 내부 민주화 요구에 직면한다. 민주주의 세례를 받은 구성원들이 조직 내부의 권위주의적, 군대식 문화를 배격하고 민주적 문화를 요구한다. 권력기관은 더욱 그렇다. 상명하복의 일률적인 군대 문화가 뿌리깊이 남아 있기 때문이다. 특히 한국 경찰은 군대형 경찰이기 때문에 군대 문화가 남아 있다. 이를 민주적으로 극복하는 것이 필요하다. 물론 명령계통은 필요하고 지휘라인은 있어야 하며 리더십은 중요하다. 이를 부정하는 것은 아니다. 권위적 리더십이 민주적 리더십으로 바뀌어야 한다는 점을 강조하고 싶다.

민주주의는 업무활동, 사건 처리에 평등하고 공정한 대우를 요구한다. 민주주의의 핵심은 평등과 공정이다. 여기에서 특히 중요한 것은 범죄에 대한 엄정한 대응이다. 민주의식이 발전하면 법 앞의 평등을 강조한다. '동일 범죄, 동일 형벌' 원칙이 중요해진다. 대기업에 대한 엄정한 법집행이 하나의 예다.

한국인들은 한국의 대기업이 세계 최고가 된 것은 매우 자랑스럽게 생각한다. 세계 일류의 제품과 서비스에 자부심을 느낀다. 또한 경제위기나 자연재해가 발생했을 때 대기업이 많은 공헌을 하는 것은 높이 평가한다. 하지만 이것이 기업의 비민주적 관행, 범죄행위를 정당화시켜주지는 못한다. 정경유착이나 권력형 비리를 정당화시키지는 못한다. 경제위기는 경제위기, 범죄는 범죄다. 재벌과 대기업 총수들이 대부분 수사와 재판을 받고 수감생활을 하는 것은 근본적으로 민주주의 발전 때문이다.

민주주의는 인권에 투철하다(김인회, 2020). 민주주의와 인권의 친화성은 설명이 필요 없을 정도로 명백하다. 민주주의는 시민의 자유와 인권, 안전과 평화를 가장 중요한 가치로 본다. 민주주의의 발전과 인권의 발전은 함께 간다. 다만 정치의 민주주의는 다수결의 원칙으로 운영되므로 소수자의 인권에 둔감할 수 있다. 이를 제도적으로 보완하는 것은 사법부다. 사법부는 소수자 인권에 특히 관심을 많이 기울인다. 다수결에 의하여 희생될 수 있는 소수자의 인권도 헌법과 법률, 국제인권법이 보호하는 인권임은 틀림없기 때문이다.

민주주의 사회에서 민주경찰은 당연히 요구된다. 외적으로 사회의 갈등과 분쟁을 민주적으로 해결하고 내적으로 조직의 민주화를 이끌어야 한다. 민주주의가 토대가 될 때 경찰은 자율적인 조직이 되어 정치권력으로부터 상대적으로 자유로운 조직이 될 수 있다. 자율적인 조직이면서 외부의 통제와 비판을 기꺼이 수용하는 조직이 될 수 있다. 시민의 통제를 수용하는 것은 민주경찰의 핵심 요소다.

한편, 민주주의 역시 하나의 인식, 개념, 이데올로기라는 점을 잊어서는 안 된다. 분해하면 실체가 없다. 실체가 없기 때문에 계속 변하고 나의 것이라거나 나의 본질이라고 할 만한 것이 없다. 민주주의가 개혁의 핵심적인 토대인 것은 틀림없지만 거리를 두고 변화를 관찰하는 지혜 역시 필요하다.

3

•

세계주의

평화적 세계주의

한국인의 자강론은 세계주의를 정착시켰다. 조선은 쇄국으로 망했다. 상해 임시정부 요인들은 세계주의, 평화주의가 한국이 살아남을 수 있는 방향이라고 판단했다. 상해 임시정부가 만든 한국 최초 헌법인 『대한민국 임시헌장』은 세계주의, 평화주의를 선언한다.

정강 1. 민족평등 국가평등 급 인류평등의 대의를 선전함
제7조 대한민국은 신의 의사에 의하여 건국한 정신을 세계에 발휘하
　　　며 진하야 인류의 문화 급 평화에 공헌하기 위하야 국제연맹
　　　에 가입함

한국의 세계주의는 편협해질 수 있는 민족주의의 단점을 극복하는 토

대다. 상해 임시정부는 일본이 추구하는 민족주의를 추구할 수는 없었다. 그리고 약소국의 입장에서 세계의 도움이 없으면 독립이 어렵다는 사실도 정확히 파악했다. 독립의 결과는 평화여야 했다. 평화만이 독립을 보장하기 때문이었다. 이때부터 한국인들은 개방주의, 세계주의, 평화주의를 공동체 발전의 토대로 삼았다. 1948년의 제헌헌법에서도 개방주의, 세계주의, 평화주의는 표현되었고 지금까지 이어지고 있다.

세계주의는 높은 개방성으로 표현된다. 개방성은 외국으로부터 배우려는 진지한 자세로 나타난다. 개방성은 한국경제의 발전 동력이었다. 세계의 흐름을 알고 경제를 발전시켰고 정치를 발전시켰다. 개혁과정에서는 항상 선진국 모델을 탐구했다. 선진국 모델을 깊이 탐구하고 이를 창조적으로 적용하려고 했다. 개방성은 민주주의와 함께 발전한다. 민주주의의 기초가 없었던 시절에는 사회 제도를 베끼기에 급급했다. 민주주의가 발전하자 외국의 선진 제도와 모델을 배우고 익히고 창조적으로 적용하려는 노력이 나타났다.

세계주의와 전문성

세계주의는 경쟁의 상대가 세계이므로 높은 전문성을 요구한다. 높은 기준을 요구한다. 산업에서는 세계 최고 제품과 서비스를 요구하고 행정은 세계 최고의 행정을 요구한다. 최근 코로나19 사태에 대응한 행정에 대해 많은 논란이 있지만 세계 최고 수준의 행정임은 부인하기 어렵다. 전문가가 되려면 섬세함과 지혜가 필요하다.

세계주의는 새로운 것과 좋은 것에 민감하다. 새로운 것에 민감한 것은 장점과 단점이 함께 있지만 좋은 것에 민감한 것은 기본적으로 좋은 일이다. 외국의 좋은 사례를 배우는 데 한국인들은 열심이다. 원래 배우기를 좋아하는 데다 좋은 사례이므로 더욱 열심히 배운다. 대표적으로 인권이 있다. 인권은 기본적으로 좋은 것이다. 한국의 인권이 빨리 발전한 것은 세계주의에 힘입은 바가 크다.

경찰도 세계주의에 익숙하고 개방적인 태도를 가지고 있다. 물론 국내적으로는 더 개방되어야 하지만 세계 수준의 경찰이 되려고 노력하고 있는 점은 사실이다. 대표적인 사례는 인터폴 총재를 배출한 사례다. 경기경찰청장 출신인 김종양은 2018년 11월 국제경찰기구인 인터폴 총재가 되었다. 한국 경찰이 얼마나 세계에 개방적인가를 보여주는 하나의 사례다. 다른 행정기관도 같다. 세계주의, 개방성은 변화와 개혁을 추동하는 중요한 힘이다.

경찰이 세계주의, 개방성에 굳건히 서면 전문성을 높일 수 있다. 급변하는 현대 사회에서 폭발적으로 분출되는 시민들의 다양한 요구에 전문성을 가지고 대응할 수 있다. 다른 나라의 경험은 좋은 학습 자료가 된다. 인권과 공정성도 발전시킬 수 있다. 인권과 공정성으로 무장한 권력기관은 시민의 자유와 인권, 안전과 평화를 보장한다. 세계주의는 경찰의 세계화, 선진화를 위한 발판이다.

한편, 민족주의, 민주주의와 같이 세계주의도 인식, 개념, 이데올로기일 뿐이다. 분해하면 실체가 없다. 실체가 없기 때문에 계속 변하고 나의 것이라거나 나의 본질이라고 할 만한 것이 없다. 집착할 필요도 없고 집착해서도 안된다. 세계주의도 상황과 조건에 의지한다. 거리를 두는 지혜가 필요하다.

민족주의, 민주주의, 세계주의 사이의 관계도 중요하다. 모두 중요한 가치이지만 항상 조화로운 것은 아니다. 민족주의, 민주주의, 세계주의의 핵심 가치를 익혀서 중도의 길을 찾는 것이 중요하다. 중도의 길은 집착하지 않아야 보인다. 거리를 두어야 보인다. 세 가지 가치를 조화롭게 반영하는 중도의 길을 걸어갈 때 개혁은 잘 이루어지고 성과를 낼 것이다.

| 참고문헌 |

- 강성용 · 김기헌 · 김면기, 수사단계 인권보호를 위한 수사절차법 제정 연구, 치안정책연구소, 2018
- 경찰청, 2007 경찰통계연보, 2007
- 경찰청, 2014 경찰통계연보, 2014
- 경찰청, 경찰청 과거사 진상규명위원회 백서, 2007
- 경찰청, 한국경찰사 6권, 경찰청, 2015,
- 경찰청a, 경찰백서, 2020
- 경찰청b, 자치경찰추진본부 · 경찰대학 치안정책연구소, 외국자치경찰제도 연구, 2020
- 김성호, 국가경찰 재구조화에 관한 실증연구 — 자치경찰제 도입을 중심으로, 한국행정학회, 한국행정학회 학술발표논문집, 2012.12.
- 김영명, 신한국론, 인간사랑, 2005
- 김인회, 경찰의 신뢰제고 방안연구 — 경찰의 신뢰 결정 요소 분석을 중심으로, 경찰대학, 경찰학연구 제16권 제4호, 통권 제48호, 2016
- 김인회, 윤리의 미래 — 좋은 삶, 준평, 2020
- 김인회, 참여정부 검찰과 경찰 개혁 평가, 한국미래발전연구원, 진보와 권력, 2011
- 김정환, 필묵도정 — 송천 정하건의 삶과 작업기, 다운샘, 2014
- 노호래, 정보경찰의 역사적 변천과정에 관한 비판적 검토, 한국경찰연구학회, 한국경찰연구 제3권 제2호, 2004
- 김태명, 수사 및 소추절차에서의 경찰의 역할과 검찰관의 협력 — 영국과 미국의 사례를 중심으로, 전북대 법학연구소, 법학연구 62호, 2020

- 대런 애쓰모글루, 제임스 로빈슨, 국가는 왜 실패하는가, 시공사, 2014
- 대통령자문 정책기획위원회, 주민에 더 가까이 다가서는 치안서비스 ─ 자치경찰추진, 미완의 과제, 대통령자문 정책기획위원회, 2007
- 라울 힐베르크, 김학이 옮김, 홀로코스트 유럽 유대인의 파괴, 개마고원, 2008
- 마경석, 정보경찰 개혁안에 대한 경찰청 입장 및 향후 계획, 국가인권위원회 토론회, 인권증진을 위한 정보경찰 개혁방안, 2018.7.5.
- 문성호, 런던의 자치경찰 전환과 시사점, 한국정치정보학회, 정치정보연구, 제7권 제2호, 2004
- 문재인 · 김인회, 문재인, 김인회의 검찰을 생각한다. 오월의 봄, 2011
- 민변, 자치경찰제 도입방안에 대한 의견서, 민주사회를 위한 변호사모임, 2020
- 박병식, 경찰의 신뢰도 제고를 위한 담론, 경찰대 제6회 국제학술세미나 토론문, 경찰대학, 2016,
- 박상융, 경찰이 위험하다, 행복에너지, 2013
- 박성훈 · 최이문, 형사정책과 사법제도에 관한 평가연구(Ⅸ) : 양형기준제 시행이후 운용 및 적용에 대한 실증적 분석 및 평가, 한국형사정책연구원, 2015.
- 박재풍, 경찰개혁을 위한 시민신뢰에 관한 연구, 한국경찰학회, 한국경찰학회보 제13권 제4호, 2011
- 석청호, 국립경찰의 역사적 전개과정을 통해 본 차기정부의 치안정책 과제, 한국경찰연구 제11권 제3호, 2012
- 신현기, 일본 광역단위 자치경찰제도에 관한 연구, 한국자치경찰학회, 자치경찰연구, 제10권 제1호, 2017

- 앙드레콩트 스퐁빌, 이현웅 옮김, 자본주의는 윤리적인가, 생각의 나무, 2010
- 오병두, 정보경찰 개혁방안 — 경찰개혁위원회의 "경찰의 정보활동 개혁" 권고안을 중심으로, 민주주의 법학연구회, 민주법학 제68호, 2018
- 오영근 · 박찬걸, 우리나라 형사법제 하에서 검경합동수사기구 상설화 가능성에 대한 연구, 대검찰청, 2012
- 유주성, 인권의 실효성과 경찰수사의 효율성 간 조화 — 유럽인권협약 및 유럽인권재판소 결정례 분석을 중심으로, 경찰대학, 경찰학연구, 제12권 제3호, 통권 제31호, 2012
- 유주성, 프랑스, 미국, 일본의 자치경찰제와 비교법적 검토, 동아대학교 법학연구소, 동아법학 제80호, 2018
- 윤희중, 근대 일본의 경찰조직에 관한 역사적 고찰 : 1860~1945, 경찰학연구소, 경찰학논총 제4권 제1호, 2009.4.
- 이동희, 일본 형사절차에 있어서의 경찰과 검찰의 관계 — 역사적 변천과정 및 현행법상의 관계를 중심으로, 경찰대학, 경찰학연구 No 5, 2003.10
- 이동희 · 손재영 · 김재운 · 김예람 · 김형규 · 박주형 · 윤정근 · 이관희 · 이형근, 경찰실무 경찰과 법, 경찰대학 출판부, 2015
- 이승희, 근대 일본경찰의 특징과 그 이미지 — 메이지시기를 중심으로, 동국대 일본학연구소, 일본학 제33호, 2011
- 이진수 : 경찰권의 확대 · 집중 정향과 이에 대한 법치주의적 견제 — 행정경찰과 사법경찰 구별론의 관점에서, 이화여대, 법학논집 제21권 제3호, 2017.3.
- 전병근, 궁극의 인문학, 메디치미디어, 2015
- 제주 4.3사건 진상규명 및 희생자명예회복위원회, 제주 4.3사건 진상조사보고서, 2003

- 조성규, 지방자치의 본질과 자치경찰제 논의, 행정법이론실무학회, 행정법연구 제50호, 2017.8.

- 최돈수, 일본의 자치경찰제도에 대한 연구, 한국경찰복지연구학회, 경찰복지연구, 제6권 제2호, 통권 제11호, 2018

- 최미경, 국가수사본부 설치 논의의 쟁점, 국회입법조사처, 현안분석 제149호, 2020

- 치안정책연구소, 경찰의 역사와 정신, 경찰대학 치안정책연구소, 2020

- 자치경찰추진본부, 외국자치경찰제도연구, 경찰대학 치안정책연구소, 2020

- 한귀현, 지방자치법상 보충성의 원칙에 관한 연구. 공법학연구, 제13권 제3호, 2012

- 한승헌, 재판으로 본 한국 현대사, 창비, 2016

- 한재명, 경찰인력 증원 및 운용 평가, 국회예산정책처, 2016

- 더 잡The Job, 미국은 427명… 우리나라 경찰 1인당 담당인구는 얼마일까?, 2020.7.7. http://www.thejobnews.kr/news/articleView.html?idxno=3420

- 오창익, [오창익의 인권수첩] 뭐가 경찰개혁인가? 경향신문, 2020.1.30. http ://news.khan.co.kr/kh_news/khan_art_view.html?art_id=202001302055005#csidx37e92e85f91bc5492cc3f7539a0a73f

김 인 회 의

경 찰 을

생 각 한 다

준평은 준엄하면서도 공정한 비평을 출판 철학으로 합니다.

김인회의 경찰을 생각한다

초판 1쇄 | 2021년 4월 1일

지은이 | 김인회
펴낸이 | 진승혁
진행 | 박시현 · 박소해

표지 디자인 | 아트퍼블리케이션 디자인 고흐
본문 디자인 | 기민주
인쇄 | 상지사 피앤비
펴낸곳 | 도서출판 준평
주소 | 서울시 서초구 방배로19길 18, 남강빌딩 302호
전화번호 | 02) 6959-9921
팩스 | 070) 7500-2050
홈페이지 | http://pungseok.net
전자우편 | pungseok@naver.com

ⓒ 2021 김인회
ISBN 979-11-968279-2-2 03300